Muttersprache 8

Herausgegeben von Viola Oehme

Erarbeitet von
Hartmut Frentz, Thomas Hopf, Viola Oehme, Elke Oll,
Gerda Pietzsch, Bianca Ploog, Cordula Rieger, Adelbert Schübel,
Ute Schultes, Wiebke Schwelgengräber, Bernd Skibitzki,
Viola Tomaszek

VOLK UND WISSEN

Zu diesem Buch gibt es ein passendes **Arbeitsheft** (ISBN 978-3-06-061776-0).

Herausgeberin, Autoren und Redaktion danken Anke Bartz (Mecklenburg-Vorpommern), Thomas Brand (Berlin), Kristina Bullert (Sachsen-Anhalt), Simone Fischer (Sachsen), Hannelore Flämig (Brandenburg), Petra Schonert (Thüringen), Silvia Teutloff (Sachsen-Anhalt) und Bernd Skibitzki (Sachsen) für wertvolle Anregungen und praktische Hinweise bei der Entwicklung des Manuskripts.

Redaktion: Gabriella Wenzel
Bildrecherche: Angelika Wagener
Illustration: Friederike Ablang, Berlin
Umschlaggestaltung: werkstatt für gebrauchsgrafik, Berlin
Umschlagillustration: Sylvia Graupner, Annaberg-Buchholz
Typografisches Konzept, Satz und Layout:
Farnschläder & Mahlstedt, Hamburg

www.cornelsen.de

Die Webseiten Dritter, deren Internetadressen in diesem Lehrwerk angegeben sind, wurden vor Drucklegung sorgfältig geprüft. Der Verlag übernimmt keine Gewähr für die Aktualität und den Inhalt dieser Seiten oder solcher, die mit ihnen verlinkt sind.

Dieses Werk berücksichtigt die Regeln der reformierten Rechtschreibung und Zeichensetzung. Bei den mit $\boxed{R}$ gekennzeichneten Texten haben die Rechteinhaber einer Anpassung widersprochen.

1. Auflage, 5. Druck 2020

Alle Drucke dieser Auflage sind inhaltlich unverändert und können im Unterricht nebeneinander verwendet werden.

Druck: AZ Druck und Datentechnik GmbH, Kempten

ISBN 978-3-06-061726-5

PEFC zertifiziert
Dieses Produkt stammt aus nachhaltig bewirtschafteten Wäldern und kontrollierten Quellen.

www.pefc.de

PEFC/04-31-2260

Inhalt

Richtig schreiben

Was weißt du noch aus Klasse 7?

1 Lies den folgenden Text.

Freunde treffen, Schule, Sport – Prioritäten setzen

1 Stress kann vermieden werden, wenn man sich auf die Dinge konzentriert, die einem wirklich wichtig sind. Soziale Beziehungen stehen für die meisten an erster Stelle. Doch permanente Erreichbarkeit durch Handy, Chat und Co. kann anstrengend werden.

5 **2** Jugendliche sollten sich Zeit nehmen, um bewusst Schwerpunkte in ihrem Leben zu setzen. »Immer mehr muss heute in immer weniger Zeit erledigt werden«, sagte Wolfgang Gaiser vom Deutschen Jugendinstitut in München. Wichtige Fragen seien deshalb: Was habe ich mir alles vorgenommen? Was muss wirklich

10 sein? Was ist mir sehr wichtig? Auf was kann ich vielleicht verzichten?

3 Dass sich Jugendliche zwischen immer mehr Bereichen entscheiden müssen, belegt auch die aktuelle Shell-Jugendstudie, die am Dienstag in Berlin vorgestellt wurde: Der persönliche Erfolg

15 durch Fleiß und Ehrgeiz ist demnach für eine Mehrheit der Jugendlichen wichtig. Gleichzeitig wollen sie ihr Leben genießen und legen Wert auf ihr soziales Umfeld aus Familie, Freunden und Bekannten. Auch politisches Engagement spielt für viele Jugendliche eine Rolle.

4 Es gehe deshalb vor allem darum, Prioritäten zu setzen und

20 die eigentlichen Interessen nicht aus den Augen zu verlieren, erklärte Gaiser. Dabei könnten am besten die eigenen Freunde helfen. Jugendliche empfinden ihre Entscheidung für eine bestimmte Ausbildung zum Beispiel als viel zufriedenstellender, wenn sie das Thema vorher mit Freunden besprochen haben.

25 **5** Unter Freunden könnten Jugendliche Fragen stellen und diskutieren, welche Entscheidungen sie im Leben wirklich treffen wollen, erläuterte Gaiser. Soziale Netze dienten als wichtiger Rückhalt, um den immer vielfältigeren Anforderungen der Jugend gerecht zu werden.

30 **6** Das Gefühl, immer viele Dinge erledigen zu müssen, könne sich Gaiser zufolge durch permanente Erreichbarkeit verstärken. »Dauernd surfen, E-Mails bearbeiten, Fotos herumschicken und chatten kann durchaus Stress erzeugen.« Deshalb sollten Jugendliche zwischendurch auch einmal komplett auf Kommunikation

35 und Erreichbarkeit verzichten.

2 Notiere die richtige Antwort.

Die Shell-Jugendstudie berichtet, dass die meisten Jugendlichen ...
1 wenig Interesse an politischem Engagement haben.
2 ihre eigentlichen Interessen aus den Augen verlieren.
3 persönlichen Erfolg sowie Freunde und Familie wichtig finden.
4 sich mit Freunden selten über Entscheidungen im Leben unterhalten.

3 Welches zentrale Problem wird im Text angesprochen? Notiere die richtige Antwort.

Jugendliche ...
1 chatten zu häufig und schreiben zu viele E-Mails.
2 nehmen sich zu selten Zeit für sich und ihre Hobbys.
3 sind ständig erreichbar und genießen das Leben zu wenig.
4 machen viele Dinge gleichzeitig und können daher gestresst werden.

4 Schätze ein, welche Funktion der Text hat, und notiere die Antwort. Begründe deine Entscheidung am Text, indem du mindestens zwei Beispiele findest.

Der Text ...
1 informiert mich, was Jugendlichen wichtig ist.
2 fordert mich auf, bewusst mit der Zeit umzugehen.

5 Schreibe aus dem 3. Abschnitt des Textes von Aufgabe 1 die Attribute mit den Nomen/Substantiven heraus, auf die sie sich beziehen. Bestimme die Attribute nach ihrer Stellung.

6 Forme die Sätze wie in Klammern angegeben in Aktiv oder Passiv um. Beachte die Zeitformen.

1 Ich schrieb die E-Mails auf diesem Computer. (Passiv)
2 Paul schießt beim Fußballspielen die meisten Tore. (Passiv)
3 Der Fußballverein wurde von Tom gegründet. (Aktiv)
4 Soziale Netzwerke werden von Jugendlichen oft genutzt. (Aktiv)

Meinungen austauschen – Diskutieren

! Die **Diskussion** ist eine Gesprächsform, in der man gemeinsam um die Lösung eines Problems oder die Beantwortung einer problemhaften Frage ringt. Die Diskussionsteilnehmer tauschen ihre Standpunkte und Argumente aus. **Standpunkte** geben die persönlichen Meinungen zum Problem in Form von **Behauptungen (Thesen)** wieder. **Argumente (Begründungen + Beispiele)** sollen die Richtigkeit der Behauptungen beweisen.
Die Diskussion endet in der Regel mit der Zusammenfassung der Ergebnisse des Gedankenaustauschs und Vorschlägen für das weitere Handeln.

1 Schnelle Snacks am Schulkiosk oder warmes Schulessen?

a Lies, was die Schülerinnen und Schüler der Klasse 8 b dazu sagen.

Leonie Der Schulkiosk bietet mir alles, was ich brauche, wenn mich der Hunger überfällt.

Henry Mir reicht auch das Angebot am Kiosk. Aber mittags esse ich lieber etwas Warmes. Da weiß ich, dass es gesund ist. Außerdem kostet es nicht viel.

Julia Was soll denn daran gesund sein?

Martin Das Schulessen ist fettarm, wenig gesalzen und ohne Geschmacksverstärker und künstliche Aromen. Das ganze Gegenteil von Snacks und Fast Food!

Sophie Typisch Martin: »... ohne Geschmacksverstärker und künstliche Aromen«!

Claudia Martin hat zwar Recht, aber es schmeckt nicht! Dieses labbrige Zeug bleibt einem im Halse stecken. Und man muss auch noch die halbe Pause anstehen. Die Kleinen toben herum und besonders einladend ist der Essenraum auch nicht. Nein, danke!

Eric Das sehe ich auch so! Ich beobachte schon lange, dass viele sich morgens beim Bäcker versorgen oder etwas Schnelles am Kiosk kaufen. Wer isst schon Schulessen?

Anne Ich gehe auch lieber richtig Mittag essen! Da ist der Weg nicht weit. Außerdem haben wir da schon so eine Art Stammtisch. Wir sitzen gern dort und es ist immer lustig.

Max Ich bin weder für das Eine noch für das Andere. Das kostet alles Zeit und Geld. Ich bringe mir mein Pausenbrot von zu Hause mit. Da weiß ich, was ich habe.

Gregor Na, dann lass dir deine aufgeweichte Stulle schmecken!

Nele Ich meine, es würden sich mehr Schüler mittags für Schulessen entscheiden, wenn sich einiges verbessern ließe. Essen und Preis sind ja ganz okay, aber das Drumherum ist nicht einladend. Hier könnten wir mithelfen, z. B. die Tische dekorieren und ab und zu mal zum Wischlappen greifen. Ebenso sollten wir auch unsere Wünsche zum Angebot deutlicher äußern.

Diskussions-
beiträge
untersuchen

b Nenne diejenigen Schülerinnen/Schüler, die nur eine Behauptung aufstellen und keine Begründungen und Beispiele anfügen.

c Nenne die Sprecherinnen/Sprecher, die Begründungen und Beispiele für oder gegen eine der Verpflegungsmöglichkeiten anbringen.

d Beurteile die Überzeugungskraft der Begründungen.
Welche Diskussionsteilnehmer wirken überzeugend, welche nicht? Woran liegt das?

e Erkläre, warum man Gregors Bemerkung als Killerphrase bezeichnen kann.

f Im Gespräch ist noch eine Killerphrase enthalten. Suche sie und begründe deine Meinung.

→ S.81 Sachtexten Informationen und Meinungen entnehmen

!

Man überzeugt in Diskussionen nur dann, wenn man seine Behauptungen beweisen kann. Dazu führt man **Argumente (Begründungen + Beispiele)** an. Diese können auf allgemein bekannte Tatsachen, auf gemeinsame Erlebnisse oder persönliche Erfahrungen Bezug nehmen.

Ein **Diskussionsbeitrag** besteht also aus folgenden Teilen:

- Behauptung: *Unser Schulessen ist gut,*
- Begründung: *denn es ist gesund und abwechslungsreich.*
- Beispiel: *Die Speisen sind fettarm, wenig gesalzen und ohne Geschmacksverstärker und künstliche Aromen.*
- Schlussfolgerung: *Das Schulessen bietet alles, was wir brauchen.*

2 Bereite einen Diskussionsbeitrag vor.

Einen
Diskussionsbeitrag
vorbereiten

a Notiere zuerst: Was spricht für (pro) und was gegen (kontra) schnelle Snacks und warmes Schulessen? Lege dazu eine Tabelle an und ordne die Argumente aus der Diskussion in Aufgabe 1a richtig ein.

• Argumente
suchen und
ordnen

pro (für) Schulessen		kontra (gegen) Schulessen	
Begründung	Beispiel	Begründung	Beispiel
gesund	...	...	...

pro (für) schnelle Snacks		kontra (gegen) schnelle Snacks	
Begründung	Beispiel	Begründung	Beispiel
...	...	...	...

b Ergänze die Tabellen durch Beispiele aus deinem eigenen Erfahrungsbereich.

c Suche weitere Argumente (Begründungen + Beispiele) und ergänze die Tabelle.

• Den Standpunkt
formulieren

d Formuliere deine Meinung zur Frage »Schnelle Snacks am Schulkiosk oder warmes Schulessen?« als Behauptung (These).

Ich denke, dass ...

• Argumente
formulieren
und ordnen

e Notiere die Argumente, mit denen du deine Meinung begründen willst, und ordne sie steigernd, d.h., das wichtigste Argument sollte am Schluss stehen.

• Schlussfolgerun-
gen und Lösungs-
vorschläge
formulieren

f Formuliere einen Schluss deines Diskussionsbeitrags. Fasse deinen Vorschlag zusammen und leite Schlussfolgerungen ab, wie man das Problem lösen könnte.

Zusammenfassend kann man sagen, dass ... Daraus kann man die Schlussfolgerungen ableiten, dass ...

Einen Diskussions-
beitrag halten

g Stellt eure Diskussionsbeiträge in der Klasse vor und beurteilt ihre Überzeugungskraft.

3

Einen Diskussionsbeitrag sprachlich gestalten

a Ordne die folgenden Wendungen den Bestandteilen eines Diskussionsbeitrags zu.

1 Meine These lautet: …

2 Die Gründe für meine Meinung sind: …

3 Folgende Beobachtungen (Erlebnisse, Tatsachen) sprechen für die Richtigkeit meines Standpunkts: …

4 Zusammengefasst ergibt sich, dass …

5 Abschließend gebe ich folgende Empfehlungen: …

– *Behauptung*:
   Meine These lautet: …
– *Begründung*:

   …

b Vervollständige die Aufstellung mit eigenen Beispielen.

Einen Diskussionsbeitrag vorbereiten und halten

4 Bereite einen weiteren Diskussionsbeitrag vor.

a Lies den Vorschlag von Max noch einmal und formuliere ihn als Behauptung (These).

b Formuliere Pro- und Kontra-Argumente zu diesem Vorschlag.

c Formuliere jetzt deine eigene Meinung zum Vorschlag von Max und begründe sie durch Argumente.

d Verbinde die Sätze deiner Argumentation. Nutze dazu die folgenden Wörter.

zuerst – weil – deshalb – darum – damit – außerdem – wenn … dann – um … zu

e Stellt eure Meinungen und Argumente in der Klasse vor und beurteilt ihre Überzeugungskraft.

5 Überlege, welche anderen Möglichkeiten es für eine gesunde Schulverpflegung gibt.

a Stelle deinen Vorschlag zur Diskussion. Nutze dazu die Schrittfolge.

So kannst du einen Diskussionsbeitrag vorbereiten
1. Formuliere das Problem, das diskutiert werden soll, als Frage.
2. Überlege, welche Meinung du zu diesem Problem hast.
3. Formuliere deinen Standpunkt in Form einer Behauptung (These).
4. Suche Argumente für die Richtigkeit deiner These.
   • Überlege dir Begründungen zur Verdeutlichung deines Standpunkts.
   • Suche Beispiele zur Veranschaulichung.
5. Leite Schlussfolgerungen ab.
   • Wie lautet dein Vorschlag zur Lösung des Problems?
   • Was ist bei der Umsetzung deines Vorschlags zu tun?

 b Formuliere eine Empfehlung für eine gesunde Schulverpflegung. Berücksichtige dabei die Vorschläge aus der vorangegangenen Diskussion.

 6

a Wiederholt die euch bereits bekannten Gesprächsregeln für eine Diskussion.

b Sucht aus dem Angebot von Verhaltensweisen diejenigen heraus, von denen ihr euch den größten Erfolg versprecht. Begründet eure Auswahl.

1 Ich warte, bis mich die Diskussionsleiterin / der Diskussionsleiter aufruft.
2 Ich höre mir die Beiträge der Teilnehmerinnen/Teilnehmer genau an und schließe meinen Beitrag an eine Vorrednerin / einen Vorredner an.
3 Ich mache durch Mimik und Gestik auf mich aufmerksam.
4 Ich melde mich, wenn gerade eine Gesprächspause ist.
5 Ich falle den Vorrednern ins Wort, um nicht vergessen zu werden.
6 Ich warte das Ende der Diskussion ab, weil mein Beitrag der wichtigste ist.

> **!** Eine **Diskussionsleiterin** / ein **Diskussionsleiter** führt die
> Teilnehmerinnen und Teilnehmer durch die Diskussion.
> Sie/er eröffnet die Diskussion, achtet auf die Einhaltung der
> Gesprächsregeln und fasst die Ergebnisse zusammen. Eine
> Protokollantin / ein Protokollant kann sie/ihn dabei unterstützen.

Die Leitung einer Diskussion vorbereiten

7 Stelle dir vor, du wärst Diskussionsleiterin/Diskussionsleiter.

a Formuliere eine Einleitung für die Diskussion zum Problem »Schnelle Snacks am Schulkiosk oder warmes Schulessen?« (S. 8, Aufgabe 1a).

b Notiere Fragen, die sich aus diesem Problem ergeben.

c Notiere Stichpunkte für den Abschluss der Diskussion.

– Dank für die Beiträge, …

Eine Diskussion vorbereiten, durchführen und auswerten

8 Führt in der Klasse eine Diskussion zu folgendem Thema durch.

a Lies den Text und bereite einen Diskussionsbeitrag vor. Nutze dabei die Schrittfolge auf S. 12. Wenn du weitere Hilfen brauchst, bearbeite die Aufgaben b bis e.

Fast Food hat einen schlechten Ruf und nach dem Kinofilm »Supersize me« ist vielen Fans der Appetit auf Burger, Pommes und Cola vergangen. Der Kinofilm beschreibt, was passiert, wenn
5 man sich einen Monat lang morgens, mittags und abends ausschließlich von Fast Food ernährt. Nicht nur das Gewicht und der Körperfettanteil steigen rapide, auch die Blutfettwerte verschlech-  tern sich dramatisch. Wer sich also dauerhaft von Fast Food ernährt, schadet seiner
10 Gesundheit. Die Produkte enthalten zu viel Fett und sind arm an Vitaminen und Ballast- stoffen. Das gilt allerdings nicht nur für Fast Food. Jede Form der einseitigen Ernährung ist ungesund und begünstigt Mangelerscheinungen oder die Entstehung von Überge- wicht. Wer dagegen nur ab und zu Fast Food isst und hier richtig auswählt, nimmt dadurch nicht automatisch zu.

b Formuliere das Problem, das der Text aufwirft, als Frage.

Im Text geht es um die Frage: Ist ...?

c Überlege, welche Meinung du zu diesem Problem hast. Formuliere deinen Standpunkt in Form einer Behauptung (These).

Ich denke, dass ...

d Überlege, mit welchen Argumenten (Begründungen + Beispielen) du deinen Standpunkt verdeutlichen kannst.

e Leite Schlussfolgerungen ab. Wie lautet dein Lösungsvorschlag?

Abschließend gebe ich folgende Empfehlungen: ...

→ S.15 Diskussionen auswerten

f Bestimmt einen Diskussionsleiter und führt die Diskussion durch. Wertet sie danach aus: Was ist gelungen, was kann man verbessern?

Eine Diskussion vorbereiten, durchführen und auswerten

9 Führt eine Diskussion zu einem der folgenden Probleme durch.

a Wählt eine der Problemfragen aus.

1 Ist das Eintauchen in virtuelle Welten gefährlich?
2 Sollten Schüler ihre Lehrer im Internet bewerten dürfen?
3 Wie kann unser Schulalltag weniger stressig werden?

b Bildet euch einen Standpunkt und bereitet einen Diskussionsbeitrag vor. Sucht nach überzeugenden Argumenten.

c Bestimmt einen Diskussionsleiter und führt die Diskussion durch. Achtet dabei auf die Gesprächsregeln (S.12, Aufgabe 6a).

10 Führt weitere Diskussionen zu selbst gewählten Themen durch. Einigt euch zuerst, wie ihr dabei vorgehen wollt.

Was habe ich gelernt?

11 Fasse zusammen, was du über das Diskutieren und Argumentieren gelernt hast, und fertige ein Merkblatt an.

Diskussionen auswerten

 Um bewerten zu können, ob ein Problem in der Diskussion gelöst werden konnte, sollte man die **Diskussion auswerten**. Dabei geht man auf inhaltliche Fragen ein, z. B. ob man sich in der Diskussion auf eine gemeinsame Meinung oder einen Kompromiss einigen konnte. Die Inhalte der Diskussion (Verlauf und/oder Ergebnisse) sollten auch in einem **Protokoll** festgehalten werden.
Eine wichtige Rolle bei der Auswertung spielen aber z. B. auch die Einhaltung der Gesprächsregeln und der Umgang der Diskussionsteilnehmer miteinander.

 1

a Wählt aus dem Kapitel *Meinungen austauschen – Diskutieren* (S. 8–14) ein Thema aus oder sucht selbst ein Thema und organisiert eine Diskussion.

→ S. 50 Protokolle anfertigen

b Beurteilt nach dem Ende der Diskussion und dem Lesen des Protokolls den Inhalt und den Verlauf des Gesprächs. Nutzt dazu die Schrittfolge.

 So könnt ihr eine Diskussion auswerten
1. Zum Inhalt der Diskussion
   - Welche Standpunkte zum Thema wurden geäußert?
   - Welche Argumente wurden genannt?
   - Mit welchen Beispielen wurden die Argumente veranschaulicht?
   - Zu welchem Ergebnis sind wir gekommen?
   - Welche Schlussfolgerungen wurden gezogen?
2. Zum Verlauf der Diskussion
   - Wie gingen die Diskussionsteilnehmer miteinander um?
   - In welcher Weise sind sie auf ihre Vorredner eingegangen?
   - Wurde sachlich und zielbewusst diskutiert?
   - Wie wurde die Diskussionsleiterin / der Diskussionsleiter ihrer/seiner Rolle gerecht?
   - Wie hat sie/er auf die Einhaltung der Gesprächsregeln geachtet?
   - Waren ihre/seine Fragen und Anregungen verständlich und auf die wichtigen Punkte des Themas bezogen?

Sich schriftlich mit Problemen auseinandersetzen – Erörtern

Lineare Erörterungen schreiben

! Bei einer **schriftlichen Erörterung** setzt man sich denkend und schreibend mit einem Problem auseinander. Dieses wird als **Thema** in der Überschrift formuliert, z. B.: *Mobbing unter Schülern.*
Mit dem Thema verbunden sind einzelne **Fragen**, die für mögliche Lösungen des Problems wichtig sind, z. B.:
Was kann man gegen Mobbing unter Schülern tun? Ist Mobbing unter Schülern vermeidbar?
Das Ziel des Erörterns ist es, Problemlösungen zu finden.
Dazu verschafft man sich einen Überblick über das Problem, bildet sich einen **Standpunkt** dazu und sucht nach Problemlösungsmöglichkeiten. Mit **Argumenten (Begründungen + Beispielen)** überzeugt man die Leserinnen/Leser von der Richtigkeit der Problemlösungen.

1 In der Zeitschrift »Hallo« erschien folgender Artikel.

a Lies den Artikel aufmerksam durch.

Die vielen Leserzuschriften zeigen, dass in der letzten Zeit die Zahl der Mobbingfälle unter Schülern gestiegen ist. Insbesondere Mädchen werden aus unterschiedlichen Gründen gehänselt, von der Klassengemeinschaft ausgestoßen oder sogar terrori-
5 siert. Solche Gründe können in einer anderen Nationalität, in einem abweichenden Aussehen oder Verhalten liegen. Gerade stille und ängstlich wirkende Schülerinnen und Schüler sind die typischen Mobbingopfer. Die meisten dieser Opfer haben starke Schulängste und Leistungsschwächen. Einige werden sogar
10 krank, weil sie keinen Ausweg sehen. Sie ergeben sich ihrem Schicksal.
Mobbing ist aber kein Schicksal!
Mobbing kann und muss bekämpft werden!
Mobbing ist zu besiegen!

15 Viele Leserzuschriften beweisen das. Sie zeigen, dass man Mobbing überwinden kann, wenn man als Opfer in erster Linie zweierlei beachtet: Erstens sollte man sein eigenes Verhalten ändern. Man muss seine Zurückhaltung und Ängstlichkeit überwinden. Ein selbstbewusstes Auftreten wirkt auf die Täter ab-
20 schreckend. Man muss den Mut aufbringen, sich gegen die Täter zu stellen. Selbstbehauptungs- und Selbstverteidigungskurse können hilfreich sein. Das ist für den Einzelnen jedoch schwer, Hilfe ist nötig. Deswegen ist es zweitens ratsam, sich mit anderen zu verbünden. Wer Freunde gewinnt und nicht mehr allein
25 dasteht, scheidet schon als Mobbingopfer aus. Auch Eltern und Lehrer können helfen, man muss sie nur ansprechen.
Einige unserer Leserinnen und Leser belegen mit ihren Zuschriften den Erfolg solcher Empfehlungen:
Carmen hat nicht nur etwas gegen ihr Übergewicht getan, sie
30 tritt jetzt auch viel offener und entschiedener auf und behauptet sich unter ihren Mitschülern besser als früher. Sie merkt sogar schon, dass sie etwas mehr geachtet wird.
Cindy hat sich ihren Lehrern anvertraut. So machte z.B. ihre Deutschlehrerin das Thema »Mobbing« zum Unterrichtsthema.
35 In Rollenspielen und Diskussionen suchte man gemeinsam nach Lösungen.
Maren ist froh, eine Freundin gefunden zu haben. Sie steht ihr bei, wenn sie bedroht wird. Das ist zwar nicht immer erfolgreich, aber ein Anfang ist gemacht.
40 Diese Beispiele machen Mut. Sie zeigen, dass sich niemand dem Mobbing ergeben muss. Sie zeigen, dass gemeinsames Handeln den Teufelskreis durchbricht.
Es ist also nötig, dass wir alle etwas gegen Gewalt gegen andere tun. Noch besser ist es, wenn es gar nicht erst zu solchen
45 Konflikten kommt. Probleme untereinander lassen sich z.B. durch Gespräche miteinander eher lösen als durch seelische oder körperliche Gewalt gegeneinander.

Eine Erörterung untersuchen

b Nenne das Thema des Artikels und suche eine passende Überschrift.

• Ein Problem erkennen

c Formuliere das Problem, das in dem Text erörtert wird, als Frage.

Was kann man ...?

- Einen Standpunkt erkennen

a Stelle fest, welcher Standpunkt in dem Artikel vertreten wird.
In welcher Form wird er formuliert? Nenne weitere Formulierungsmöglichkeiten.

- Argumente erfassen

b Bestimme die Argumente (Begründungen + Beispiele) der Redaktion und trage sie in die Tabelle ein.

Begründung	Beispiel

- Eigene Argumente finden

c Suche nach weiteren Argumenten für die Richtigkeit des redaktionellen Standpunkts. Ergänze dazu deine Tabelle.

- Schlussfolgerungen erkennen

d Gib die Schlussfolgerung der Redaktion wieder. Lies den Text noch einmal und nenne die Textstelle, an die die Schlussfolgerung anknüpft.

Probleme erkennen, Fragen formulieren

 Übe, Probleme zu erkennen und als Fragen zu formulieren. Notiere zu folgenden Themen Fragen für eine Erörterung.

1 Handyverbot in der Schule **3** Schwänzen – na und?
2 Schuluniformen für alle! **4** Sind Computerspiele schädlich?

> **!** Eine **lineare (steigernde) Erörterung** ist eine der beiden Hauptformen des schriftlichen Erörterns. Man baut sie folgendermaßen auf:
> - *Einleitung:*
>   Nennen des Themas, Beschreiben des Problems und Wecken des Interesses der Leserinnen/Leser,
> - *Hauptteil:*
>   – Formulieren des eigenen Standpunkts als These (Behauptung),
>   – Begründen des Standpunkts durch einzelne Argumente (Begründungen + Beispiele), wobei das wichtigste in der Regel am Schluss steht,
> - *Schluss:*
>   – Zusammenfassung mit Bezug auf die These und
>   – Schlussfolgerungen für das weitere Handeln.

Eine lineare Erörterung untersuchen

4 Lies noch einmal den Artikel aus der »Hallo« (S. 16, Aufgabe 1a).

a Formuliere den Standpunkt der Redaktion als Behauptung (These).

b Beurteile, ob es sich um eine lineare Erörterung handelt.

c Bestimme in dem Artikel Einleitung, Hauptteil und Schluss. Gib jeweils Anfang und Ende der Teile an.

TIPP
Nutze dazu die Ergebnisse der Aufgabe 2 b (S. 18).

d Überprüfe die Anordnung der Argumente im Hauptteil des Artikels. Woran erkennst du eine Steigerung ihrer Wichtigkeit?

e Suche nach einem eigenen Argument, das eine weitere Steigerung gegenüber den genannten Argumenten darstellt. Ergänze deine Tabelle aus Aufgabe 2 b (S. 18).

f Beurteile den Schluss. Äußere deine Meinung zur Empfehlung der Redaktion, wie man Mobbing vermeiden kann, in einer These.

Eine lineare
Erörterung planen

5 Lege begründet deinen Standpunkt zur Frage »Sind Tattoos gefährlich?« dar.

a Lies die Zeitungsmeldung und überlege, welche Informationen du für die Einleitung deiner Erörterung verwenden kannst.

Tückische Tattoos
Tätowierungen standen schon seit Langem im Verdacht, das Risiko von Infektionen zu erhöhen. Nun haben kanadische Forscher entdeckt, dass Tattoos beispiels-
5 weise zur Hepatitis-C-Infektion beitragen können. Ihre Auswertung von 124 medizinischen Untersuchungen ergab, dass Tattoo-Träger das gefährliche Virus dreimal häufiger haben als Menschen, die diesen Hautschmuck nicht tragen. Es wird emp-
10 fohlen, sich nach dem Anbringen eines Tattoos, etwa während eines Aufenthalts im Ausland, einem Bluttest zu unterziehen. Der Test kann die Infektion schon zwei Wochen nach einer eventuellen Übertragung der Viren nachweisen.

TIPP
Überlege, welche Fragen zu klären sind.

b Beschreibe in deiner Einleitung das Problem in ein bis zwei Sätzen.

1 Einleitung: ...

c Formuliere für den Hauptteil deiner Erörterung zunächst deinen Standpunkt zum Thema in Form einer These.

2 Hauptteil:
Standpunkt: …

TIPP
Suche nach weiteren Informationen, um deine Argumentation zu untermauern.

d Notiere Argumente zur Begründung deines Standpunkts und ordne sie. Achte auf eine Steigerung der Überzeugungskraft deiner Begründungen und Beispiele.

Argument 1: …
Argument 2: …

…

! Der **Schlussteil** der linearen Erörterung enthält eine Zusammenfassung und Schlussfolgerungen für das weitere Handeln. Man kann ihn z. B. mit folgenden sprachlichen Wendungen einleiten:
Zusammengefasst ergibt sich, …
Deshalb meine ich, …
Meine Schlussfolgerung lautet: …
Daraus kann man ableiten, …

e Formuliere deinen Schluss in ein bis zwei Sätzen. Achte darauf, dass er keine neuen Argumente enthält, sondern eine Zusammenfassung deines Standpunkts ist und Schlussfolgerungen aufzeigt.

3 Schluss:
Zusammenfassung: …
Schlussfolgerung: …

Eine lineare Erörterung entwerfen

6 Schreibe einen Entwurf deiner linearen Erörterung zum Thema »Sind Tattoos gefährlich?«. Verwende dazu deinen Schreibplan aus Aufgabe 5.

Eine Erörterung überarbeiten

7 Überarbeitet eure Entwürfe mithilfe der Arbeitsschritte und Tipps im Merkkasten auf der nächsten Seite.

!

Eine Erörterung überarbeiten

Arbeitsschritte	Tipps
1. Schreibaufgabe bedenken	
– Für wen? Für welchen Zweck?	*Beachte z. B. die Besonderheiten einer Erörterung.*
2. Inhalt überarbeiten	
– Darstellung des Themas und Problems? – Darstellung des Standpunkts? – Überzeugungskraft der Argumente? – Anordnung der Argumente? – Gestaltung von Einleitung und Schluss?	*Prüfe, ob Thema/Problem und Standpunkt eindeutig genannt sind.* *Prüfe, ob das wichtigste Argument am Ende steht.* *Beurteile, ob die Einleitung Interesse weckt.* *Prüfe, ob am Schluss die Erörterung des Standpunkts zusammengefasst und Schlussfolgerungen gezogen wurden.*
3. Wortwahl und Satzbau überarbeiten	
– Klar und verständlich formuliert? – Fachbegriffe sinnvoll und richtig verwendet? – Unnötige Wortwiederholungen vermieden? – Sinnvolle Satzverknüpfungen genutzt?	*Nutze ggf. Nachschlagewerke.* *Nutze ggf. Wortfelder.* *Prüfe, ob Satzglieder umgestellt werden können/sollten.* *Nutze geeignete Konjunktionen und Adverbien.*
4. Rechtschreibung und Zeichensetzung korrigieren	
– Alles richtig geschrieben? – Alle Satzeichen vorhanden? – Genutzte Quellen richtig gekennzeichnet?	*Nutze Nachschlagewerke.* *Berate dich mit anderen.* *Beachte die Regeln für Quellenangaben.*

Was habe ich gelernt?

8 Fasse zusammen, was du über das lineare Erörtern gelernt hast. Erstelle ein Merkblatt zum Aufbau einer linearen Erörterung.

Kontroverse (dialektische) Erörterungen schreiben

Eine **kontroverse (dialektische) Erörterung** ist neben der linearen Erörterung die zweite Hauptform des schriftlichen Erörterns. Dabei wägt man im **Hauptteil** verschiedene Argumente für (pro) und gegen (kontra) einen Standpunkt zum Problem ab. Eine Möglichkeit der **Gliederung** ist die Gegenüberstellung der Argumente **im Block**. Das heißt, man führt zuerst alle Kontra-Argumente und danach alle Pro-Argumente an oder umgekehrt. Ausschlaggebend ist, ob man sich selbst für Pro oder für Kontra entscheidet. Die Argumente für die eigene Position stellt man an das Ende, weil sie so dem Leser besser im Gedächtnis bleiben, z. B.:

These: *Netbooks sind bessere Mobilrechner als Notebooks.*

Kontra-Argument 1: *Netbooks haben weniger Programme als Notebooks und man kann z. B. keine …*

Kontra-Argument 2: *Netbooks haben kein DVD-Laufwerk.*

Kontra-Argument 3: *Netbooks haben nur einen kleinen Arbeitsspeicher.*

Pro-Argument 1: *Netbooks haben alle notwendigen Programme.*

Pro-Argument 2: *DVDs kann man über einen USB-Stick anschauen.*

Pro-Argument 3: *Den Speicher kann man durch ein Upgrade erweitern.*

Eine kontroverse Erörterung planen

1 Ist ein Netbook besser als ein Notebook?

• **Das Problem formulieren**

a Lies die Informationen in der Tabelle.

Netbook	Notebook
vorwiegend für Internetnutzung	vollwertiger Arbeitsplatzrechner
geringe Größe	größer als Netbook
Gewicht um 1,3 Kilogramm	schwerer als Netbook
Grafik-Chip mit geringer Leistung	großer Grafik-Chip
kleiner Arbeitsspeicher	großer Arbeitsspeicher
kleine Tastatur	große Tastatur
geringe Akkulaufzeit	lange Akkulaufzeit
Bilddiagonale: 25 Zentimeter	Bilddiagonale: ab 46 Zentimeter
günstiger Preis	höherer Preis

• Thesen formulieren	**b** Formuliere zur Frage in Aufgabe 1 zwei verschiedene Standpunkte in Form von Behauptungen (Thesen).

Standpunkt 1: Ja, ein Netbook ist …
Standpunkt 2: …

• Argumente notieren und ordnen

c Notiere Argumente (Begründungen + Beispiele) für (pro) und gegen (kontra) Netbooks. Nimm die Informationen aus der Tabelle zu Hilfe und überlege, welche weiteren Fakten du einbeziehen könntest.

• Sich eine Meinung bilden

d Entscheide dich jetzt für eine These und ordne die Argumente im Block nach Kontra und Pro. Lies dazu ggf. noch einmal im Merkkasten (S. 22) nach.

• Den Schluss formulieren

e Formuliere den Schluss der Erörterung. Nutze dazu den Merkkasten auf S. 20.

Einen Textentwurf schreiben

f Schreibe einen vollständigen Entwurf deiner kontroversen Erörterung. Nutze dazu die Vorarbeiten aus den Aufgaben c und d.

Den Textentwurf überarbeiten

g Überarbeite deinen Entwurf und schreibe die Endfassung.

→ **S. 21** Eine Erörterung überarbeiten

! Eine zweite Möglichkeit der **Gliederung** des **Hauptteils** einer kontroversen (dialektischen) Erörterung ist folgende: Man verbindet **im Wechsel** die Kontra-Argumente sofort mit den Pro-Argumenten, z. B.:
These: *Netbooks sind bessere Mobilrechner als Notebooks.*
Kontra-Argument 1: …   Pro-Argument 1: …

Kontra-Argument 2: …   Pro-Argument 2: …

Kontra-Argument 3: …   Pro-Argument 3: …

2 Erprobe mithilfe des Merkkastens die zweite Gliederungsmöglichkeit einer Erörterung.

TIPP
Nutze deine Vorarbeiten aus Aufgabe 1.

a Schreibe deine Erörterung zum Thema »Ist ein Netbook besser als ein Notebook?« erneut. Gestalte den Hauptteil wie im Merkkasten, indem du die Pro- und Kontra-Argumente im Wechsel anordnest.

b Gib am Schluss deiner Erörterung eine Kaufempfehlung – entweder für ein Netbook oder für ein Notebook.

Nachdem ich die Vor- und Nachteile abgewogen habe, ...

3 Schreibe zu einem Thema aus Aufgabe 3 (S. 18) eine kontroverse Erörterung. Gestalte dabei den Hauptteil wie im Merkkasten (S. 23), indem du die Pro- und Kontra-Argumente im Wechsel anordnest.

4 Schreibe zu einem selbst gewählten Thema eine kontroverse Erörterung. Entscheide dich dabei für eine der beiden Gliederungsmöglichkeiten. Nutze dazu die Schrittfolge.

So kannst du eine kontroverse (dialektische) Erörterung schreiben
1. Formuliere das Problem in Form einer Frage und bilde dir eine Meinung dazu.
2. Gib deinen Standpunkt als Behauptung (These) wieder.
3. Notiere dir Argumente (Begründungen + Beispiele) und ordne die Pro- und Kontra-Argumente entweder im Block oder im Wechsel.
4. Schreibe einen Entwurf deiner Erörterung (Einleitung, Hauptteil, Schluss).
5. Überarbeite den Entwurf und schreibe die Endfassung der Erörterung.

Was habe ich gelernt?

5 Fasse zusammen, was du über das kontroverse (dialektische) Erörtern weißt. Ergänze dein Merkblatt zum Erörtern.

Aufbau einer linearen Erörterung:
– Einleitung: ...
– ...

Aufbau einer kontroversen Erörterung:
– Einleitung: ...
– ...

Erzählen

Aus unterschiedlichen Perspektiven erzählen

1 Daisy soll den Sommer in England verbringen. Ihr Cousin Edmond holt sie vom Flughafen ab. Es beginnt eine Zeit, die alles verändert.

a Lies den Auszug aus dem Roman »So lebe ich jetzt« von Meg Rosoff, in dem Daisy ihren Verwandten erstmals begegnet.

Im Jeep schlief ich ein, weil es ein weiter Weg bis zu ihrem Haus war, und wenn ich nur die Straße vorbeirauschen sehe, schließe ich am liebsten immer die Augen. Als ich sie dann wieder öffnete, stand da ein Begrüßungskomitee und starrte mich durchs Fenster an,
5 es waren vier Kinder und eine Ziege und zwei Hunde, die Jet und Gin hießen, wie ich später erfuhr, und im Hintergrund sah ich ein paar Katzen hinter einer Entenschar herjagen, die aus irgendeinem Grund auf dem Rasen rumhing.
Einen Augenblick lang war ich richtig froh, dass ich fünfzehn war
10 und aus New York kam, denn ich hab vielleicht noch nicht alles erlebt, aber doch schon ziemlich viel, und in meiner Clique habe ich das beste So-was-kommt-bei-mir-nun-wirklich-andauernd-vor-Gesicht. Genau so ein Gesicht machte ich jetzt, obwohl mich alles ehrlich gesagt reichlich überraschte, aber sie sollten nicht denken,
15 dass Kids aus New York nicht mindestens genauso cool sind wie englische Kids, die nur zufällig mit Ziegen und Hunden und was weiß ich allem in riesigen alten Häusern wohnen.
Von Tante Penn noch immer keine Spur, aber Edmond stellt mich dem Rest meiner Verwandten vor [...]. Isaac ist Edmonds Zwillings-
20 bruder und sie sehen genau gleich aus, nur sind Isaacs Augen grün und die von Edmond haben dieselbe Farbe wie der Himmel, der im Augenblick grau ist. Anfangs mochte ich Piper am liebsten, weil sie mir einfach offen ins Gesicht sah und sagte Wir freuen uns sehr, dass du gekommen bist, Elizabeth.
25 Daisy, verbesserte ich und sie nickte irgendwie ernsthaft, sodass ich wusste, sie würde es nicht vergessen.
Isaac wollte meine Tasche zum Haus schleppen, aber dann kam Osbert, der Älteste, und schnappte sie ihm überheblich weg und verschwand damit ins Haus.

30 Bevor ich erzähle, was dann passiert ist, muss ich noch das Haus
beschreiben [...].
Erst mal sollte klar sein, dass das Haus eine alte Bruchbude ist,
aber aus einem unerfindlichen Grund berührt das seine Schönheit
irgendwie überhaupt nicht. Es ist aus großen gelblichen Steinen,
35 hat ein steiles Dach und ist in L-Form um einen großen, mit dicken
Kieseln gepflasterten Hof gebaut. [...]
Als ich mich später ein bisschen im Haus umsehen kann, stelle
ich fest, dass es innen viel verwinkelter ist als außen, mit komischen
Gängen, die anscheinend nirgendwo hinführen, und winzigen
40 Schlafzimmern mit schrägen Decken, die oben an der Treppe
versteckt liegen. Alle Treppenstufen knarren und an keinem der
Fenster sind Vorhänge und die Zimmer unten sind riesig, jedenfalls
für meine Verhältnisse, und voll mit klobigen alten gemütlichen
Möbeln und Bildern und Büchern und riesigen Kaminen [...].
45 Schließlich gingen Edmond, Piper, Isaac und Osbert zusammen
mit den Hunden Jet und Gin und ein paar Katzen vor mir in die
Küche und setzten sich an oder unter einen Holztisch und irgendwer machte Tee und sie starrten mich alle an wie ein interessantes
Wesen, das sie aus dem Zoo bestellt hatten, und stellten mir jede
50 Menge Fragen auf eine viel freundlichere Art, als es in New York
möglich wäre [...].
Nach einer Weile war ich ganz benebelt und dachte Mann, wär jetzt
ein Glas eiskaltes Wasser gut, damit mein Kopf wieder klar wird,
und als ich aufblickte, stand da Edmond und hielt mir ein Glas
55 Wasser mit Eiswürfeln hin, und die ganze Zeit schaute er mich mit
seinem beinahe lächelnden Ausdruck an, und obwohl ich mir in
dem Moment keine großen Gedanken darüber machte, fiel mir auf,
dass Isaac ihn komisch ansah. [...]
Piper fragte, ob ich die Tiere sehen oder mich erst eine Weile
60 hinlegen möchte, und ich sagte hinlegen, weil ich schon vor meiner
Abreise aus New York nicht unbedingt viel geschlafen hatte. [...]
Sie führte mich nach oben zu einem Zimmer am Ende eines Flurs,
es war eine Art Kammer wie für einen Mönch – ziemlich klein und
schlicht, mit dicken weißen Wänden, die nicht glatt und gerade
65 waren wie neue Wände, und einem riesigen Fenster, das in viele
gelbe und grüne Glasscheiben unterteilt war. Unterm Bett lag eine
große gestreifte Katze und in einer alten Flasche standen Narzissen,
und plötzlich kam es mir vor, als hätte ich mich noch nie irgendwo
so geborgen gefühlt wie in diesem Zimmer, was nur beweist, wie
70 sehr man sich irren kann, aber jetzt bin ich schon wieder voreilig. [...]

b Beschreibe die Grundstimmung der Erzählung. Welchen Eindruck hinterlässt der Text bei dir?

c Lies den Text noch einmal und überprüfe deinen ersten Eindruck. Führe entsprechende Textstellen an.

→ S.190 Merkwissen **d** Bestimme die Erzählperspektive im Text und belege sie mit Beispielen.

e Überlege, welche Bedeutung die Erzählperspektive für die Grundstimmung und Wirkung des Textes hat.

f Untersuche mithilfe des Merkkastens, welche sprachlichen Mittel eingesetzt wurden und wie sie zur Stimmung und Wirkung beitragen.

> **!**
>
> Durch den gezielten Einsatz **sprachlicher Mittel** wird das Geschehen einer Erzählung für den Hörer oder Leser besonders gut nacherlebbar:
> - **treffende Verben**, z. B.: *flüstern, murmeln, brabbeln, stottern,*
> - **anschauliche Adjektive**, z. B.: *beeindruckend, riesig, klobig,*
> - **anschauliche Nomen/Substantive**, z. B.: *Bruchbude, Holztisch,*
> - **Vergleiche**, z. B.: *hüpfen wie ein Frosch, singen wie eine Nachtigall.*

Aus der Perspektive anderer Figuren erzählen

2 Erzähle die Geschichte aus der Sicht von Edmond.

a Lies den Text noch einmal und untersuche, was man über Edmond erfährt und wie er zu den anderen Figuren steht. Notiere dir Stichpunkte dazu.

TIPP
Verwende die sprachlichen Mittel aus dem Merkkasten.

b Bereite eine mündliche Erzählung des Geschehens aus Edmonds Sicht vor. Fertige einen Stichpunktzettel an und übe deine Erzählung.

 c Tragt eure Erzählungen vor und bewertet die inhaltliche und sprachliche Gestaltung.

3 Piper und Isaac reagieren auf verschiedene Weise auf Daisys Ankunft.

a Untersuche die Geschichte nach Textbelegen dafür. Überlege, was die beiden denken und fühlen könnten.

b Wähle eine der beiden Figuren aus und schreibe aus deren Sicht einen Tagebucheintrag zu Daisys Ankunft.

 c Vergleicht eure Tagebucheinträge. Diskutiert Unterschiede.

 Ein wichtiges erzählerisches Mittel des interessanten und spannenden Erzählens ist die **Zeitgestaltung**. Dabei unterscheidet man:
- die **Zeitdehnung** durch das Einfügen von Gedanken, Gefühlen, Stimmungen, ausführlichen Orts-, Situations- oder Personenbeschreibungen; die Erzählzeit ist länger als die erzählte Zeit,
- die **Zeitraffung** durch das verkürzte Wiedergeben des Geschehens oder Zeitsprünge; die Erzählzeit ist kürzer als die erzählte Zeit,
- die **Vorausdeutung:** das Andeuten kommender Ereignisse,
- die **Rückblende:** das Aufgreifen von vergangenen Ereignissen.

4 Untersuche den Textauszug aus Aufgabe 1a (S. 25) hinsichtlich der im Merkkasten genannten Mittel zur Zeitgestaltung.

TIPP
Lies noch einmal im Merkkasten nach.

5 Stelle dir vor, Piper oder Isaac wollen jemandem von Daisys Ankunft erzählen. Lies deinen Tagebucheintrag aus Aufgabe 3 b noch einmal und überlege, an welchen Stellen man durch Zeitdehnung und Zeitraffung spannender und interessanter erzählen könnte. Probiere es aus.

6 Gestalte aus dem Tagebucheintrag aus Aufgabe 3 b eine spannende und interessante Erzählung, indem du verschiedene Mittel der Zeitgestaltung verwendest.

 7 Erzähle selbst von einer besonderen Begegnung. Nutze dabei verschiedene erzählerische Mittel, um deinen Text interessant und spannend zu gestalten.

TIPP:
Du kannst auch eine Geschichte erfinden.

Eindrücke wiedergeben – Schildern

1 Mit 16 Jahren kehrt das Waisenmädchen Winter in ihr Elternhaus zurück. Endlich will sie ein neues, selbstbestimmtes Leben beginnen. Doch ein dunkles Geheimnis liegt über der verlassenen Farm …

a Lies den folgenden Romanauszug und gib deine Gedanken dazu wieder.

Zum Glück war es ein schöner Morgen, als ich die Augen aufschlug, denn sonst wäre ich angesichts der kahlen Wände und verstaubten Fußböden wahrscheinlich ziemlich mutlos geworden. So aber strich ich mir die Haare aus dem Gesicht und ging ins Bad, um zu sehen,
5 ob es heißes Wasser gab. Die Mühe hätte ich mir sparen können. Es war eiskalt.
Die Uhr zeigte kurz vor sieben. Ich schlüpfte in eine alte Militärhose und zog ein Sweatshirt an, das wir letztes Jahr für die Schulschluss-feier im Internat bedruckt hatten. Dann verließ ich das Haus durch
10 die Vordertür, stieg den Hang hinab und überquerte die Einfahrt, auf der ich gestern Abend mit Ralph gekommen war. Der alte Brunnen war zwar noch da, aber ich erinnerte mich auch an die Statue einer Frau mit einem Regenschirm. Sie war verschwunden, hatte vielleicht ihren Regenschirm abgespannt und sich heimlich
15 eine neue Bleibe gesucht, wo es ein Kind gab, das zu ihren Füßen im Wasser planschte und zwischen ihren Beinen nach Kaulquappen suchte.
An den Ufern des Bachs wuchsen grüne, gefiederte Farnblätter, die aber fast vollständig unter den überall wuchernden Brombeeren
20 verschwanden. Die Brombeeren waren so dicht und allgegenwärtig, dass ich nicht einmal in die Nähe des vor sich hin plätschernden, murmelnden, gurgelnden und schäumenden Wassers kam.
Dann entdeckte ich auf der anderen Seite einen Pfad. Er war zwar auch verwildert, aber ich suchte mir einen Weg an den zu Boden
25 gegangenen Baumstämmen und den hohen Grasbüscheln vorbei. Die ganze Zeit spielte mir der leise trällernde Bach seine Musik vor. Das, so spürte ich immer stärker, war mein eigentlicher Willkommensgruß. Der Bach flüsterte mir zu: »Schön, dass du wieder da bist, Winter. Wir haben dich vermisst. Du gehörst
30 hierher.«
Nach vielleicht einem Kilometer schien sich der Fußpfad allmählich zu verlieren. Ein Abschnitt war fortgeschwemmt und dann

verschwand er ganz im dichten Gestrüpp der Brombeerstauden.
Nur wenige Meter zu meiner Linken befand sich jedoch ein Güter-
35 weg, eine schmale Piste, die dem Bach folgte. Also ging ich dort
weiter und verscheuchte den Gedanken, dass ich mich langsam
auf den Rückweg machen sollte.

Eine Schilderung
untersuchen

b Benenne die Grundstimmung und untersuche, wodurch diese im Text
verdeutlicht wird.

> **!** Beim **Schildern (Wiedergeben von Eindrücken)** stellt man die Wahr-
> nehmungen, Gedanken, Gefühle und Einstellungen von Personen
> oder Figuren ausführlich und anschaulich dar. Dazu beschreibt man
> z.B. die **Sinneswahrnehmungen** (Hören, Sehen, Riechen, Schmecken,
> Fühlen) genau und verwendet wörtliche Rede.
> Erzählungen werden so besonders interessant und lebendig.

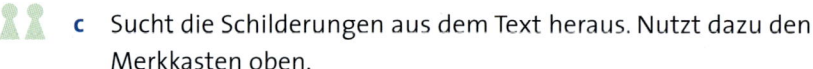 **c** Sucht die Schilderungen aus dem Text heraus. Nutzt dazu den
Merkkasten oben.

 **2** Lest den folgenden Merkkasten und sucht im Text der Aufgabe 1a
nach entsprechenden Beispielen.

> **!** Hörer bzw. Leser können Eindrücke besser nacherleben, wenn diese
> sprachlich so anschaulich wie möglich wiedergegeben werden.
> Geeignete **sprachliche Mittel** sind z.B.:
> - **bildhafte Vergleiche**, z.B.: *kalt wie Eis, klettern wie ein Affe, lauter als
>   ein Jagdflieger,*
> - **bildhafte Bezeichnungen**, z.B.: *Bruchbude – Hütte – Palast,*
> - **abwechslungsreiche und genaue Bezeichnungen** (Synonyme),
>   z.B.: *Auto – Wagen – Gefährt,*
> - **treffende Verben und Adjektive**, z.B.: *schreien, flüstern, nuscheln;
>   mit glockenhellem Klang, in goldenem Glanz, glitschiger Untergrund,*
> - **Personifizierungen**, z.B.: *Kälte kroch in meine Zehen. Freude ergriff
>   von mir Besitz.*

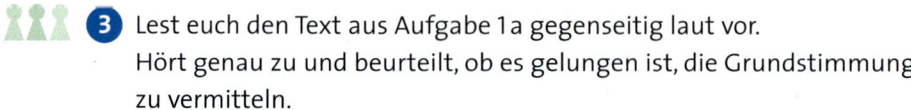 **3** Lest euch den Text aus Aufgabe 1a gegenseitig laut vor.
Hört genau zu und beurteilt, ob es gelungen ist, die Grundstimmung
zu vermitteln.

Wahrneh-
mungen
und Gefühle
ausdrücken

4 Beschreibt anschaulich folgende Sinneswahrnehmungen. Probiert verschiedene sprachliche Mittel aus dem Merkkasten auf S. 30 aus.

1 Geruch von Pilzen, welkem Laub, Jauche
2 Geschmack von Rollmops, Cola, Erdnüssen
3 Geräusch von Beifall, Meeresbrandung, Niesen

Pilze riechen würzig. …
Rollmops schmeckt sauer. …

5 Notiere Wortgruppen und Wendungen, die die folgenden Empfindungen möglichst genau ausdrücken.

Ärger – Scham – (Vor-)Freude – Stolz – Enttäuschung – Angst

zornig sein ⎯⎯ *grimmig gucken*
Ärger
vor Wut kochen ⎯⎯ *…*

6 Verbessere die folgenden Beispiele, die fehlerhafte oder ungeschickte Formulierungen enthalten.

1 Der unangenehme Duft von Mist wallte bis zu meinen Nasenflügeln vor.
2 Der Fisch schmeckte mir nicht besonders, sondern eher tranig, so wie ein traniger Fisch eben schmeckt.
3 Erst wollte ich mich wie Rotkäppchen irgendwo verstecken, aber es war kein Uhrkasten in der Nähe.

7

Eine Schilderung
untersuchen

a Lies, wie Winter die Gräber ihrer Eltern findet.

Meine Eltern lagen unter einem riesigen Schwarzholz-Eukalyptus, dessen dunkler Stamm wie eine Trauersäule aussah. Die Gräber selbst waren von Unkraut überwuchert und mit Rinde und Reisig bedeckt. Es hätte mir nichts ausgemacht, wenn sie von einheimi-
5 schen Pflanzen und kleinen Wildblumen bewachsen gewesen wären, aber dieses Zeug war reinstes Unkraut, voller Dornen und potthässlich. Jedes der beiden Gräber hatte einen eigenen Grabstein. Ich strich die hohen Halme vor dem linken zur Seite und las die verwitterte Inschrift:

₁₀

In liebendem Gedenken an
Philip Edward De Salis
geboren am 15. Mai 1945
gestorben durch Ertrinken am 27. Dezember 1988
Der Herr gibt und der Herr nimmt

₁₅ Zum ersten Mal erfuhr ich ihren Todestag. Das war einer der Gründe
gewesen, warum ich nach Warriewood zurückgekehrt war.
Ich legte den zweiten Grabstein frei und las:

In ewiger Erinnerung an
Phyllis Antonia Rosemary De Salis
₂₀ geboren am 12. November 1945
gestorben am 9. Juli 1989

[...] Ich hockte mich auf meine Fersen. Ich spürte einen Schock in der
Wirbelsäule, der meinen Rücken hinaufwanderte und meine Haare
im Nacken zu Berge stehen ließ. Sie waren nicht am selben Tag
₂₅ gestorben.
Nicht am selben Tag. Unter meiner Haut kribbelte es, als stünde
ich innerlich unter Strom. Das stimmte doch gar nicht. Ich hatte das
ganz anders verstanden. Irgendwann musste ich alles schrecklich
durcheinandergebracht haben.
₃₀ Ich stand auf, setzte mich mit dem Rücken an den Baum und starrte
auf die Inschrift. Nicht am selben Tag. Meine Mutter hatte nach dem
Tod meines Vaters noch über ein halbes Jahr gelebt. Dann war sie
auch gestorben. Aber wie? Bei einem Unfall? Davon war keine Rede.
Nur eines war sicher: Ertrunken war sie nicht. Sonst hätten sie
₃₅ das auch auf ihren Grabstein geschrieben, passend zum anderen.
Wenn sie nicht ertrunken war, dann stimmte die Geschichte in
meinem Kopf nicht, dann war alles, womit ich all die Jahre gelebt
hatte, falsch. Dann war die Geschichte meines Lebens falsch.
Dann hatte ich mein Leben auf einer Geschichte aufgebaut, die
₄₀ eine Lüge war. [...]
Ich zitterte am ganzen Körper.

b Gib wieder, was Winter so schockiert.

c Schreibe die Wörter und Textstellen heraus, in denen Winter
ihre Gedanken und Gefühle anschaulich schildert.

Eine Schilderung verfassen

8 Schildere deine Eindrücke von einem Ort, wo es dir besonders gefällt. Das kann z. B. dein Lieblingsplatz zu Hause oder ein Urlaubsort sein.

TIPP
Oder wähle einen Ort, der dich ängstigt, verunsichert oder traurig stimmt.

a Versetze dich in Gedanken an diesen Ort und notiere möglichst genau, was du siehst, hörst, riechst, schmeckst, denkst und fühlst.

b Ordne deine Notizen und schreibe einen Entwurf deiner Schilderung. Nutze möglichst viele sprachliche Mittel aus dem Merkkasten (S. 30).

 c Beurteilt eure Entwürfe gegenseitig und überarbeitet sie dann.

9 Schildere eine Situation, die dich besonders beeindruckt hat. Nutze dazu die Schrittfolge.

So kannst du Eindrücke schildern
1. Schließe die Augen und versetze dich in die Situation, die du schildern möchtest.
2. Notiere deine Eindrücke und Gefühle.
   - Was siehst du?
   - Was hörst du?
   - Was schmeckst du?
   - Was riechst du?
   - Was fühlst du?
   - Woran erinnerst du dich?
3. Ordne deine Notizen.
4. Schreibe einen Entwurf deiner Schilderung und überarbeite ihn anschließend.
5. Schreibe die Endfassung.

10 Schildere deine Eindrücke von einem Film, Buch oder Bild. Du kannst dich auch auf einzelne Szenen oder Textstellen beziehen.

11 Erzähle ein Erlebnis, das dich besonders beeindruckt hat. Schildere die einzelnen Orte und Situationen möglichst anschaulich.

Was habe ich gelernt?

12 Überprüfe, was du über das Schildern gelernt hast. Beantworte dazu die folgenden Fragen.

1 Was muss man beim Schildern beachten?
2 Welche sprachlichen Mittel kann man bei Schilderungen verwenden?

Kreatives Schreiben

> **!** Beim **kreativen Schreiben** schreibt man aus sich selbst heraus, um Gedanken, Gefühle, Wünsche, Träume oder Hoffnungen festzuhalten oder um sich gestaltend mit ihnen auseinanderzusetzen, z. B. in Form eines Tagebucheintrags, Gedichts oder einer Erzählung. Anlässe können anregende Bilder, Texte oder Musiken sein, aber auch besondere Situationen, Erlebnisse oder Erinnerungen.

1 Ein Gedicht kann dazu anregen, dass man seine Gedanken und Gefühle darlegen möchte.

a Lies das folgende Gedicht von Klaus Kordon.

Biologie
Dieser Baum ist knorrig,
weil er alt ist.
Er ist verzweigt,
weil er viel erlebt hat.
Er ist nicht schön,
aber in seinen Zweigen
ist ein Nest.

b Vergleiche nun folgendes Gedicht einer Schülerin (Jana, 13 Jahre) mit dem Gedicht aus Aufgabe 1a. Was stellst du fest?

Dieses Haus sieht grau aus,
weil es alt ist.
Es ist verwinkelt,
weil es oft umgebaut wurde.
Es ist nicht bequem,
aber in seinen Zimmern
wohnen Menschen.

a Lies die folgenden Gedichte und wähle eins aus, das dich besonders anspricht.

Bertolt Brecht **Der Rauch**

Das kleine Haus unter Bäumen am See.
Vom Dach steigt Rauch.
Fehlte er
Wie trostlos dann wären
Haus, Bäume und See.

Gerhard Rühm

uuuuuuuuuuuuuuuuuuuuu
uuuuuuuuuuuuuuuuuuuuu
uuuuuuuuuuuuuuuuuuuuu
uuuuuuuuuuduuuuuuuuuu
uuuuuuuuuuuuuuuuuuuuu
uuuuuuuuuuuuuuuuuuuuu
uuuuuuuuuuuuuuuuuuuuu

Martin Auer **Zufall**

Wenn statt mir jemand anderer
auf die Welt gekommen wär,
vielleicht meine Schwester
oder mein Bruder
5   oder irgendein fremdes, blödes Luder –
wie wär die Welt dann
ohne mich?
Und wo wäre denn dann ich?
Und würd mich irgendwer vermissen?
10   Es tät ja keiner von mir wissen.
Statt mir wäre hier ein ganz anderes Kind,
würde bei meinen Eltern leben
und hätte mein ganzes Spielzeug im Spind.
Ja, sie hätten ihm sogar
15   meinen Namen gegeben!

TIPP
Du kannst auch dein Lieblingsgedicht nehmen.

b Lies das ausgewählte Gedicht noch einmal. Notiere alle Gedanken, die du beim Lesen hast, ungeordnet auf einem Blatt.

c Wähle aus deinen Notizen diejenigen Gedanken aus, die du in deinem Text nutzen möchtest. Ordne sie nun in einem Cluster.

TIPP
Falls du ein Parallelgedicht schreibst, untersuche vorher die Form des Gedichts.

d Überlege, was für einen Text du schreiben möchtest: Du kannst z.B. ein Gegen- oder Parallelgedicht, eine Erzählung, einen Tagebucheintrag oder einen Brief verfassen.

e Schreibe einen Entwurf deines Textes. Lass einen breiten Rand zum Überarbeiten.

f Überarbeite deinen Text und schreibe die Endfassung. Du kannst deinen Text auch besonders gestalten.

3 Suche aus deinem Lesebuch einen Text aus, der dich anspricht, und verfasse dazu deinen eigenen Text. Nutze die Schrittfolge.

So kannst du zu einem Text schreiben
1. Suche dir einen Text aus, der dich anspricht, und notiere beim Lesen deine Gedanken und Gefühle.
2. Wähle diejenigen Notizen aus, die du verwenden möchtest, und ordne sie in einem Cluster.
3. Entscheide dich, was für einen Text du schreiben möchtest (Paralleltext, Tagebucheintrag, Brief, Erzählung o. Ä.).
4. Wenn du einen Paralleltext schreiben möchtest, untersuche genau die Form und die sprachlichen Besonderheiten des Originals.
5. Schreibe einen Entwurf deines Textes und überarbeite ihn anschließend.
6. Schreibe die Endfassung.

 4 Wähle einen dich beeindruckenden Text, ein Bild oder Musik aus und schreibe einen eigenen Text dazu.

Was habe ich gelernt?

5 Denke über das kreative Schreiben nach: Schreibst du gern eigene Texte und warum? Welche Anlässe regen dich zum Schreiben an? Welche Schreibformen bevorzugst du? Welche Schwierigkeiten hast du mit kreativen Schreibaufgaben?

Beschreiben

Personen und Figuren charakterisieren

1

a Tauscht euch darüber aus, wann und in welchen Formen euch Personenbeschreibungen begegnet sind.

→ S.190 Merkwissen b Wiederholt, was man bei einer Personenbeschreibung beachten muss.

> **!**
>
> Personen oder literarische Figuren werden beschrieben, damit andere sich eine Vorstellung von ihnen machen können.
> Um das Aussehen einer Person oder Figur zu beschreiben, benennt man ihre **äußeren Merkmale** (Gesamterscheinung, Einzelheiten, Besonderheiten) möglichst genau und anschaulich.
> Um eine **Person** oder **Figur** zu **charakterisieren**, stellt man deren Lebensumstände, Gedanken, Gefühle, Verhaltensweisen, ihr Verhältnis zu anderen u. Ä. dar. Solche **inneren Merkmale** machen den Charakter der Person oder Figur deutlich.

Einen literarischen Text untersuchen

2

a Lies den folgenden Ausschnitt aus der Novelle »Kleider machen Leute« von Gottfried Keller (1819–1890).

An einem unfreundlichen Novembertage wanderte ein armes Schneiderlein auf der Landstraße [...]. Der Schneider trug in seiner Tasche nichts als einen Fingerhut, welchen er, in Ermangelung irgendeiner Münze, unablässig zwischen den Fingern drehte, wenn
5 er der Kälte wegen die Hände in die Hosen steckte, und die Finger schmerzten ihn ordentlich von diesem Drehen und Reiben. Denn er hatte wegen des Falliments[1] irgendeines [...] Schneidermeisters seinen Arbeitslohn mit der Arbeit zugleich verlieren und auswandern müssen. Er hatte noch nichts gefrühstückt als einige Schnee-
10 flocken, die ihm in den Mund geflogen, und er sah noch weniger ab, wo das geringste Mittagbrot herwachsen sollte. Das Fechten[2] fiel ihm äußerst schwer, ja schien ihm gänzlich unmöglich, weil er über seinem schwarzen Sonntagskleide, welches sein einziges war, einen weiten, dunkelgrauen Radmantel[3] trug, mit schwarzem Samt
15 ausgeschlagen, der seinem Träger ein edles und romantisches

[1] Bankrott

[2] Betteln

[3] meist ärmelloser Umhang

Aussehen verlieh, zumal dessen lange schwarze Haare und Schnurr-bärtchen sorgfältig gepflegt waren und er sich blasser, aber regelmä-ßiger Gesichtszüge erfreute.

[4] Erscheinungsbild

20 Solcher Habitus[4] war ihm zum Bedürfnis geworden, ohne dass er etwas Schlimmes oder Betrügerisches dabei im Schilde führte; vielmehr war er zufrieden, wenn man ihn nur gewähren und im Stillen seine Arbeit verrichten ließ; aber lieber wäre er verhungert, als dass er sich von seinem Radmantel und von seiner polnischen Pelzmütze getrennt hätte, die er ebenfalls mit großem Anstand zu

25 tragen wusste.

Er konnte deshalb nur in größeren Städten arbeiten, wo solches nicht zu sehr auffiel; wenn er wanderte und keine Ersparnisse mitführte, geriet er in die größte Not. Näherte er sich einem Hause, so betrachteten ihn die Leute mit Verwunderung und Neugierde

30 und erwarteten eher alles andere, als dass er betteln würde;

[5] redegewandt

so erstarben ihm, da er überdies nicht beredt[5] war, die Worte im Munde, also dass er [...] Hunger litt [...].

TIPP
Versuche,
den Schneider
zu zeichnen.

b Notiere die äußeren Merkmale des Schneiders in Stichpunkten.

c Überlege, welche Merkmale den Charakter des Schneiders kennzeichnen. Suche Textstellen und notiere deine Gedanken in Stichpunkten.

Eine Figuren-charakterisierung planen

TIPP
Nutze die Ergeb-nisse der Auf-gaben 2 b und c.

3 Verfasse eine eigene Charakterisierung des Schneiders.

a Ordne die äußeren und inneren Merkmale. Nutze dazu Textstellen sowie eigene Wörter und Wendungen, die deine Vorstellung von dem Schneider genau bezeichnen. Wenn du Hilfe brauchst, nutze die Aufgaben b und c.

b Suche Wörter und Wendungen aus dem Text heraus, die den Schneider beschreiben. Ordne sie nach äußeren und inneren Merkmalen.

c Wähle Wörter und Wendungen aus, die zu deinen Vorstellungen von dem Schneider passen. Ordne sie nach äußeren und inneren Merkmalen.

TIPP
Ergänze eigene
Wörter und
Wendungen.

aufgeweckt – ruhig – gelassen – selbstsicher – in sich gekehrt – still – unruhig – nervös – natürlich – schweigsam – gut gelaunt – reich – faul – fleißig – emsig – antriebsarm – träge – schüchtern – ehrlich – stolz

d Überlege, wie du deine Charakterisierung gliedern willst, und formuliere die Einleitung.

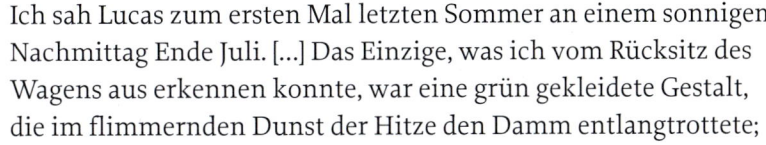

In Gottfried Kellers Novelle „Kleider machen Leute" …

Den Entwurf schreiben und überarbeiten

e Schreibe den Entwurf deiner Charakterisierung und überarbeite ihn anschließend. Achte besonders auf anschauliche Bezeichnungen.

4 Charakterisiere die Titelfigur aus Kevin Brooks Roman »Lucas«.

a Lies dazu den Beginn des Buchs.

Ich sah Lucas zum ersten Mal letzten Sommer an einem sonnigen Nachmittag Ende Juli. [...] Das Einzige, was ich vom Rücksitz des Wagens aus erkennen konnte, war eine grün gekleidete Gestalt, die im flimmernden Dunst der Hitze den Damm entlangtrottete;
5 eine schmächtige, zerlumpte Person mit einem Wuschelkopf aus strohblondem Haar und einer Art zu gehen – ich muss immer noch lächeln, wenn ich dran denke –, einer Art zu gehen, als würde er der Luft Geheimnisse zuflüstern. [...]
Als wir näher kamen, konnte ich die Gestalt besser wahrnehmen.
10 Es war ein junger Mann oder ein Junge, lässig angezogen mit grau-grünem T-Shirt und ausgebeulter grüner Hose. Er hatte sich eine Armyjacke um die Taille gebunden und eine grüne Leinentasche über die Schulter geworfen. Das Einzige an ihm, was nicht grün war, waren die zerschlissenen schwarzen Boots an seinen Füßen. Auch
15 wenn er eher klein wirkte, war er doch nicht so schmächtig, wie ich anfangs gedacht hatte. Er war zwar nicht unbedingt muskulös, aber er sah auch nicht eben schwächlich aus. Es ist schwer zu erklären. Er besaß so etwas wie eine verborgene Kraft, eine anmutige Stärke, die sich in seiner Ausgeglichenheit zeigte, in seiner Haltung, in der
20 Art, wie er ging …
Wie ich schon sagte, wenn ich an Lucas' Gang denke, muss ich jedes Mal lächeln. Ich habe diesen Gang noch unglaublich lebendig in Erinnerung; sobald ich meine Augen schließe, sehe ich ihn genau vor mir. Ein lockeres Traben. Schön und stetig. Nicht zu schnell
25 und nicht zu langsam. Schnell genug, um irgendwo hinzukommen, aber nicht so schnell, dass er unterwegs etwas verpassen würde. Federnd, lebhaft, entschlossen, unbeschwert und ohne Eitelkeit. Ein Gang, der sich in alles, was ihn umgab, einfügte und doch von allem unberührt blieb.

30 Man kann an der Art, wie Menschen gehen, viel über sie erfahren.
[...] Dad fuhr mit mehr oder weniger gleich bleibender Geschwindig-
keit, wie er das immer tut, aber jetzt schien es, als würden wir uns
kaum bewegen. [...] Es war unheimlich. Fast wie ein Traum.
Dann, mit einem Mal, schienen Zeit und Entfernung wieder voran-
35 zutaumeln und wir fuhren auf gleiche Höhe mit dem Jungen.
Als es so weit war, wandte er seinen Kopf und sah uns an. Nein, das
ist falsch – er wandte seinen Kopf und sah *mich* an. Genau mich.
(Als ich vor Kurzem mit Dad darüber sprach, sagte er, er hatte genau
das gleiche Gefühl gehabt – dass Lucas *ihn* ansah, als wäre er die
40 einzige Person auf der ganzen Welt.)
Es war ein Gesicht, das ich nie vergessen werde. Nicht einfach wegen
seiner Schönheit – obwohl Lucas ohne jeden Zweifel schön war –,
sondern mehr wegen seines wunderlichen Ausdrucks, *jenseits* von
allem zu sein. Jenseits der blassblauen Augen, der zerzausten Haare
45 und des traurigen Lächelns ... jenseits all dessen gab es noch etwas
anderes.
Etwas ...
Ich weiß noch immer nicht, was es war.

**Eine literarische
Figur untersuchen**

b Untersuche den Text jetzt genauer und notiere Textstellen und
Stichpunkte zu deinen Gedanken. Überlege:
• Wer erzählt hier? Wer beschreibt Lucas?
• Welche äußeren Merkmale werden beschrieben?
• Welche Textstellen geben Hinweise auf welche inneren Merkmale?

**Eine Figuren-
charakterisierung
verfassen**

c Schreibe eine Charakterisierung der Figur und nutze dabei Textstellen.

So kannst du eine Person oder Figur charakterisieren
1. Beschreibe die äußeren Merkmale einer Person oder Figur
   (Gesamterscheinung, Einzelheiten, besondere Merkmale).
2. Beschreibe danach die inneren Merkmale einer Person oder
   Figur (Lebensumstände, Gedanken, Gefühle, Verhaltensweisen,
   ihr Verhältnis zu anderen).
3. Fasse die Merkmale zusammen.

5 Wähle eine literarische Figur aus deinem Lesebuch aus und
charakterisiere sie. Nutze die Schrittfolge.

6 Charakterisiere eine Figur aus deinem Lieblingsbuch.

Historische Vorgänge verstehen und beschreiben

1 Wiederholt, welche Vorgänge man beschreiben kann und wozu Vorgangsbeschreibungen dienen.

→ S. 190 Merkwissen

2 In folgendem Text wird die historische Entwicklung des Kinder- und Jugendarbeitsschutzes in Deutschland beschrieben.

Eine Beschreibung untersuchen

a Lies den Text über Kinderarbeit.

Kohlebergwerk in Belgien, 1904

Kinderarbeit ist noch heute für ca. 150 Millionen Kinder im Alter von 5 bis 13 Jahren Alltag. In Deutschland wurde die Kinderarbeit schrittweise eingeschränkt bzw. verboten.

Zu Beginn des 19. Jahrhunderts erfährt die Kinderarbeit eine
5 besondere Bedeutung. Für die Fabrikarbeit an den Maschinen ist keine besondere Ausbildung erforderlich und so können Kinder mit weniger Lohn als Erwachsene und mit einem Arbeitstag von 14 Stunden täglich beschäftigt werden.

1832 erlässt Preußen als erster Staat ein Gesetz (Preußisches
10 Regulativ), das Kinderarbeit Grenzen setzt. Es verbietet Bergbau- und Fabrikarbeit für Kinder unter 9 Jahren und für alle unter 16, die nicht wenigstens 3 Jahre eine Schule besucht haben. Die maximale Arbeitszeit darf 10 Stunden nicht überschreiten. Grund für dieses Gesetz ist, dass Preußen gesunde Wehrpflichtige braucht,
15 um das Heer einsatzfähig zu erhalten. Es fehlt jedoch anfangs an der Kontrolle der Durchsetzung des Gesetzes. Erst 1878 wird eine Prüfung der Arbeitsbedingungen verpflichtend, da keine Verbesserung des Gesundheitszustands der Wehrpflichtigen eingetreten ist. 1891 verbietet die Reichsgewerbeordnung grundsätzlich Fabrik-
20 arbeit für Kinder unter 13 Jahren und Nachtarbeit für Jugendliche, da das bisherige Gesetz den Zustand nicht wirklich geändert hat. Das erste Kinderschutzgesetz ist 1903 das erste Reichsgesetz zur Regelung der Kinderarbeit, welches Altersgrenzen genau festlegt und auch die Kinder in Familienbetrieben schützt. Dies ist ein
25 entscheidender Fortschritt für alle Kinder. 1938 tritt an die Stelle des Kinderschutzgesetzes das Jugendschutzgesetz, welches keine wesentlichen Neuerungen beinhaltet.

Nach dem 2. Weltkrieg entsteht in Niedersachsen 1948 ein eigenes Arbeitsschutzgesetz für Jugendliche. Nach dessen Vorbild wird 1960
30 das Jugendarbeitsschutzgesetz für die gesamte Bundesrepublik eingeführt. Anstrengende körperliche Arbeit sowie Akkord- und

Fließbandarbeit sind nun verboten. 1976 wird die wöchentliche
Höchstarbeitszeit für Jugendliche auf 40 Stunden beschränkt.
1997 erfolgt eine Anpassung des Jugendarbeitsschutzgesetzes an

35 die Vorgaben der EU. Die Bestimmungen der EU dienen noch mehr
dem Verbot des Missbrauchs von Kindern als billige Arbeitskräfte
in Europa. Kinderarbeit wird bis zur Vollendung
des 15. Lebensjahres verboten. Wer über 15 Jahre
alt ist und noch der Vollzeitschulpflicht unterliegt,

40 darf während der Schulferien nur für 4 Wochen
im Jahr beschäftigt werden.
Kinder und Jugendliche sind im 21. Jahrhundert
in Deutschland und der EU vor Kinderarbeit
geschützt und können ungehindert die Schule

45 besuchen und eine Ausbildung absolvieren.

Wie viel kann ein Kind ertragen?
www.kindernothilfe.de

ACTION KIDZ

KINDER NOT HILFE

- Die Gliederung erfassen

b Gliedere den Text in Einleitung, Hauptteil und Schluss.

- Bestimmte Informationen entnehmen

c Notiere die einzelnen Teilschritte der Entwicklung des Kinder- und Jugendarbeitsschutzes in Stichpunkten. Achte auf die richtige zeitliche Reihenfolge.

> – Beginn des 19. Jh.: keine Ausbildung,
> wenig Lohn, …

d Tauscht euch darüber aus, wodurch es in dem Text gelingt, die historischen Zusammenhänge zu verdeutlichen.

3 Untersucht die sprachliche Gestaltung des Textes.

- Die sprachliche Gestaltung des Textes untersuchen

a Tauscht euch über Besonderheiten in der Wortwahl aus.

b Überlegt, warum der gesamte Text im Präsens verfasst ist, obwohl überwiegend Vergangenes beschrieben wird.

c Erprobt, ob man die Beschreibung auch im Präteritum verfassen könnte.

d Stellt fest, auf welche Weise die Satzverknüpfung gelungen ist. Achtet besonders auf Einleitewörter, Adverbien und die Satzgliedstellung.

> **!** Bei der **Beschreibung historischer Vorgänge** sind die einzelnen Ereignisse, Handlungen und Ergebnisse **sachlich richtig** und **chronologisch** (in ihrer zeitlichen Abfolge) darzustellen. Zusätzliche Hintergrundinformationen, Begründungen und Beispiele helfen dem Leser, historische Zusammenhänge zu erkennen.
> In der Regel formuliert man **sachlich** und verwendet **Fachwortschatz**.
> Man kann im **Präsens** oder im **Präteritum** schreiben.

4 Beschreibe für den Geschichtsunterricht, wie sich die Arbeits- und Lebensverhältnisse infolge der Industrialisierung veränderten.

Eine Vorgangs-beschreibung planen

a Lies zuerst folgende Fakten und ordne sie chronologisch.

Arbeit in Fabriken – Arbeit in Manufakturen – Heimarbeit

• **Informationen sammeln und ordnen**

alle Tätigkeiten unter einem Dach – Menschen bedienen Maschinen – kein Anstieg der Lebenserwartung (Kinderarbeit, Unfälle) – Massen-produktion – langer Arbeitstag, oft bis zur Erschöpfung – geringe Lebenserwartung (harte Arbeit und berufstypische Erkrankungen, ca. 35 Jahre) – feste Arbeitszeiten (12 Stunden) – wenige Produkte durch aufwändige Herstellung – Arbeit an manuellen Geräten (Spinnrad, Webstuhl, ...) – schlechte Bezahlung, dadurch große Armut – alle Tätig-keiten unter einem Dach – Arbeitsorganisation und Spezialisierung – feste Arbeitszeiten (12 Stunden) – Maschinen übernehmen Arbeit der Menschen – Lebenserwartung stieg (Rückgang berufstypischer Erkran-kungen) – Erhöhung der Qualität und Quantität der Produktion durch Spezialisierung – Familienarbeit zu Hause – verbesserte manuelle Geräte

Einen Entwurf schreiben

b Formuliere das Thema als Überschrift und entwirf deine Einleitung.

c Schreibe den Entwurf des Hauptteils und gestalte den Schluss.

Den Entwurf überarbeiten

d Überarbeite deinen Entwurf und schreibe die Endfassung.

Was habe ich gelernt?

5 Überprüfe, was du über das Beschreiben gelernt hast. Beantworte dazu die folgenden Fragen.

1 Wie gehst du beim Charakterisieren einer literarischen Figur vor?

2 Was ist beim Beschreiben historischer Vorgänge zu beachten?

Berichten und Protokollieren

Praktikumsberichte schreiben

1 Tauscht euch darüber aus, welche Berichte ihr bereits geschrieben habt und was dabei beachtet werden musste.

→ S.190 Merkwissen

2 In der 8. Klasse wird ein Betriebspraktikum durchgeführt.

a Überlege, welche Berufe du dabei kennen lernen möchtest.

b Erarbeitet, was eurer Meinung nach zu einem Praktikumsbericht gehört, und stellt eure Ergebnisse der Klasse vor. Begründet eure Vorschläge.

c Vergleicht eure Aufzeichnungen nun mit den Anforderungen an einen Praktikumsbericht im folgenden Merkkasten.

> **!**
>
> In einem **Praktikumsbericht** dokumentiert man Ziele, Aufgaben, Verlauf und Ergebnisse eines Praktikums. Folgende **Bestandteile** sollten in einem Praktikumsbericht mindestens enthalten sein:
> - Deckblatt: Name, Schule, Klasse, Praktikumszeit, Betrieb
> - Einleitung: Genaueres zum Praktikumsbetrieb und zur Praktikumszeit, Begründung des Praktikums
> - Hauptteil: Ziele, Aufgaben, Verlauf und Besonderheiten des Praktikums
> - Schluss: Ergebnisse und Gesamteinschätzung des Praktikums

TIPP
Nutze nach Möglichkeit den PC.

3 Erstelle nach dem folgenden Muster dein eigenes Deckblatt für den Praktikumsbericht.

Mein Betriebspraktikum

vom ...   bis ...
Schule: ...
Name: ...   Klasse: ...
betreuender Fachlehrer: ...
Praktikumsbetrieb: ... *(Name, Adresse)*

Einen Tagesbericht
schreiben

4 Maximilian hat zwei unterschiedliche Berichte über den dritten
Praktikumstag geschrieben.

a Vergleiche die beiden Berichte miteinander.

3. Praktikumstag

Ziemlich gehetzt kam ich am 3. Tag doch noch pünktlich in der
Hafengaststätte an. Der Bus hatte Verspätung und war wie immer
ziemlich voll. Doch ich hatte sogar noch Zeit, mich umzuziehen und
mich in die unbequeme Arbeitskleidung zu zwängen. Dann erfolgte
5 die Verteilung der Arbeitsaufgaben pünktlich um 8 Uhr durch den
Leiter des Restaurants, Herrn Schulz. Jeder wusste nun, was er zu tun
hatte, auch wenn er lieber etwas anderes gemacht hätte.
Zuerst half ich beim Hereintragen der Lebensmittel und Getränke.
Danach war 15 Minuten Frühstückspause, denn das Transportieren
10 der Kisten strengte mich sehr an.
Anschließend begann die Küchenarbeit. Ich musste Kartoffeln
schälen, Möhren putzen, Fleisch schneiden und Zwiebeln schälen.
Letztere brachten mich trotz aller gut gemeinten Tipps zum Weinen.
Nach dem Abschluss der Vorbereitungen für den Mittagstisch
15 konnte ich 45 Minuten Pause machen und gleich im Restaurant
essen.
Danach musste die Küche aufgeräumt werden. Das benutzte
Geschirr kam in die Spülmaschine und die Töpfe wurden mit der
Hand abgewaschen, da das Material sehr empfindlich ist und sie
20 sehr viel Platz in der Maschine in Anspruch nehmen. Zum Abschluss
säuberte ich noch gründlich die Arbeitsfläche und dann war endlich
um 16 Uhr Feierabend.

3. Praktikumstag

8:00 – 8:30	Verteilung der Arbeitsaufgaben
8:30 –10:00	Hereintragen der gelieferten Lebensmittel und Getränke
10:00 –10:15	Frühstückspause
10:15 –12:15	Vorbereitung des Mittagessens (Kartoffeln schälen, Möhren putzen, Fleisch schneiden, Zwiebeln schälen)
12:15 –13:00	Mittagspause (Mittagessen im Restaurant)
13:00 –16:00	Aufräumen der Küche (Spülmaschine einräumen, Töpfe mit der Hand abwaschen, Arbeitsfläche gründlich reinigen)
16:00	Feierabend

b Tauscht euch über Vor- und Nachteile der beiden Berichtsformen aus.

c Überarbeite Maximilians ausführlichen Tagesbericht, indem du Überflüssiges weglässt und sprachliche Verbesserungen vornimmst.

> **!** In einem **Tagesbericht**, der als Tabelle oder als zusammenhängender Text gestaltet sein kann, werden der **Ablauf** und die **Ergebnisse** eines Arbeitstages dokumentiert. Man berichtet möglichst genau, sachlich und chronologisch (in der richtigen zeitlichen Abfolge) sowie unter Verwendung von **Fachwortschatz**. Sprachliche Wiederholungen sollten durch Verwendung unterschiedlicher Formulierungen, z. B. *zuerst, anschließend, danach, daraufhin,* vermieden werden.

TIPP
Du kannst auch zuerst einen Bericht in tabellarischer Form schreiben.

5 Simon absolviert ein Praktikum bei einem Förster. Am Telefon berichtet er seiner Freundin über seine Erlebnisse. Nutze diese Informationen und schreibe für Simon einen Tagesbericht in ausführlicher Form.

Cool, heute durfte ich endlich mit raus in den Wald. Um 8 Uhr ging es los. Erst fuhren wir mit einem klapprigen Trecker bis in ein Waldstück. Danach beluden mich die Alten wie einen Packesel und ich schleppte die Äxte an liegen gebliebene Bäume. Ganz schön
5 matschig die Angelegenheit bei dem aufgeweichten Boden! Gott sei Dank war dann 15 Minuten Frühstückspause. Dann wurde die Arbeit sehr schweißtreibend, denn ich musste mit dem Beil Baumstämme entästen. Nach der ersten halben Stunde wurden die Arme ganz schön lang, aber ich hielt eisern bis zur Mittags-
10 pause durch. Nach 45 Minuten, die wir im Bauwagen verbrachten, ging es weiter. Jetzt musste ich die abgeschlagenen Äste aus dem Unterholz ziehen, damit die Stämme leichter zu transportieren sind. Gut, dass die Handschuhe hielten, denn die Äste waren ziemlich
15 widerspenstig. Ich hatte das Gefühl, dass meine Arme und Beine schwer wie Blei wurden. Endlich – um halb vier – war Feierabend.
Irgendwie fühle ich mich trotzdem gut, aufs Fitnessstudio habe ich aber heute keine Lust mehr.

6 Verfasse einen tabellarischen Tagesbericht über einen eigenen Praktikumstag.

! In einem **Abschlussbericht** werden die wichtigsten Erkenntnisse und Erfahrungen aus dem gesamten Praktikum zusammengefasst. Dabei sollte man folgende Fragen beantworten:
- Warum wurde das Praktikum absolviert?
- Welche Tätigkeiten mussten ausgeführt werden?
- Welche Kenntnisse konnten vermittelt werden?
- War die Betreuung angemessen? (Begründung)
- Wie gestaltete sich der Umgang mit Vorgesetzten und Kollegen?
- Wie wirkte sich das Praktikum auf den Berufswunsch aus?
- Kann der Praktikumsbetrieb weiterempfohlen werden? (Begründung)
- Entsprach das Praktikum insgesamt den Erwartungen? (Begründung)

Einen Abschlussbericht schreiben

7 Gesine hat ein Praktikum in einem Restaurant absolviert.

a Lies ihren Abschlussbericht.

Abschlussbericht

Um ein Betriebspraktikum in der »Hafenklause« habe ich mich beworben, weil ich wissen wollte, was der Beruf der Restaurantfachfrau alles beinhaltet.

Ich durfte zuerst an der Rezeption arbeiten. Frau Schulz war sehr
5 freundlich und erklärte mir vieles. Leider war es mir nicht möglich, selbstständig zu arbeiten, sodass die Tage ziemlich langweilig waren. Interessanter gestaltete sich der Einsatz im Restaurantbereich. Dort kümmerten sich sehr viele Mitarbeiter um mich und erklärten mir meine Aufgaben. Die Tätigkeit im Restaurant hat mir gefallen,
10 weil ich auch Gäste bedienen konnte. Das hat mich in meinem Berufswunsch bestärkt.

Das Team der »Hafenklause« kann ich nur weiterempfehlen.

b Beurteile den Abschlussbericht mithilfe des Merkkastens und begründe deine Meinung.

c Überarbeite den Abschlussbericht mithilfe der Fragen im Merkkasten. Achte auch auf eine genaue und sachliche Darstellung.

8 Wenn du bereits ein Praktikum beendet hast, schreibe einen eigenen Abschlussbericht.

Ergebnisprotokolle schreiben

→ **S.190** Merkwissen

1 Tauscht euch darüber aus, zu welchem Zweck ihr bereits Protokolle angefertigt habt. Wiederholt, was ihr dabei beachten musstet.

→ **S.15** Diskussionen auswerten

2 Sieh dir das folgende Protokoll an und untersuche, um welche Protokollform es sich dabei handelt.

Protokoll der Diskussion zum Thema »Schulkantine«

Datum, Zeit: 20. September 2012, Deutschstunde
Ort: Raum 203
Teilnehmer: Klasse 8 b (wegen Krankheit fehlen: Nele, Finn)

Tagesordnung:
TOP[1] 1: Ist das Angebot in der Schulkantine zufriedenstellend?
TOP 2: Welche Vorschläge könnten wir unterbreiten?
TOP 3: Wer kümmert sich um die Umsetzung der Vorschläge?

Ergebnisse der Diskussion:
zu TOP 1: Das angebotene Essen ist gesund: fettarm, wenig gesalzen, ohne Geschmacksverstärker und vitaminreich. Der Preis ist zumutbar.
zu TOP 2: Das Drumherum sollte freundlicher werden, damit mehr Schüler in die Kantine gehen, z. B. Tische freundlicher dekorieren, auf Sauberkeit achten.
zu TOP 3: Anja wird unsere Vorschläge auf der nächsten Sitzung der Schülersprecher vorstellen.

Nadja Reiter   *Ben Friedrich*   *25.09.2012*
Diskussionsleiterin   Protokollant   Datum

---

[1] Tagesordnungspunkt

 Ein **Ergebnisprotokoll** ist eine Protokollform, in der nur die Ergebnisse bzw. Beschlüsse einer Beratung oder Diskussion notiert werden. Es sollte folgende Angaben enthalten:
- Datum, Zeit, Ort, Teilnehmer der Beratung,
- die Tagesordnungspunkte,
- die Ergebnisse der Beratung oder Diskussion,
- Aufgaben und Verantwortliche,
- Datum und Unterschrift der Protokollantin / des Protokollanten und der Diskussionsleiterin / des Diskussionsleiters.

TIPP
Erfinde diejenigen
Angaben, die
in den Notizen
fehlen.

3 Schreibe mithilfe der folgenden Notizen ein Ergebnisprotokoll der Diskussion. Ordne die Notizen zuerst. Nutze das Muster in Aufgabe 2.

– Thema: Möchten wir Hinweise zum Betriebspraktikum sammeln und in einer kleinen Broschüre veröffentlichen?
– Redaktionsgruppe: Nils, Anna, Mia
– TOP 1: Zielstellung des Projekts
– bis März: Sammeln von Infos und Tipps
– Layout: Tim, Lilly
– TOP 2: Verteilung der Aufgaben
– Sammeln von Infos und Tipps: alle
– Fotos suchen: Felix, Lukas, Lea
– Sammeln und Bereitstellen von Infos für künftige Achtklässler
– Sponsoren für Druck suchen: Emily, Hannah
– bis Juni: Spenden sammeln, danach drucken
– bis Mai: Zusammenstellung durch Redaktionsgruppe, Layout, Korrekturlesen
– TOP 3: Ablaufplan

So kannst du ein Ergebnisprotokoll schreiben
1. vor der Besprechung:
   • Fülle den Kopf des Protokolls schon aus (Datum, Zeit, Ort, Teilnehmer der Beratung). Nutze ggf. ein Muster.
   • Schreibe die Tagesordnungspunkte auf und nummeriere sie (TOP 1, TOP 2, …).
2. während der Besprechung:
   • Gib eine Teilnehmerliste herum.
   • Notiere alle wichtigen Ergebnisse zu den Tagesordnungspunkten unter der entsprechenden Überschrift (zu TOP 1, …). Nutze dabei eindeutige Abkürzungen.
3. nach der Besprechung:
   • Formuliere möglichst bald einen Entwurf des Protokolls und überprüfe alles noch einmal.
   • Schreibe die Endfassung des Ergebnisprotokolls.

4 Schreibe ein Ergebnisprotokoll zu einer der Diskussionen, die ihr im Kapitel *Meinungen austauschen – Diskutieren* (S. 8–14) führt.

Protokolle anfertigen

> **!** Ein Protokoll ist eine besondere Form des Berichts, mit dem man kurz, sachlich und genau informiert oder etwas dokumentiert.
> Im **Verlaufsprotokoll** werden der Ablauf und die Ergebnisse einer Veranstaltung, einer Diskussion oder eines Experiments festgehalten. Im **Ergebnisprotokoll** werden nur die Ergebnisse bzw. Beschlüsse notiert.

1 Wenn du Protokollant bist, bereite dich darauf vor.

a Nutze das Muster und fülle zuerst den Kopf des Protokolls aus.

Protokoll der ... *(Name der Veranstaltung)*

Datum, Zeit: ... *(am ..., von ... bis ...)*
Ort: ... *(Name der Schule, Raum)*
Teilnehmer: ... *(an-/abwesend; un-/entschuldigt)*

Tagesordnung:
TOP 1: ... *(Kurzfassung der Tagesordnungspunkte)*
...

Verlauf oder Ergebnisse:
zu TOP 1: ...

...

(Unterschrift)   *(Unterschrift)*   *(Datum)*
Diskussionsleiter(-in)   Protokollant(-in)   Datum

---

b Besorge dir eine Tagesordnung oder einen Ablaufplan. Schreibe die wichtigsten Tagesordnungspunkte (TOPs) oder Arbeitsschritte schon auf.

TIPP
Nutze Abkürzungen.

2 Schreibe während des Verlaufs viel mit, damit du anschließend in Gedanken alles wiederherstellen kannst.

3 Verfasse den Entwurf des Protokolls möglichst bald und überprüfe alles noch einmal, bevor du die Endfassung schreibst.

Präsentieren: Projektergebnisse vorstellen

1 Im naturwissenschaftlichen Unterricht wird ein Projekt zum Thema »Wasser« durchgeführt. Dabei sollt ihr euch in Gruppen mit unterschiedlichen Fragen und Teilthemen beschäftigen und anschließend eure Ergebnisse präsentieren.

Themen festlegen **a** Tragt zusammen, welche Themen ihr bearbeiten könntet.

→ S.190 Merkwissen **b** Wiederholt, wie man eine Präsentation vorbereitet.

Informationen sammeln   **2** Bearbeitet das Thema »Wasserkreislauf«.

a Lest dazu den Lexikonartikel und seht euch das Schaubild an.

Wasserkreislauf
Bezeichnung für die Zirkulation des Wassers zwischen Erdoberfläche und Atmosphäre. Der Motor für den Wasserkreislauf ist die Sonne, die das Wasser am Boden verdunstet. Es stammt vor allem von großen Wasserflächen (wie den Meeren) und von der Verduns-
5 tung der Pflanzen (etwa Wälder, Wiesen, Äcker). Der Wasserdampf verdichtet sich zu Wolken, die sich als Niederschläge in Form von Regen, Schnee oder Hagel entleeren. Auf der Erdoberfläche sammelt sich ein Teil des Wassers und fließt dem nächsten Gewässer zu. Ein weiterer Teil des Wassers versickert im Boden und fließt unter-
10 irdisch auf wasserundurchlässigen Schichten, bis es in einer Quelle wieder an die Oberfläche tritt oder in ein Gewässer einmündet. Der Kreislauf ist geschlossen.

Informationen
ordnen
und gliedern

b Besprecht, wie ihr den Wasserkreislauf erklären würdet.
Klärt Fachwörter und beschreibt die Teilvorgänge.

Fachwort	Erklärung
Zirkulation	...
Verdunstung	...

TIPP
Lasst einen
breiten Rand
für spätere
Ergänzungen.

c Erstellt eine Gliederung für die Erklärung des Wasserkreislaufs.

1 Verdunstung
1.1 ...

 Bei einer **Präsentation** sollten sich Textvortrag und Abbildungen,
Fotos oder Modelle gut ergänzen. Zu beachten ist:
• Erkennt der Zuhörer alles Wichtige?
• Worauf muss der Zuhörer extra hingewiesen werden?
• Welcher Zusammenhang (z. B. Ursache – Wirkung) muss genauer
erklärt werden?

d Betrachtet noch einmal das Schaubild zum Wasserkreislauf. Überlegt,
worauf ihr beim Erklären extra hinweisen müsst, und ergänzt eure
Gliederung durch entsprechende Stichpunkte.

Die Präsentation
üben

e Übt die Präsentation. Achtet besonders auf geschickte Überleitungen
zwischen den Gliederungspunkten. Nutzt z.B. die Wendungen
aus dem Merkkasten auf S.53 oben.

! Die Teile des Vortrags sollten durch **Überleitungen** miteinander verbunden sein. Das erleichtert dem Zuhörer das Verständnis, denn er kann so die Gliederung nachvollziehen. Mit folgenden Wendungen kann man von einem Gliederungspunkt zum nächsten überleiten:
Die erste Funktion ist ...   *Zuerst spreche ich über ...*
Eine weitere Aufgabe ...   *Ebenfalls wichtig ist ...*
Außerdem muss als weitere Funktion ... genannt werden.
Zuletzt sei noch ... genannt.   *Zum Schluss möchte ich auf ... hinweisen.*

f Tragt eure Präsentation zum Thema »Wasserkreislauf« der Klasse vor.

Anschauungsmaterial nutzen

3 Eine wichtige Rolle bei Präsentationen können Fotos spielen.

a Überlegt, warum das so ist, und tragt zusammen, welche unterschiedlichen Aufgaben Bilder bei einer Präsentation haben können.

TIPP
Beachte folgende Grundregeln:
1. zeigen *(touch)*,
2. zum Publikum drehen *(turn)*,
3. sprechen *(talk)*.

b Seht euch diese Fotos an und überlegt,
- auf welche Themen diese Fotos die Zuschauer einstimmen könnten,
- was man mit diesen Fotos veranschaulichen kann,
- worauf man die Aufmerksamkeit des Betrachters lenken sollte.

! Wichtig ist, dass der Vortragende das **Anschauungsmaterial** nicht beschreibt, sondern die Aufmerksamkeit des Betrachters auf Wesentliches lenkt. Geeignete Wendungen sind z. B.:
Das Foto, das in ... gemacht wurde, zeigt/veranschaulicht ...
Das Foto von 2011 illustriert / lässt uns verstehen, warum ...
Deutlich zu sehen / zu erkennen sind im Hintergrund/Vordergrund ...
Wenn ihr das Foto betrachtet/anschaut, ...
Ich möchte eure Aufmerksamkeit auf ... lenken.

TIPP
Überlege, wie du das Foto präsentierst, z. B. auf einer Folie, als vergrößerte Kopie oder auf dem PC.

c Stelle dir vor, du müsstest eines der beiden Fotos in der Klasse präsentieren. Nutze dazu die Wendungen aus dem Merkkasten.

d Suche in Zeitschriften, Fachbüchern oder im Internet ein Foto, das zum Projekt »Wasser« passen könnte. Präsentiere es der Klasse. Beachte, dass für alle verwendeten Bilder und Fotos eine Quelle angegeben werden muss.

4 Häufig müssen die Zuhörer wichtige Informationen mitschreiben.

TIPP
Sollen die Zuhörer mitschreiben, muss der Vortragende langsam sprechen, Wichtiges betonen und wiederholen.

a Entwerft ein Arbeitsblatt, das die Zuhörer während des Vortrags ausfüllen können. Nutzt dazu die Gliederung aus Aufgabe 2 c (S. 52).

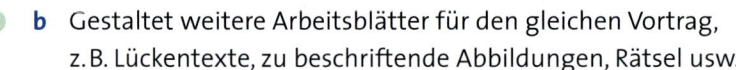

Der Kreislauf des Wassers
1 Verdunstung: …
1.1 …

b Gestaltet weitere Arbeitsblätter für den gleichen Vortrag, z. B. Lückentexte, zu beschriftende Abbildungen, Rätsel usw.

! Im Anschluss an eine Präsentation geben die Zuhörer dem Vortragenden eine **Rückmeldung (Feedback)**. Man formuliert das Feedback freundlich und motivierend nach der **Sandwich-Methode**: Lobe etwas Gutes, sage, was verbessert werden kann, schließe mit Positivem.

5

a Lies die folgenden Rückmeldungen von Lena und Toni und überlege, wie das Feedback bei den Vortragenden ankommt.

Ich hab nix verstanden. Dabei finde ich das Thema eigentlich interessant. Mann, ihr habt aber auch genuschelt. Niklas hat die ganze Zeit an die Wand gestarrt beim Reden. Wirklich, das Foto war auch komplett unscharf.

Die Gliederung an der Tafel finde ich eigentlich logisch. Ich konnte sie nur nicht sehen, weil Svenja die ganze Zeit davorstand. Eure Schaubilder waren zu klein. Und dann diese langen Sätze. Wer soll denn das verstehen?

b Formuliere das Feedback so, dass es freundlich und motivierend ist.

6 Bearbeitet nun das Thema »Wasser als Lebensmittel«.

Informationen sammeln

a Lest das folgende Informationsblatt.

Physik I **Chemie** I **Biologie** I Geografie I Mathematik I Geschichte

WASSER-FORUM

Wasser – unser wichtigstes Lebensmittel

ca. 60 % ca. 84 % ca. 80 % ca. 95 % ca. 15 %

Wasser – Mittel zum Leben

Menschen, Tiere und Pflanzen können ohne Wasser nicht existieren. Sie alle bestehen sogar zu einem großen Teil aus Wasser – wir Menschen sind richtige „Wasser-Wesen": Wenn du 50 kg wiegst, dann sind ungefähr 34 kg davon Wasser.

Funktionen des Wassers im Körper

Wasser erfüllt in deinem Körper eine Vielzahl an lebensnotwendigen Funktionen:

Versorgung

Das Blut besteht zu etwa 90 % aus Wasser. Es versorgt alle Organe mit Sauerstoff und Nährstoffen. Gleichzeitig transportiert es Giftstoffe zu den Nieren, von wo sie über den Urin ausgeschieden werden.

Reaktionspartner

Viele Vitamine und Zuckermoleküle kann unser Körper erst verwerten, wenn sie mithilfe von Wasser als Reaktionspartner gespalten wurden.

Baustoff

Wasser ist der Hauptbestandteil lebender Zellen. Es wird beim Aufbau und bei der Erneuerung von Zellen und Gewebe benötigt.

Entsorgung

Der menschliche Urin besteht zu etwa 95 % aus Wasser. Über den Urin scheiden wir die sogenannten Stoffwechselendprodukte und Salze, die der Körper nicht benötigt, aus.

Kühlmittel

Wenn du dich körperlich anstrengst (zum Beispiel beim Sport), es sehr heiß ist oder du krank bist und Fieber hast, verdunstet Schweiß auf deiner Haut und sorgt so für Kühlung. Dieser Schweiß besteht zu 99 % aus Wasser.

Wärmespeicher

Wasser kann Wärme sehr gut speichern. Da dein Körper zum größten Teil aus Wasser besteht, kannst du auch sehr niedrige Temperatur für eine gewisse Zeit aushalten, ohne zu erfrieren. Die Wärme ist im Wasser, also im Blut und in den Zellen, gespeichert und hält deine Körpertemperatur konstant bei 37 °C.

Neutralisation

Wenn wir viel Stress haben oder uns falsch ernähren, gerät der Säurehaushalt des Körpers aus dem Gleichgewicht. Wasser hilft dem Körper dabei, diese Übersäuerung zu neutralisieren.

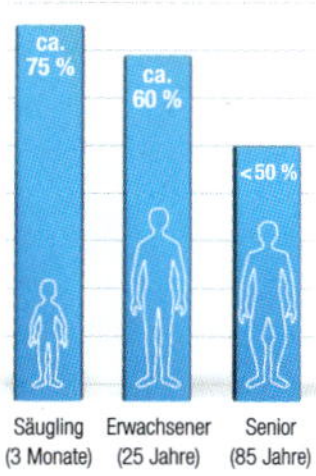

ca. 75 % ca. 60 % < 50 %

Säugling (3 Monate) Erwachsener (25 Jahre) Senior (85 Jahre)

• Der prozentuale Wasseranteil am menschlichen Körper hängt vom Alter und Geschlecht ab.

Informationen ordnen	**b** Fertigt eine Mindmap zu den Funktionen des Wassers im Körper an. Sammelt dann weitere Informationen und ergänzt die Mindmap.

Eine Präsentation vorbereiten

c Bereitet eure Präsentation zum Thema »Wasser als Lebensmittel« vor. Überlegt,
- welche Fachwörter ihr klären müsst,
- welche Schaubilder oder Fotos ihr einsetzen könnt,
- wo ihr sprachliche Wendungen zur Überleitung einsetzt.

Eine Präsentation vortragen

d Übt eure Präsentation und tragt sie in der Klasse vor.

e Gebt den Vortragenden eine faire Rückmeldung (Feedback).

 **7** Bereitet selbstständig eine Präsentation zum Thema »Wasser« vor.

TIPP
Nutzt dazu die Ergebnisse der Aufgabe 1a (S.51).

a Legt in der Klasse die Themen fest, die ihr bearbeiten wollt. Teilt euch in Gruppen und wählt jeweils ein Thema.

b Sammelt Informationen und ordnet sie.

c Entwerft eure Präsentation und übt sie. Tragt die Projektergebnisse eurer Gruppe anschließend der Klasse vor.

d Gebt euch gegenseitig faire Rückmeldungen (Feedbacks).

 **8** Bereitet selbstständig eine Präsentation zu einem Thema eurer Wahl vor.

Was habe ich gelernt?

9 Überprüfe, was du über Präsentationen gelernt hast. Entwirf ein Poster mit Hinweisen für eine gelungene Präsentation.

Tipps für eine gute Präsentation

inhaltliche Gestaltung
– …

sprachliche Gestaltung
– …

Medieneinsatz
– …

Vortragsweise
– …

Mitteilungen verfassen

Reklamationen und Beschwerden schreiben

 1 Tragt zusammen, welche besonderen Merkmale eine Mail hat und welche Unterschiede zwischen einem Brief und einer E-Mail bestehen.

2 Du hast dir bei einem Internetversand Kopfhörer gekauft und wenige Tage nach der Lieferung funktionieren sie nicht mehr. Deine Mutter empfiehlt dir, sie schriftlich zu reklamieren.

 a Informiert euch, was man unter einer Reklamation versteht und welche Rechte ein Kunde im Fall einer Reklamation hat.

Über den Schreibzweck nachdenken **b** Tragt zusammen, wann und warum eine schriftliche Reklamation erfolgreich sein kann.

c Überlegt, mit welcher Begründung ihr die Kopfhörer reklamieren wollt und was ihr erreichen möchtet. Entscheidet, ob ihr einen Brief oder eine E-Mail schreibt.

> **!** Eine **schriftliche Reklamation** ist eine Beschwerde des Käufers über eine mangelhafte Ware beim Verkäufer. Man möchte dadurch erreichen, dass der Mangel beseitigt wird.
> Eine Reklamation (Brief oder E-Mail) sollte wie ein **offizieller Brief** verfasst werden. Im Betreff sollte »Reklamation« und die Nummer der Bestellung, des Lieferscheins oder der Rechnung stehen. Man gibt die genaue Warenbezeichnung und den Liefertermin an. Dann beschreibt man den Mangel und erklärt, welche Lösung des Problems man erwartet.
> Wichtig ist eine **sachliche und höfliche Ausdrucksweise**.

→ **S. 190** Merkwissen
(Mitteilungen
verfassen)

Den Text planen

a Wiederhole den Aufbau und die Gestaltung eines offiziellen Briefs.
Lies die folgende Reklamation und entscheide, ob sie den Anforderungen an einen offiziellen Brief entspricht.

Tim Heinrich   Rostock, 29. 08. 2012
Kurze Straße 4
18057 Rostock

Internetversand Hastig
Lerchenweg 19
51065 Köln

Reklamation
Lieferschein/Rechnung Nr. 127

Sehr geehrte Damen und Herren,

ich habe bei Ihnen das Buch »Lucas« von Kevin Brooks bestellt,
das ich gestern auch per Post bekommen habe.
Leider musste ich feststellen, dass die Seiten 17 bis 32 fehlen.
Ich bitte um die Zusendung eines fehlerfreien Exemplars.

Mit freundlichen Grüßen
Tim Heinrich

Anlagen: – Kopie des Lieferscheins / der Rechnung
          – mangelhaftes Buch

Den Text
entwerfen

b Entwirf einen Brief, in dem du die defekten Kopfhörer (S. 57, Aufgabe 2)
beim Internetversand reklamierst.

c Überlege, was man bei einer E-Mail ändern müsste, und verfasse
eine Reklamation der Kopfhörer als Mail.

Von:	tim.heinrich@mail.de
An:	hastig@internetversand.com
Betreff:	Reklamation, Lieferschein/Rechnung Nr. 127

Den Text
überarbeiten

Achtung,
Fehler!

4 Die folgenden Sätze aus Reklamationen weisen Ausdrucks- und
Rechtschreibfehler auf. Schreibe die Sätze richtig in dein Heft.

1 Wir haben uns letzte Woche bei ihnen ein Toaster gekauft.
Bei der ersten Benutzung schmorte er durch.
2 Es kann doch verdammt noch mal nicht wahr sein, dass Sie
die Fernbedienung ohne Batterien ausliefern.
3 Der MP3-Player, den Sie mir zuschickten, war tierisch zerkratzt.
4 Deshalb verlangen wir, unser Fernsehgerät auszutauschen.
5 Da dass Gerät defekt ist, möchte ich, das sie es umtauschen.

5 Überarbeite jetzt deine Reklamation.

a Überlege, auf welche Aspekte du besonders achten möchtest.

aussagekräftige Betreffzeile ☑

Mangel genannt ☐

Anredepronomen großgeschrieben ☐

... ☐

Die Endfassung
schreiben

b Schreibe die Endfassung deiner Reklamation als E-Mail oder Brief.

6 Du hast im Internet eine CD bestellt, sie ist aber zerkratzt.
Schreibe eine Reklamation und bitte um Umtausch.

a Überlege, ob du einen Brief oder eine E-Mail schicken möchtest,
und formuliere die Betreffzeile.

b Entwirf den Text. Nenne den Mangel und die gewünschte Lösung.

c Überarbeite deinen Entwurf und schreibe die Endfassung.

7 Du hast im Internet ein Buch bestellt. Bei der Lieferung stellst du fest,
dass der Buchdeckel geknickt ist. Verfasse eine Reklamation und bitte
um Umtausch. Nutze dazu die Schrittfolge auf S. 60.

8 Bei den Schuhen aus dem Internetversand löst sich die Sohle ab.
Sende die Schuhe zurück und bitte um Rückerstattung des Geldes.

Auch ein **Beschwerdebrief** sollte wie ein offizieller Brief abgefasst werden. Der Verfasser beschreibt, worin das Problem besteht, und erklärt, welche Lösung er erwartet. Der Brief kann mit einer Bitte um Rückmeldung beendet werden.
Auf eine **sachliche und höfliche Ausdrucksweise** ist zu achten.

9 Verfasse einen Brief, in dem du dich beim Anbieter der Schulspeisung beschwerst, weil das Mittagessen häufig schon kalt ist, wenn es ausgegeben wird. Nutze dazu die Schrittfolge.

 So kannst du einen Beschwerdebrief / eine Reklamation schreiben
1. Schreibe oben links deinen Absender (Namen und Adresse) und oben rechts Ort und Datum hin.
2. Unter den Absender schreibe Namen und Adresse des Empfängers.
3. Formuliere in der Betreffzeile, worüber du dich beschweren bzw. was du reklamieren möchtest.
4. Schreibe nach der Anrede, worin das Problem / der Mangel besteht und welche Lösung du dir vorstellst.
5. Ergänze die Grußformel und die Unterschrift.
6. Führe darunter die Anlagen auf, die du dem Brief beifügst.
7. Überarbeite deinen Entwurf. Achte dabei auf klare und höfliche Formulierungen. Schreibe anschließend die Endfassung.

TIPP
Orientiere dich am Musterbrief aus Aufgabe 3 a (S. 58).

10 Schreibe einen Beschwerdebrief an die Reinigungsfirma, weil die Turnhalle in den letzten beiden Wochen sehr schmutzig war.

11 Verfasse eine Beschwerde an die Verkehrsbetriebe über den unhöflichen Schulbusfahrer. Entscheide dich zwischen Brief oder Mail.

Was habe ich gelernt?

12 Überprüfe, was du über das Schreiben von Reklamationen und Beschwerden gelernt hast. Schätze dich selbst ein.

1 Ich kann offizielle Briefe adressatengerecht verfassen.
2 Ich weiß, welche Aufgabe eine Reklamation hat, und kann diese als Brief oder E-Mail gestalten.
3 Ich kann eine schriftliche Beschwerde angemessen formulieren.

Sich für ein Praktikum bewerben

Einen Praktikumsplatz suchen

1 Eltern, Schülerinnen und Schüler der 8. Klassen erhalten Informationen zum Betriebspraktikum.
Lest den Auszug aus dem Vortrag der Lehrerin und findet heraus, warum ein Schülerpraktikum sinnvoll ist.

Für viele von euch wird das Praktikum die erste eigene Begegnung mit der Arbeitswelt sein. Die meisten freuen sich, ein paar Wochen nicht die Schulbank drücken zu müssen. Doch ihr bleibt in dieser Zeit
5 Schüler, ihr seid noch nicht Arbeitnehmer. Die Betriebe gewähren euch unentgeltlich die Chance, Einblicke in das Berufsleben zu erlangen. Darum geht es ja auch – ihr sollt Arbeitsplätze und Berufe erkunden. Ihr sollt eure eigenen Fähigkeiten ausprobieren und eure
10 Stärken und Schwächen kennen lernen, damit ihr nach dem Schülerpraktikum genauere Vorstellungen von eurer beruflichen Zukunft entwickeln könnt. Also sucht euch Praktikumsplätze, wo ihr euren Interessen und Fähigkeiten entsprechend arbeiten könnt.

2 Überlege, was du gut kannst und was weniger gut.

a Übertrage die Tabelle in dein Heft und ergänze die linke Spalte.

Selbsteinschätzung	Fremdeinschätzung
Meine Fähigkeiten • kann gut rechnen • …	• …
Meine Interessen • …	• …
Meine Stärken • …	• …
Meine Schwächen • …	• …

 **b** Tauscht die Tabellen untereinander aus und ergänzt die rechte Spalte der Tabelle. Seid dabei ehrlich und fair.

c Überlegt, in welchen Betrieben ihr aufgrund eurer Interessen und Fähigkeiten praktische Erfahrungen sammeln wollt.

3 Diese Schüler haben ihren Praktikumsplatz bereits gefunden.

a Lies ihre Aussagen und nenne die Begründungen für die Wahl der Betriebe.

Arne Ich mache das Praktikum in der Autowerkstatt meines Vaters. Da muss ich mich nicht groß kümmern.

Lara Ich weiß nicht, ob ich mich richtig entschieden habe. Eigentlich kann ich gut mit Kindern umgehen. Aber wird die Arbeit in einem Kindergarten nicht doch zu stressig?

Alisa Ich möchte in der Verkaufsfiliale eines Sportartikelherstellers arbeiten. Da bekommt man nach zwei Wochen ein Paar Turnschuhe geschenkt.

Ron Mein Praktikumsplatz ist der Supermarkt um die Ecke. Da kann ich morgens länger schlafen, denn ich habe keinen langen Anfahrtsweg.

Daniel In den nächsten drei Wochen werde ich im Strand-Hotel in der Küche stehen. Kochen ist schon lange ein Hobby von mir.

b Formuliere kurz, wie du die Entscheidung des Schülers beurteilst.

1. Arnes Begründung hat mich (nicht) überzeugt, denn …

4

a Überlegt, wie ihr an Adressen und Telefonnummern von möglichen Praktikumsbetrieben gelangen könnt.

— Ansprechpartner in der Schule
— Eltern, Lehrer und ältere Mitschüler fragen
— …

b Gestaltet eine Übersicht mit wichtigen Kontaktdaten.

Ansprechpartner in der Schule: ...

Wichtige Internetadressen: ...

Hilfreiche Bücher/Broschüren: ...

Adressen von großen Firmen in der Umgebung: ...

5 Bei den in Frage kommenden Betrieben solltet ihr in Erfahrung bringen, ob es dort Praktikumsmöglichkeiten gibt. Dies könnt ihr telefonisch oder per E-Mail tun.

a Lest das folgende Telefongespräch und tragt zusammen,
- welche Angaben erfragt werden müssen,
- welche Gesprächsregeln beachtet werden sollten.

Fr. Motzek Guten Tag. Hotel »Stadtwappen«. Motzek am Apparat.

Lisa Ja, guten Tag. Hier spricht Lisa Bauer. Ich wollte mich erkundigen, ob ich in Ihrem Hotel ein Schülerpraktikum absolvieren kann.

Fr. Motzek Das kann ich Ihnen nicht sagen. Ich verbinde Sie mit unserer Personalchefin, Frau Liebig.

Lisa Ja, vielen Dank.

Fr. Liebig Liebig. Hotel »Stadtwappen«. Guten Tag.

Lisa Guten Tag. Mein Name ist Lisa Bauer. Ich wollte mich erkundigen, ob ich bei Ihnen ein Schülerpraktikum machen kann.

Fr. Liebig Ja, das ist generell möglich. In welchem Zeitraum soll denn das Praktikum stattfinden?

Lisa Vom 6. März bis zum 24. März.

Fr. Liebig Ja, das würde auch bei uns gut passen. Schicken Sie mir Ihre Bewerbungsunterlagen, also ein Bewerbungsschreiben und einen Lebenslauf.

Lisa Ja, gern. Reicht Ihnen ein tabellarischer Lebenslauf?

Fr. Liebig Ja, das ist ausreichend.

Lisa Können Sie mir bitte noch einmal Ihren Namen buchstabieren?

Fr. Liebig Gern, L-i-e-b-i-g.

Lisa Vielen Dank. Auf Wiederhören.

Fr. Liebig Auf Wiederhören.

TIPP
Haltet wichtige Angaben griffbereit. Formuliert Fragen schriftlich und notiert, wann ihr mit wem gesprochen habt.

b Spielt das Gespräch nach. Verwendet dabei eure Angaben.

6 Lisa sucht per E-Mail nach einer Praktikumsmöglichkeit.

a Lies ihre E-Mail und nenne wichtige Merkmale.

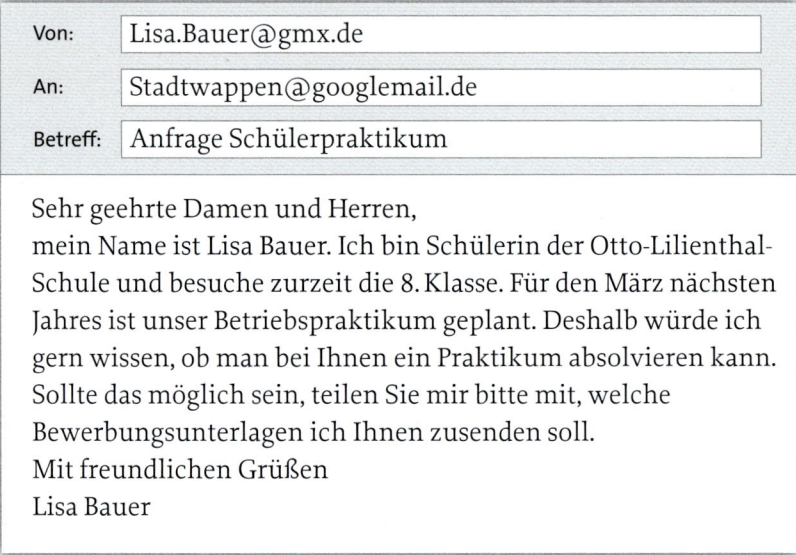

Von:	Lisa.Bauer@gmx.de
An:	Stadtwappen@googlemail.de
Betreff:	Anfrage Schülerpraktikum

Sehr geehrte Damen und Herren,
mein Name ist Lisa Bauer. Ich bin Schülerin der Otto-Lilienthal-Schule und besuche zurzeit die 8. Klasse. Für den März nächsten Jahres ist unser Betriebspraktikum geplant. Deshalb würde ich gern wissen, ob man bei Ihnen ein Praktikum absolvieren kann. Sollte das möglich sein, teilen Sie mir bitte mit, welche Bewerbungsunterlagen ich Ihnen zusenden soll.
Mit freundlichen Grüßen
Lisa Bauer

b Verfasse nun deine eigene E-Mail-Anfrage. Schreibe sie am PC, sodass du sie bei Bedarf wieder verwenden kannst.

7 Lies die folgende Antwort des Hotels, bedanke dich dafür und kündige deine Bewerbungsunterlagen an.

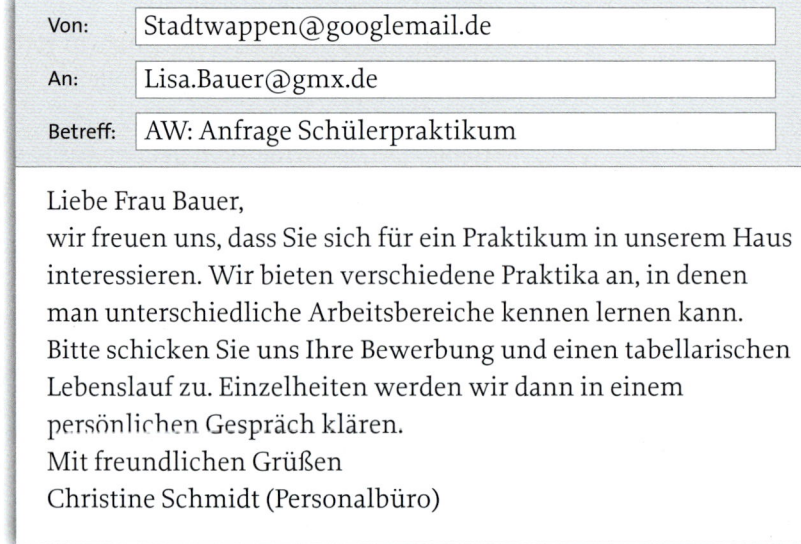

Von:	Stadtwappen@googlemail.de
An:	Lisa.Bauer@gmx.de
Betreff:	AW: Anfrage Schülerpraktikum

Liebe Frau Bauer,
wir freuen uns, dass Sie sich für ein Praktikum in unserem Haus interessieren. Wir bieten verschiedene Praktika an, in denen man unterschiedliche Arbeitsbereiche kennen lernen kann. Bitte schicken Sie uns Ihre Bewerbung und einen tabellarischen Lebenslauf zu. Einzelheiten werden wir dann in einem persönlichen Gespräch klären.
Mit freundlichen Grüßen
Christine Schmidt (Personalbüro)

Bewerbungen schreiben

 Zu den Bewerbungsunterlagen gehören ein **Bewerbungsschreiben** und ein **tabellarischer Lebenslauf.** Ob man weitere Unterlagen, wie z. B. Zeugniskopien, einreichen soll, muss erfragt werden. Das **Bewerbungsschreiben** sollte Folgendes enthalten:

- Bewerbungssatz
- Gründe für die Bewerbung
- Vorstellung der eigenen Person
- Bitte um persönliches Gespräch

1 Überprüfe, ob Lisas Bewerbungsschreiben den Anforderungen entspricht.

Lisa Bauer   Zwenz, 12. Oktober 2012
Hansestr. 17
63209 Zwenz
Tel. (0 80) 5 72 92

Hotel »Stadtwappen«
Frau Liebig
Jakobstr. 12
04277 Leipzig

Bewerbung um Praktikumsplatz

Sehr geehrte Frau Liebig,
mit Bezug auf unser Telefonat vom 10. 10. 2012 bewerbe ich mich bei Ihnen um einen Praktikumsplatz. Das Praktikum soll in der Zeit vom 6. März bis 24. März 2013 stattfinden.
Zurzeit bin ich Schülerin der 8. Klasse der Otto-Lilienthal-Schule in Zwenz. Ich bin kontaktfreudig und aufgeschlossen.
Ich möchte die Arbeitsabläufe in einem Hotel kennen lernen und erfahren, was zu den Aufgaben einer Restaurantfachfrau oder einer Köchin gehört.
Zu einem persönlichen Gespräch würde ich gern vorbeikommen.

Mit freundlichen Grüßen
Lisa Bauer

Anlage: Lebenslauf

2

a Überlege, welche Angaben im Brieftext zu welchem Textbaustein aus dem Merkkasten auf S. 65 gehören.

b Natürlich kann man den Brief auch anders formulieren. Sucht für jeden Textbaustein andere Formulierungen.

c Entwirf dein eigenes Bewerbungsschreiben am PC. Überarbeite es anschließend und schreibe eine Endfassung.

TIPP
Das Schreiben muss fehlerfrei sein. Lass unbedingt jemanden Korrektur lesen.

! Der **tabellarische Lebenslauf** enthält in kurzer und übersichtlicher Form alle wichtigen persönlichen Angaben und Informationen, die für das Praktikum von Bedeutung sind, wie z. B. Name, Adresse, Geburtsort und -datum, Sprachkenntnisse, Hobbys.
Angaben zu den Berufen der Eltern und zu Geschwistern sowie ein Passfoto sind freiwillig.

3 Lies Lisas tabellarischen Lebenslauf.

a Nenne die Angaben, die der Lebenslauf enthalten muss.

Lebenslauf

Name:	Lisa Bauer
Adresse:	Hansestr. 17
	63209 Zwenz
Geburtsdatum:	12. März 1998
Geburtsort:	Leipzig
Familie:	Vater: Thomas Bauer, Polizeibeamter
	Mutter: Ute Bauer, Gärtnerin
Schulbesuch:	2004–2008 Grundschule Zwenz
	seit 2008 Otto-Lilienthal-Schule Zwenz
Sprachkenntnisse:	Englisch, Schulkenntnisse
Hobbys:	Volleyball bei Eintracht Zwenz

Zwenz, 12. Oktober 2012
Lisa Bauer

b Beschreibe, welche Besonderheiten dir bei der Gestaltung auffallen.

TIPP
Nutze die Tabu-
latortaste oder
eine Tabelle.

c Verfasse nun deinen eigenen tabellarischen Lebenslauf nach dem Muster aus Aufgabe a. Arbeite am PC, damit du die Datei jederzeit ergänzen und bearbeiten kannst.

Einige Firmen bitten um eine **Bewerbung per E-Mail.** Dabei gelten die gleichen Richtlinien wie bei einem Brief. Folgendes sollte man beachten:

- die E-Mail-Adresse des Empfängers prüfen,
- die eigene E-Mail-Adresse gegebenenfalls in eine seriöse ändern, z. B.: *Name.Vorname@maildomain.de,*
- in die Betreffzeile schreiben: *Bewerbung um einen Praktikumsplatz,*
- das Bewerbungsschreiben nicht als Anhang schicken,
- den Namen in getippter Form unter das Schreiben setzen,
- auf Smileys o. Ä. verzichten,
- den Lebenslauf und weitere Unterlagen als Anhänge in gängigen Dateiformaten (Word, PDF, RTF) versenden (Größe der Anhänge nicht mehr als 1 MB).

Um die Vollständigkeit und korrekte Formatierung der Bewerbung zu prüfen, sollte man die Mail zunächst an eine Freundin / einen Freund schicken.

TIPP
Speichere den
Text in einer
Word-Datei,
damit du ihn
später bearbeiten
und wieder ver-
wenden kannst.

4 Stelle dir vor, du würdest dich gern per E-Mail um einen Praktikumsplatz bei einer der aufgelisteten Firmen bewerben. Entwirf den Text der E-Mail und schreibe ihn am PC.

Maschinenbau Kreisler
Dessau, Hr. Richter
richter@maschkreisler.de

Gartengestaltung & Baumarbeiten
Herbert.Hase@baum.de
Düderitz, Ulmenallee 12

Tischlerei J. Muthal
Holzarbeiten von Meisterhand
Leipzig, Woltergasse 23
Jan.M@online.de

Hairstyle, Beauty & Body
Inh. Svenja Kehl
Kehl@hair.de
Rostock, Müllerstr. 17

Was
habe ich
gelernt?

5 Überprüft, was ihr über Bewerbungen gelernt habt. Gestaltet für die Achtklässler des nächsten Jahres ein Poster mit wichtigen Informationen und Tipps für eine Bewerbung um einen Praktikumsplatz.

Mit literarischen Texten umgehen

Kurzgeschichten lesen und verstehen

Als **Kurzgeschichten** bezeichnet man (in Anlehnung an die amerikanischen *short stories*) kurze und prägnante Erzählungen mit folgenden typischen **Merkmalen**:
- es werden einzelne alltägliche Ereignisse oder Erlebnisse beleuchtet,
- es treten wenige Figuren auf,
- die Geschichte beginnt oft unvermittelt,
- das Ende ist meist offen, mitunter überraschend,
- die Handlungszeit ist begrenzt (meist nur wenige Stunden oder Tage),
- die Handlungsorte sind begrenzt (oft nur einer),
- knappe, alltägliche Sprache, häufig mit Andeutungen und Metaphern.

1

a Lies die folgende Geschichte von Julia Franck (geb. 1970), einer jungen Schriftstellerin aus Berlin.

Streuselschnecke

Der Anruf kam, als ich vierzehn war. Ich wohnte seit einem Jahr nicht mehr bei meiner Mutter und meinen Schwestern, sondern bei Freunden in Berlin. Eine fremde Stimme meldete sich, der Mann nannte seinen Namen, sagte mir, er lebe in Berlin, und fragte, ob
5 ich ihn kennen lernen wolle. Ich zögerte, ich war mir nicht sicher. Zwar hatte ich schon viel über solche Treffen gehört und mir oft vorgestellt, wie so etwas wäre, aber als es so weit war, empfand ich eher Unbehagen. Wir verabredeten uns. Er trug Jeans, Jacke und Hose. Ich hatte mich geschminkt. Er führte mich ins Café Richter am
10 Hindemithplatz, und wir gingen ins Kino, ein Film von Romer. Unsympathisch war er nicht, eher schüchtern. Er nahm mich mit ins Restaurant und stellte mich seinen Freunden vor. Ein feines, ironisches Lächeln zog er zwischen sich und die anderen Menschen. Ich ahnte, was das Lächeln verriet. Einige Male durfte ich ihn bei
15 seiner Arbeit besuchen. Er schrieb Drehbücher und führte Regie bei Filmen. Ich fragte mich, ob er mir Geld geben würde, wenn wir uns

treffen, aber er gab mir keins, und ich traute mich nicht, danach zu fragen. Schlimm war das nicht, schließlich kannte ich ihn kaum, was sollte ich da schon verlangen? Außerdem konnte ich für mich
20 selbst sorgen, ich ging zur Schule und putzen und arbeitete als Kindermädchen. Bald würde ich alt genug sein, um als Kellnerin zu arbeiten, und vielleicht wurde ja auch noch eines Tages etwas Richtiges aus mir. Zwei Jahre später, der Mann und ich waren uns noch immer etwas fremd, sagte er mir, er sei krank. Er starb ein Jahr lang,
25 ich besuchte ihn im Krankenhaus und fragte, was er sich wünsche. Er sagte mir, er habe Angst vor dem Tod und wolle es so schnell wie möglich hinter sich bringen. Er fragte mich, ob ich ihm Morphium besorgen könne. Ich dachte nach, ich hatte einige Freunde, die Drogen nahmen, aber keinen, der sich mit Morphium auskannte.
30 Auch war ich mir nicht sicher, ob die im Krankenhaus herausfinden wollten und würden, woher es kam. Ich vergaß seine Bitte. Manchmal brachte ich ihm Blumen. Er fragte nach dem Morphium, und ich fragte ihn, ob er sich Kuchen wünsche, schließlich wusste ich, wie gerne er
35 Torte aß. Er sagte, die einfachen Dinge seien ihm jetzt die liebsten – er wolle nur Streuselschnecken, nichts sonst. Ich ging nach Hause und buk Streuselschnecken, zwei Bleche voll. Sie waren noch warm, als ich sie ins Krankenhaus brachte. Er sagte, er hätte gerne
40 mit mir gelebt, es zumindest gern versucht, er habe immer gedacht, dafür sei noch Zeit, eines Tages – aber jetzt sei es zu spät. Kurz nach meinem siebzehnten Geburtstag war er tot. Meine kleine Schwester kam nach Berlin, wir gingen gemeinsam zur Beerdigung.
45 Meine Mutter kam nicht. Ich nehme an, sie war mit anderem beschäftigt, außerdem hatte sie meinen Vater zu wenig gekannt und nicht geliebt.

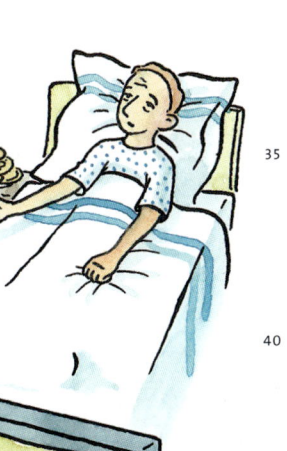

b Wie gefällt dir die Geschichte? Begründe kurz deine Meinung.

Mir gefällt der Text (nicht), weil ...

**Eine Kurz-
geschichte
untersuchen**

2 Weise nach, dass es sich bei dem Text aus Aufgabe 1a um eine Kurzgeschichte handelt.

→ S.190 Merkwissen

a Bestimme, aus wessen Perspektive die Geschichte erzählt wird.

b Untersuche, welche Figuren auftreten. Was erfährst du über sie?

c Erkläre, in welchem Verhältnis die Figuren in der Geschichte zueinander stehen. Wann wird dieses Verhältnis deutlich?

d Teile den Text in zwei große zeitliche Abschnitte ein. Beschreibe, wie sich in ihnen das Verhältnis der Figuren zueinander entwickelt.

e Bewerte die Handlungsweise der Figuren.

f Untersuche die Sprache der Geschichte. Übertrage dazu die Tabelle in dein Heft und vervollständige sie.

sprachliche Besonderheiten	»Streuselschnecke«
Wortwahl Satzlänge, Satzbau Dialoge Zeichensetzung	...

a Lies die folgende Geschichte von Christine Nöstlinger (geb. 1936).

Liebeskummer

Der Vater kehrt vom Klo ins Wohnzimmer zurück. Er schließt den Hosenbundknopf, deutet zum Vorzimmer hin und spricht: »Das Kind weint! Es schluchzt aus ihrem Zimmer!«
»Sie hat Liebeskummer«, sagt die Mutter.
5 »Wieso hat sie Liebeskummer?« Der Vater schaut kugelrund, geht zum Fernsehapparat und schaltet ihn ab. Er ist ein guter Vater! Wenn seine Tochter Liebeskummer hat, ist ihm das wichtiger als ein Fußballmatch der B-Liga. »Weil sie am Telefon von der Gabi gehört hat, dass der Michi mit der Andrea ins Kino gegangen ist«, sagt die
10 Mutter. Dann strickt sie wieder, ganz so, als sei nun alles erklärt. [...]
»Na und?«, drängt der Vater.
»Nix na und!«, sagt die Mutter. »Deine Tochter liebt den Michi und zwei Monate lang hat er sie auch geliebt und jetzt gefällt ihm anscheinend die Andrea besser!« [...]
15 »Ich hole mir ein Bier«, murmelt er und verlässt das Zimmer. Länger als zum Bierholen nötig bleibt er weg. Als er wiederkommt, mit Bierflasche und Glas, sind drei tiefe Querfalten auf seiner Stirn.

»In ihrem Zimmer rührt sich nichts«, sagt er. »Absolut nichts!
Ich hab an der Tür gehorcht. Aber Licht brennt.«

20 »Wenn sie weint«, sagt die Mutter, »tut sie das gern vor dem Spiegel
und schaut sich dabei zu.«
»Ist das normal?« Der Vater setzt sich und lässt Bier ins Glas
gluckern. »Was ist bei Liebeskummer schon normal?«, fragt die
Mutter. »Man kann sie doch nicht einfach heulen lassen«, sagt

25 der Vater, »man muss sie aufheitern.«
»Dann bring den Michi dazu, dass er herkommt und ihr sagt, dass er
die Andrea gar nicht mag und sich in Liebe zu ihr verzehrt«, sagt die
Mutter.
Der Vater verschüttet Bier, während er das Glas zum Munde führt,

30 so entsetzt ist er über diese Zumutung. […] »Man muss sie trösten,
hab ich gemeint«, sagt er. »Das geht nicht«, sagt die Mutter.
Mehr sagt sie nicht, denn sie hat die Hilfsnadel, die sie im Moment
nicht braucht, zwischen den Lippen.
»Trost tut immer gut«, sagt der Vater.

35 »Trost ist gut«, sagt die Mutter und zieht die Nadel aus dem Mund,

»wenn es in der Schule nicht klappt oder wenn
es im Bauch sticht oder wenn sonst was wehtut.
Aber wenn die Liebe wehtut, haut das nicht
hin!« Die Mutter schaut den Vater an. »Oder

40 haben dich deine Eltern trösten können, wenn
du seinerzeit Liebeskummer gehabt hast?« Der
Vater seufzt. Das ist doch lächerlich! Seine
Eltern mit ihm zu vergleichen! […]
»Wie weit gehend war denn die Sache?«, fragt

45 der Vater. »Weit gehend? Was meinst du damit?«
Jetzt schaut die Mutter kugelrund. »Ob sie mit
ihm geschlafen hat?« Die Mutter lässt die Stri-
ckerei sinken. »Glaub ich nicht«, sagt sie. »Wir
haben ausgemacht, dass sie zum Arzt um die

50 Pille geht, bevor sie mit einem schläft, und
soweit ich weiß, war sie nicht beim Arzt und
Pille hab ich bei ihr auch noch keine gesehen.«
»Na dann!« Der Vater nimmt einen großen
Schluck vom Bier. »Dann ist es ja nicht so arg!«

55 »Du bist ein Depp!« Die Mutter schüttelt rügend
den Kopf. »Deswegen ist doch ihr Kummer nicht kleiner!«
»Nein?« Der Vater schaut erstaunt und wischt Bierschaum vom
Mund. »Wieso nicht?«

»Meinen größten Liebeskummer hab ich mit sieben Jahren gehabt«,
60 sagt die Mutter. »Ein gewisser Hansi war dran schuld und damals
hab ich überhaupt noch nicht gewusst, dass man miteinander
schlafen kann!«
»Mach dich nicht lächerlich!«, sagt der Vater. »Mach ich auch nicht«,
sagt die Mutter.
65 »Und das ganze blöde Gerede hilft dem Kind überhaupt nichts«, sagt
der Vater. »Du bist größenwahnsinnig«, sagt die Mutter. »Dauernd
glaubst du, dass du deiner Tochter helfen kannst! Gewöhn dir das
ab!«
»O. K.«, sagt der Vater. Er steht auf und schaltet das Fernsehen wieder
70 an. Vier zu zwei steht das Match schon!
Im Vorzimmer, beim Telefon, steht die Tochter.
»Nein, ich bin nicht allein«, spricht sie mit matter Stimme in den
Hörer. »Meine Alten schauen im Wohnzimmer fern.« Dann lauscht
sie ein paar Sekunden in den Hörer und dann sagt sie: »Ach nein,
75 die haben das gar nicht mitgekriegt, die sind ja nur mit ihrem
eigenen Kram beschäftigt, die haben ja von nichts eine Ahnung!«

b Was haben die Eltern nicht »mitgekriegt«? Wovon haben sie
keine Ahnung? Fasse kurz zusammen, wovon der Text handelt.

c Bestimme, aus wessen Perspektive das Geschehen erzählt wird.

d Untersuche, welche Figuren in der Geschichte auftreten.
In welchem Verhältnis stehen sie zueinander?

e Untersuche, wie sich die Alltäglichkeit in der Sprache widerspiegelt.

f Weise nach, ob es sich bei der Geschichte um eine Kurzgeschichte
handelt. Orientiere dich dabei am Merkkasten auf S. 68.

4 Wähle aus deinem Lesebuch eine Kurzgeschichte aus.
Weise die Merkmale dieser Erzählform anhand des Textes nach.

**Was habe ich
gelernt?**

5 Fasse zusammen, was du über Kurzgeschichten gelernt hast.
Fertige eine Mindmap zu den Merkmalen von Kurzgeschichten an.

Inhaltsangaben zu literarischen Texten verfassen

Mit einer **Inhaltsangabe** gibt man in möglichst sachlicher und knapper Form den wesentlichen Inhalt eines literarischen Textes, eines Films, einer Fernsehsendung oder eines Theaterstücks wieder. Eine Inhaltsangabe sollte folgende **Bestandteile** haben:

- Einleitung: Angaben zu Autorin/Autor, Textsorte (z.B. Kurzgeschichte), Titel, Thema
- Hauptteil: Darstellung der Figuren und des Handlungsverlaufs unter Beachtung der richtigen Reihenfolge (*W*-Fragen)
- Schluss: Besonderheiten des Textes nennen (z.B. offene Fragen, Lehre, Bezug zur Überschrift)

1 So könnte sich ein Gespräch auf dem Pausenhof zugetragen haben.

> Hast du gestern im Fernsehen den Film „Die Geistervilla" gesehen? Der war echt gruselig! In dem Haus spukte es und der Eigentümer hatte einen teuflischen Plan.

> Nein, habe ich nicht gesehen. Klingt aber spannend!

> Wie sah der Plan denn aus? Los, sag schnell, bevor es klingelt!

 a Überlegt, wann und warum man im Alltag Inhaltsangaben benötigt und welchem Zweck sie dienen.

 b Informiert euch gegenseitig kurz und knapp über den Inhalt interessanter Bücher oder Filme.

2 Schreibe eine Inhaltsangabe zur Kurzgeschichte »Liebeskummer« (S.70, Aufgabe 3 a).

Eine Inhaltsangabe planen

a Beantworte zuerst folgende Fragen in Stichpunkten in deinem Heft.

1 Worum geht es in der Geschichte?
2 Wer erzählt?
3 Wann spielt die Geschichte?
4 Wo findet die Handlung statt?
5 Welche Figuren treten auf und in welchem Verhältnis stehen sie zueinander?
6 Wie ist der Handlungsverlauf?

→ **S.37** Personen und Figuren charakterisieren

b Notiere Stichpunkte zu wichtigen Charaktereigenschaften der Figuren.

c Entwirf die Einleitung deiner Inhaltsangabe.

Die Kurzgeschichte „Liebeskummer"
von Christine Nöstlinger …

Beim Schreiben einer **Inhaltsangabe** muss man folgende **sprachliche Besonderheiten** beachten:
- Inhalt mit eigenen Worten wiedergeben (keine Zitate),
- knappe, sachliche Sprache, meist ohne eigene Gefühle,
- Wiederholungen vermeiden,
- direkte (wörtliche) Rede in indirekte Rede umwandeln,
- in Präsens oder Perfekt schreiben.

→ **S.105** Die Modusformen des Verbs

d Tauscht euch aus, wie ihr den Schluss der Inhaltsangabe gestalten wollt. Schreibt ihn danach auf.

Eine Inhaltsangabe entwerfen

e Schreibe nun den Entwurf einer Inhaltsangabe zur Kurzgeschichte »Liebeskummer«. Lass einen breiten Rand für die Überarbeitung.

Den Entwurf überarbeiten

f Überarbeite den Entwurf. Achte dabei besonders auf sachliche Formulierungen, Zeitformen und indirekte Rede.

Die Endfassung schreiben

g Schreibe die Endfassung.

Was habe ich gelernt?

3 Überprüfe, was du über Inhaltsangaben gelernt hast. Ordne den Zahlen die richtigen Buchstaben zu.

1	Einleitung	**A**	Besonderheiten des Textes
2	Wo und Wann?	**B**	die Aussageabsicht oder Botschaft
3	Wer?	**C**	die handelnden Figuren
4	Was geschieht?	**D**	Ort und Zeit der Handlung
5	Warum?	**E**	Autor, Titel, Textsorte, Thema
6	Schluss	**F**	die Grundzüge der Handlung

Informationen sammeln

Umfragen vorbereiten und durchführen

1 Seit 1998 werden für die JIM-Studie jedes Jahr 12- bis 19-Jährige zum Umgang mit Medien und Information befragt.

→ S.190 Merkwissen
(Sachtexte erschließen)

a Sieh dir das folgende Diagramm an und werte es aus.

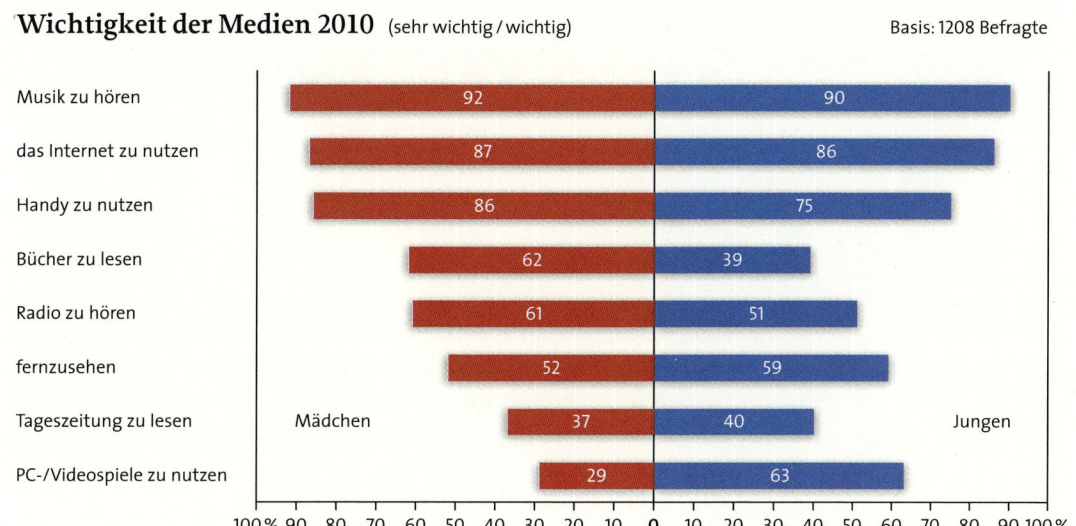

Wichtigkeit der Medien 2010 (sehr wichtig / wichtig) Basis: 1208 Befragte

Medium	Mädchen	Jungen
Musik zu hören	92	90
das Internet zu nutzen	87	86
Handy zu nutzen	86	75
Bücher zu lesen	62	39
Radio zu hören	61	51
fernzusehen	52	59
Tageszeitung zu lesen	37	40
PC-/Videospiele zu nutzen	29	63

b Tauscht euch anschließend darüber aus, ob ihr ähnliche Erfahrungen gesammelt habt.

Umfragen und Interviews sind Methoden, um Informationen über Meinungen, Einstellungen, Wissen und Verhalten von Menschen zu erhalten.

Umfragen können mündlich, z.B. als Interview, oder schriftlich mithilfe eines Fragebogens durchgeführt werden. Man muss vorher genau überlegen, wer die Fragen beantworten soll und was man erfahren möchte. Die Fragen sollten möglichst einfach, konkret, eindeutig und kurz formuliert sein. Sie sollten so gestellt werden, dass die Antworten gut ausgewertet werden können. Zur Veranschaulichung der Umfrageergebnisse können Diagramme, Tabellen oder Schaubilder dienen.

2 Führt nun selbst eine anonyme Umfrage zur Medienbeschäftigung in der Freizeit durch.

TIPP
Für eine Umfrage an der Schule braucht ihr die Erlaubnis der Schulleitung.

a Erstellt dazu einen Fragebogen, überlegt euch Auswertungskriterien, führt die Umfrage durch und wertet sie aus. Wenn ihr Hilfe braucht, nutzt die Aufgaben b und c.

b Kopiert den folgenden Fragebogen und verteilt ihn in der Klasse oder Schule.

Fragebogen zur Mediennutzung

Beantworte jede Frage durch Ankreuzen des entsprechenden Kästchens. Wenn etwas unklar ist, frage bitte nach.
Deine Angaben werden streng vertraulich behandelt.
Vielen Dank für deine Mitarbeit!

1. Geschlecht: ☐ männlich ☐ weiblich

2. Alter: ☐ Jahre

3. Welche Medien nutzt du mehrmals pro Woche in der Freizeit?
   ☐ Radio   ☐ Tageszeitungen   ☐ Handy
   ☐ Fernseher   ☐ Zeitschriften   ☐ MP3
   ☐ Internet   ☐ Bücher   ☐ Computerspiele

4. Welche Medien sind dir sehr wichtig?
   ☐ Radio   ☐ Tageszeitungen   ☐ Handy
   ☐ Fernseher   ☐ Zeitschriften   ☐ MP3
   ☐ Internet   ☐ Bücher   ☐ Computerspiele

TIPP
Jede Gruppe kann sich zur Auswertung eine Frage aussuchen.

c Sammelt die ausgefüllten Fragebogen wieder ein.
Wertet sie nach folgenden Kriterien aus:
   • Welche Medien werden am häufigsten genutzt?
   • Ist die Mediennutzung altersspezifisch?
   • Nutzen Mädchen und Jungen unterschiedliche Medien?

→ S.51
Präsentieren

 3 Veranschaulicht die Ergebnisse eurer Umfrage.

a Überlegt euch zuerst, was ihr veranschaulichen möchtet.
Wählt die passende Aussage aus.

   1 verschiedene Fakten und Zahlen auf einen Blick
   2 die prozentuale Verteilung eines Sachverhalts
   3 eine zeitliche Entwicklung
   4 die Beziehungen zwischen einzelnen Faktoren

b Seht euch die folgenden Veranschaulichungsmöglichkeiten an und ordnet sie den Aussagen aus Aufgabe a zu.

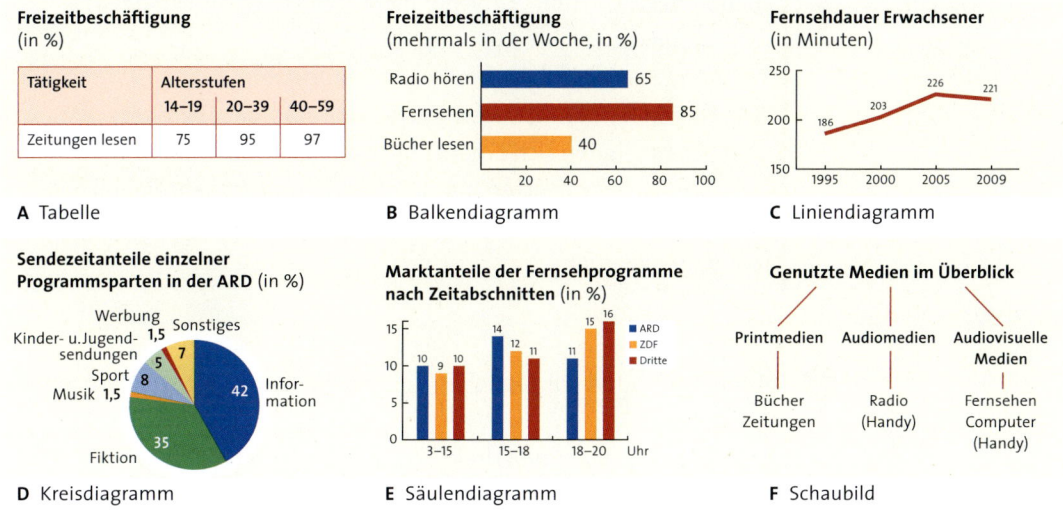

A Tabelle   **B** Balkendiagramm   **C** Liniendiagramm

D Kreisdiagramm   **E** Säulendiagramm   **F** Schaubild

c Wählt eine geeignete Möglichkeit zur Veranschaulichung eurer Umfrageergebnisse aus und präsentiert sie der Klasse.

4 Führt eine weitere Umfrage durch.

a Wählt eines der folgenden Themen aus.

1 Das Ziel der nächsten Klassenfahrt
2 Die sportlichen Aktivitäten der Schüler unserer Klasse
3 Meinungen zum Mittagessen an unserer Schule

b Formuliert einen Fragebogen.

TIPP:
Nutzt für die Darstellung der Ergebnisse den Computer.

c Führt die Umfrage durch und wertet sie aus.

d Stellt die Ergebnisse anschaulich dar, z.B. auf einem Poster oder in einer Präsentation.

5 Überlegt, worüber ihr für die Schülerzeitung oder die Homepage eurer Schule eine Umfrage durchführen könntet. Wählt aus den Vorschlägen ein Thema aus und führt die Umfrage durch.

Interviews vorbereiten und führen

! Beim **Interview** steht entweder die/der Befragte als Person im Mittelpunkt oder ihre Meinung soll dargestellt werden, um eine Sachfrage zu klären und andere zu informieren.
Die Fragen für das Interview müssen sorgfältig vorbereitet werden. Am besten eignen sich Ergänzungsfragen, die der Interviewpartner ausführlich beantworten muss. Entscheidungsfragen, die nur mit Ja oder Nein beantwortet werden müssen, sind für Interviews weniger geeignet.

1 Interviews finden wir täglich in Zeitungen, Rundfunk und Fernsehen.

a Vergleiche die folgenden drei Textauszüge. Untersuche, welcher Text ein Interview ist.

A   Riesiger Jubel in Chile: Alle 33 verschütteten Bergleute sind wieder in Sicherheit. Als letzten Kumpel brachte die Kapsel den 54-jährigen Schichtleiter Luis Urzúa Iribarren nach 69 Tagen zurück an die Oberfläche. Jetzt feiert das ganze Land.
5   Begleitet von lauten Jubelgesängen verließ der »Kapitän« um 21:55 Uhr Ortszeit (Donnerstag, 02:55 Uhr MESZ) die Rettungskapsel. Staatspräsident Sebastián Piñera umarmte Urzúa bei seiner Ankunft. »Ich bin stolz, Chilene zu sein«, sagte der Kumpel.
10   Vor ihm waren seine 32 Kollegen aus 622 Metern Tiefe geborgen worden, wo sie seit Anfang August eingeschlossen waren. Die Gold- und Kupfergrube in der nordchilenischen Atacama-Wüste war am 5. August eingestürzt.

B **Friedbert Meurer** *Friedemann Bauschert ist Pfarrer der lutherischen Versöhnungsgemeinde in Santiago de Chile, und ich habe ihn vor der Sendung gefragt, ob es eine Szene im Fernsehen gab während der Bergungsaktion, die ihn besonders beeindruckt oder*
5   *berührt hat.*
Friedemann Bauschert Ich muss zugeben, ich habe nicht die ganze Zeit den Fernseher laufen, weil hier ist auch Alltag und

ich arbeite, aber ich habe vorher mal reingeschaut und habe einen dieser Mineros gesehen, wie er da geführt wurde und 10 seiner Frau in die Arme fiel. Das fand ich doch schon sehr bewegend.

Meurer *Wieso haben Sie nicht die ganze Zeit gebannt vor dem Fernseher gesessen?*

Bauschert Es ist natürlich ein Thema in den letzten 70 Tagen 15 gewesen und es begleitet einen ja die ganze Zeit, und ich muss zugeben, mir war es teilweise auch zu viel. Ich freue mich darüber, dass es jetzt so weit ist und dass es funktioniert, es ist sehr schön für das ganze Land und für die Leute da, aber ich muss es nicht alles gesehen haben.

C Die Bergleute kommen vorerst zur Beobachtung ins Krankenhaus. Nach der langen feuchtheißen Dunkelheit trugen sie Sonnenbrillen gegen das grelle Licht und Pullover gegen die Kälte. Einige könnten die Klinik vermutlich schon am 5 Donnerstag verlassen, sagte Gesundheitsminister Jaime Manalich. Einer musste wegen Lungenentzündung behandelt werden, zwei weitere brauchten einen Zahnarzt. Die meisten Männer traten sogar glattrasiert ans Licht der Weltöffentlichkeit: Neben Lebensmitteln und Medikamenten waren ihnen in den letzten 10 Tagen auch Rasierutensilien nach unten geschickt worden.

b Nenne die Teilnehmer des Interviews. Warum wurde es geführt?

a Sucht in Zeitungen, Zeitschriften oder im Internet nach Interviews und untersucht sie mithilfe folgender Fragen.

1 Wer sind die Teilnehmer des Interviews?
2 Was steht im Mittelpunkt: die befragte Person oder ein Sachverhalt/ Thema?
3 Was sind die Ziele des Interviews? Warum wurde es geführt?
4 Wurden die Ziele eurer Meinung nach erreicht? Wie ist das zu begründen?

b Stellt eure Ergebnisse in der Klasse vor.

c Tauscht euch darüber aus, wodurch ein gutes Interview gekennzeichnet ist.

 3 Überlegt, was man bei der Vorbereitung eines Interviews beachten muss. Vergleicht eure Ergebnisse mit der Schrittfolge.

So kannst du ein Interview vorbereiten, durchführen und auswerten

1. Vorbereitung
   - Wähle zuerst ein Thema und einen geeigneten Gesprächspartner aus. Vereinbare einen Interviewtermin.
   - Überlege, welche Ziele das Gespräch hat, welche Ergebnisse du erwartest und wie das Interview ausgewertet werden soll.
   - Erstelle einen Fragenkatalog.
   - Bereite die technischen Geräte zum Aufnehmen des Interviews vor.
2. Durchführung
   - Bitte den Gesprächspartner um Erlaubnis für die Aufnahme.
   - Führe das Interview mithilfe der vorbereiteten Fragen durch.
3. Auswertung
   - Höre dir nach dem Interview die Aufnahme mehrfach an und fertige eine schriftliche Fassung an.
   - Gib die Fassung dem Gesprächspartner noch einmal zum Lesen.

Ein Interview durchführen und auswerten  **4** Die nächste Schülerzeitung befasst sich mit der Frage »Was soll an unserer Schule besser werden?«. Interviewt dazu z. B. euren Klassensprecher. Nutzt die Schrittfolge.

5 Wählt ein Problem aus, das euch bewegt, und führt für die Schülerzeitung oder die Homepage eurer Schule Interviews durch.

Was habe ich gelernt? **6** Überprüfe, was du über Umfragen und Interviews gelernt hast. Beantworte dazu folgende Fragen.

1 Wann würdest du eine Umfrage durchführen, wann ein Interview?
2 Wie kannst du eine Umfrage auswerten?

Sachtexte erschließen

Sachtexten Informationen und Meinungen entnehmen

! Beim **sachlichen Informieren** wird objektiv über einen Sachverhalt oder ein Problem berichtet. Oft werden Argumente dafür (pro) und dagegen (kontra) angeführt, damit sich der Leser eine eigene Meinung bilden kann.

1

Den Text überfliegen

a Erfasse das Thema des Textes durch orientierendes Lesen schon so genau wie möglich. Ergänze den folgenden Satz.

Der Text beschäftigt sich mit …

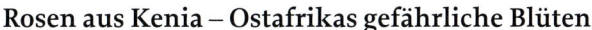

Rosen aus Kenia – Ostafrikas gefährliche Blüten

Wer die Ausdehnung der Gewächshäuser auf den 70 riesigen Farmen rund um den Naivasha-See sieht, kann erahnen, wie groß die wirtschaftliche Bedeutung dieses Industriezweigs für das von Krisen gebeutelte Kenia ist. Blumen gehören neben Tourismus
5 und Tee zu den wichtigsten Wirtschaftsgütern des Entwicklungslandes. Sie ernähren eine halbe Million Menschen. Mit einem Jahresumsatz von umgerechnet rund 400 Millionen Euro machen sie fast fünf Prozent des kenianischen Bruttoinlandsproduktes aus und sind nach dem Tourismus der zweitwichtigste Devisen-
10 bringer.
Und doch: Die Blumenzucht ist auch ein Problem. Zum Beispiel für den Naivasha-See, den einzigen Süßwassersee der Gegend. Früher sorgten Papyrus-Biotope und Akazienwälder für eine natürliche Reinigung des Gewässers, an dessen Ufer sich 495 Vogel-
15 und 55 Säugetierarten tummeln, darunter eine große Kolonie Flusspferde. Weil die Blumenindustrie dem See Wasser für ihre Gewächshäuser entnimmt, droht er jedoch langsam auszutrocknen. Gleichzeitig verseuchen giftige Pflanzenschutzmittel und Dünger das Wasser, gegen die natürliche Filter machtlos sind. Hinzu
20 kommen die Abwässer slumähnlicher Siedlungen ohne Kanalisation und Müllentsorgung, in denen vor allem Arbeiter kleinerer Blumenfarmen und neu Hinzugezogene ohne Job leben.

Und: Die Blumenzucht ist auch ein Problem für den Volksstamm der Massai, die rund um den See leben. »Die Abwässer der Farmen,
25 belastet mit Pestiziden und Dünger, werden ungefiltert in den See geleitet«, klagt ein Sprecher der örtlichen Massai-Gemeinde. Sein Beweis sind seine toten Tiere – 78 Schafe und Ziegen hat er im vergangenen Jahr verloren. Und sie seien nicht Opfer von Dieben oder wilden Tieren geworden, sondern einfach gestorben. »Die Tiere
30 haben wahrscheinlich aus Abwasserkanälen der Blumenfarmen getrunken.« Für die Hirten des Nomadenstamms ist der Verlust der Rinder schon eine Katastrophe. Die Tiere sind Heiligtum und Existenzgrundlage zugleich. Die Kühe ernähren als Milch- und Fleischlieferanten die Massai-Familien. Zudem schätzen die
35 Stammesangehörigen Rinderblut als Getränk. Überschüssige Tiere werden auf Viehmärkten verkauft – so kommt das nötige Bargeld für den täglichen Bedarf und die Schulgebühren der Kinder zusammen. Das Gleiche gilt auch für Schafe und Ziegen. Noch dazu gehört das Land, auf dem heute Blumen gezüchtet werden,
40 eigentlich den Massai. Sie fordern: »Die Farmen müssen endlich ihre Abwässer korrekt entsorgen.«
Das werde längst getan, versichern Vertreter des Anbauverbandes. Die Abwässer würden nie ungefiltert in den See gelangen. Viele Farmen arbeiteten sogar mit einem geschlossenen Wasserkreislauf
45 und recycelten das Wasser. Viele Unternehmen seien von Umwelt-schutzorganisationen ausgezeichnet worden und einige dürften gar das Fair-Trade-Siegel tragen. *Harald Czycholl*

b Lies den Text nun gründlich und beantworte spontan die Frage: Sollte man Rosen aus Kenia kaufen?

Argumente erfassen
→ S. 9

c Übertrage die Tabelle in dein Heft und ergänze die Argumente aus dem Text für bzw. gegen die Produktion von Blumen in Kenia.

TIPP
Lies dazu den Text Abschnitt für Abschnitt.

Blumenindustrie in Kenia	
dafür spricht	**dagegen spricht**
...	...

Sachinformationen von Meinungen unterscheiden

d Bewerte die Überschrift des Textes in Aufgabe a. Was verrät sie über den Standpunkt des Autors?

 e Formuliert die Aussage der Überschrift als These.

f Entscheidet hinsichtlich der Textfunktion: Ist der Text sachlich-informierend oder will der Autor damit seine Meinung kundtun? Belegt eure Aussagen mit Textbeispielen.

 2 An einer Stelle im Text von Aufgabe 1a wird ein Beispiel als Beweis für eine Feststellung angeführt. Sucht dieses Beispiel im Text und besprecht, welche Wirkung der Autor mit diesem Beispiel erzielt.

 3

> **TIPP**
> Überprüft die Wirkung des Beispiels, indem ihr es z.B. einfach weglasst.

a Suche im folgenden Text die Textstellen heraus, die den Begriff »virtuelles Wasser« und dessen Folgen erklären. Lies diese Textstellen mehrmals und mach dir Notizen zu diesem Begriff.

Deutschland ist Wasserimporteur

Wer morgens sein Tässchen Kaffee trinkt, verbraucht nicht nur die 200 Milliliter Wasser in der Tasse. Schon zuvor floss eine vielfache Menge Wasser in den Anbau der Bohnen und ihre Verarbeitung – für eine Tasse Kaffee ganze 140 Liter. Sichtbar ist dieser Wasser-
5 verbrauch nicht, Experten sprechen daher von virtuellem Wasser. Ein weiteres Beispiel ist der Kauf von Blumen, zum Beispiel aus Kenia. Blumenliebhaber aus anderen Ländern nehmen damit jenem Teil der lokalen Bevölkerung in Kenia, der nicht an den Erlösen der Blumenproduktion teilhat, die Existenzgrundlage. Hinter einem
10 solchen Import von wasserreichen Produkten verbirgt sich also oft eine versteckte Aneignung von Wasser durch die wohlhabenderen Länder zu Lasten (wasser-)armer Regionen. Über den »Umweg virtuelles Wasser« werden so gigantische Wassermengen auf der Welt umverteilt. Die Wissenschaft unterscheidet daher schon
15 zwischen Wasserexporteuren und Wasserimporteuren. Zur letzt-genannten Gruppe zählt auch Deutschland.
Dass Deutschland noch keine Wüste ist, liegt auch daran, dass wir enorme Mengen virtuellen Wassers importieren. Andernorts drohen die Wasservorräte aber dadurch zu schrumpfen.
20 Sollen diese Umverteilung und die damit einhergehenden Folgen nicht weiter ausufern, sind verschiedene Strategien denkbar. Effizientere Bewässerungstechniken und der Abbau von Wasser-preis-Subventionen[1] in den Anbaugebieten sind ein Weg. Ein anderer Weg wäre es, den Anbau von Produkten mit hohem Wasser-
25 bedarf in wasserreiche Gegenden zu verlagern. Nur: Politisch durchsetzbar ist das kaum. Soll die gewaltige Umverteilung virtuel-

[1] Unterstützung mit öffentlichen Geldern

len Wassers wieder in nachhaltigere Bahnen gelenkt werden, müssen wohl letztlich die Verbraucher Verantwortung übernehmen. Ein Anfang wäre schon mit dem Verzicht auf importierte
30 Früchte und der Bevorzugung regionaler, ökologischer Waren gemacht.   *Thomas Wischniewski*

 b Erklärt euch mithilfe eurer Notizen gegenseitig, was man unter dem Begriff »virtuelles Wasser« versteht und welche Folgen das hat.

c Untersuche, welche Aussagen der Text zur Blumenindustrie in Kenia macht. Trage die Argumente in deine Tabelle von Aufgabe 1c (S. 82) ein.

 a Beschreibe mit deinen Worten, was das folgende Diagramm darstellt.

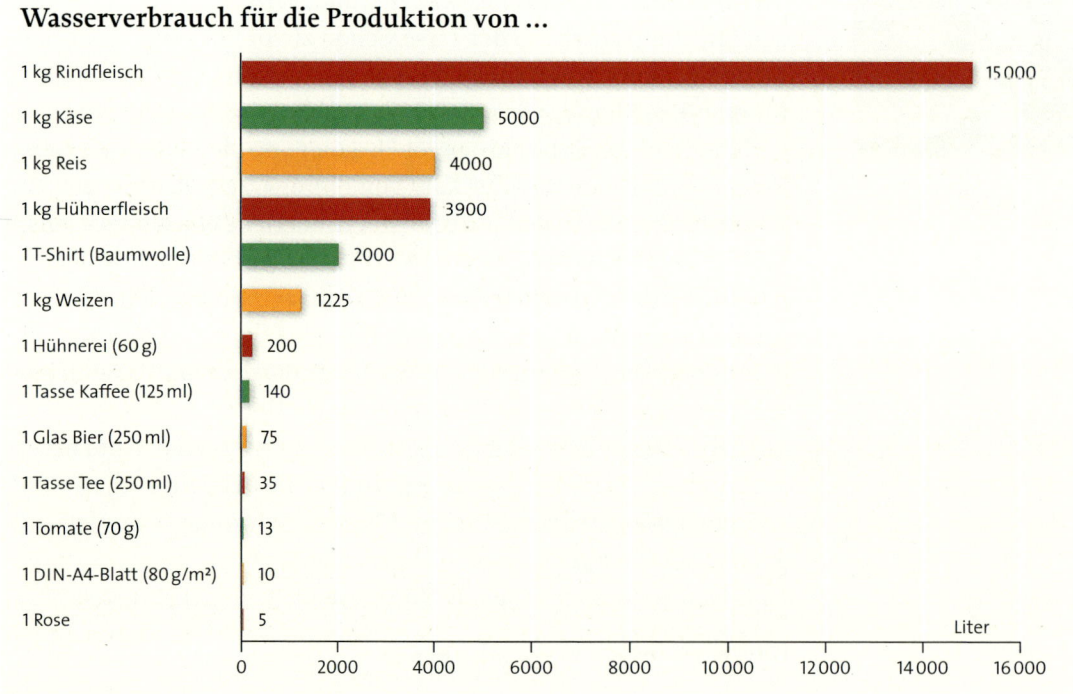

Wasserverbrauch für die Produktion von …

Produkt	Liter
1 kg Rindfleisch	15 000
1 kg Käse	5000
1 kg Reis	4000
1 kg Hühnerfleisch	3900
1 T-Shirt (Baumwolle)	2000
1 kg Weizen	1225
1 Hühnerei (60 g)	200
1 Tasse Kaffee (125 ml)	140
1 Glas Bier (250 ml)	75
1 Tasse Tee (250 ml)	35
1 Tomate (70 g)	13
1 DIN-A4-Blatt (80 g/m²)	10
1 Rose	5

TIPP
Überlege, welche Vor- und Nachteile Diagramme haben.

b Erläutere, in welcher Beziehung die grafische Darstellung zum Text von Aufgabe 3 a (S. 83) steht.

c Vergleiche den virtuellen Wasserverbrauch für die Produktion einer Rose mit dem der anderen dargestellten Posten. Notiere deine Feststellung in einem Satz.

d Tauscht euch darüber aus, ob sich aus der Grafik Argumente für den Kauf oder Nichtkauf von Rosen aus Kenia verwenden lassen. Belegt eure Meinungen mithilfe von Beispielen.

5

Argumente bewerten

a Bewerte alle in der Tabelle von Aufgabe 1c (S. 82) gesammelten Argumente hinsichtlich ihrer Aussage- und Überzeugungskraft.

b Unterstreiche die fünf überzeugendsten Argumente.

TIPP
Überlege dazu:
Ist das Argument einleuchtend, überzeugend, dem Sachverhalt angemessen?

c Entscheide dich: Sollte man Blumen aus Kenia kaufen oder nicht?

d Begründe deine Meinung mithilfe der ermittelten Argumente.

e Entscheide, wie du die wichtigsten Argumente veranschaulichen kannst.

! Sachtexte können mit unterschiedlichen Absichten geschrieben werden. Die meisten Sachtexte wollen informieren, sie können aber auch **appellierenden (auffordernden) Charakter** haben. Das Appellieren zielt darauf, die Meinung der Leser zu beeinflussen und möglichst eine vom Autor gewollte Handlung bei ihnen auszulösen. Das kann auf **indirekte Weise** oder auf **direkte Weise** geschehen, z. B.:
indirekt: *Man müsste …*   direkt: *Ich fordere Sie auf …*
            Wir sind gefordert …   *Wir appellieren an euch …*

 6

a Erläutert die Aussage der Überschrift des Textes von Aufgabe 3a (S. 83).

b Sucht den Textabschnitt auf, in dem ein Vorschlag unterbreitet wird, wie die Umverteilung des virtuellen Wassers beeinflusst werden kann. Formuliert diesen Vorschlag mit eigenen Worten.

c Besprecht, an welchen Formulierungen im Text ihr den Vorschlag des Autors zum Umverteilen des virtuellen Wassers erkannt habt.

d Was will der Autor mit seinem Vorschlag beim Leser erreichen? Notiert seine Absicht in ein bis zwei Sätzen.

e Formuliert den Vorschlag des Autors in einen direkten Appell um.

! Neben informierenden und appellierenden Sachtexten gibt es Texte, in denen die Autorin / der Autor den eigenen **Standpunkt** zum dargestellten Sachverhalt **mitteilen** will (Sachtexte mit wertendem Charakter).
Das kann **direkt** geschehen:
- durch Formulierungen, wie z.B.: *Ich finde/meine/denke ..., Meiner Meinung nach ..., Unsere Auffassung dazu ...*
- durch konkrete Aussagen, wie z.B.: *Einfach durchsetzbar ist das nicht. Das ist richtig/falsch. Gut/Schlecht wäre, wenn ...*

oder **indirekt** durch:
- wertende Adjektive, z.B.: *bedauerlich, erstrebenswert, wertvoll*
- wertende Verben, z.B.: *kritisieren, verabscheuen, freuen, loben*
- wertende Nomen, z.B.: *Glücksumstand, Ärgernis, Elend, Ehre*
- unpersönliche wertende Fügungen, z.B.: *Da kann man sich nur wundern! Wenn das mal gut geht! Ist das gerecht?*

7 Lies den Merkkasten und notiere in übersichtlicher Form, woran du den Standpunkt der Autorin / des Autors in Texten erkennen kannst.

Standpunkt der Autorin / des Autors

direkt   *indirekt*

...   ...

8

a Lies den folgenden Text.

TIPP
Du kannst dir den Text zunächst auch einmal vorlesen lassen, um das aufmerksame Zuhören zu trainieren.

[1] biologischen Ursprungs

[2] im Wasser, zum Wasser gehörend

Deutschland – ein Wüstenstaat?

Unsere regenreiche Bundesrepublik verbraucht weit mehr Wasser, als Niederschlag auf Deutschlands Fläche fällt. Wenn Deutschland für seinen »virtuellen Wasserbedarf« in Gänze selbst aufkommen müsste, wäre Deutschland eine Wüste! Es gäbe keine Flüsse, keine
5 Feuchtgebiete, keinerlei Grundwasserneubildung! Allenfalls würde aus Tschechien, Österreich und aus der Schweiz noch etwas Wasser zusickern. Bis auf den letzten Tropfen würde alles Wasser für den Gemüseanbau, für biogene[1] Rohstoffe, für Getreide und »Biosprit« benötigt — und es würde bei Weitem nicht reichen!
10 Dass sich Deutschland gemessen an seiner hohen Besiedlungsdichte überhaupt aquatische[2] Naturschutzgebiete, Wälder und Badeseen

in relativ hoher Zahl leisten kann, liegt daran, dass wir unsere Wasserbereitstellung kubikkilometerweise ins Ausland verlagert haben. Mit schätzungsweise 500 m³ (also 500 000 Litern) pro

15 Einwohner und Jahr strapazieren wir den Wasserhaushalt anderer Länder. Das ist ziemlich egoistisch.

Ein tatsächlich nachhaltiger Lebensstil müsste meiner Meinung nach damit beginnen, darüber nachzudenken, ob es noch Sinn macht, mit einem hohen Energie- und Ressourcenverbrauch

20 (beispielsweise für eine Regenwassernutzungsanlage) noch ein paar Liter Trinkwasser mehr zu sparen – oder ob es nicht höchste Zeit wäre, endlich einmal darüber nachzudenken, welche Folgen unsere Konsumgewohnheiten in semiariden³ Ländern nach sich ziehen. Denn dort erhöht sich der Wasserstress ständig. Wer bewusster

³ überwiegend trocken

25 einkauft und konsumiert (beispielsweise mehr regionale Produkte, beispielsweise mehr Kleider aus Biobaumwolle), spart dort Wasser,

wo es wirklich darauf ankommt – in den Regionen der Erde, wo Wasser mehr und mehr zu einer konflikträchtigen Ressource wird. Selbst ohne

30 Klimawandel würden die Bevölkerungszunahme, die völlig ineffektiven Bewässerungstechniken und vor allem die ungerechte Verteilung der Wasserressourcen die ohnehin angespannten Versorgungsprobleme in den semiariden Regionen noch weiter

35 verschärfen. *Nikolaus Geiler*

b Formuliere den Standpunkt des Autors in einem Satz.

c Untersuche, mithilfe welcher sprachlichen Mittel der Standpunkt des Autors deutlich wird. Übertrage dazu die Tabelle in dein Heft und ergänze sie.

	Textbeispiel
direkt	…
indirekt: – wertende Adjektive – …	…

 d Fasse die Ergebnisse deiner Untersuchungen aus den Aufgaben b und c in einem schriftlichen Text zusammen.

Teste dich selbst!

1

a Lies den folgenden Text. Notiere in einem Satz, welches Problem angesprochen wird.

Wo ist der Müllstrudel?

Nirgends sieht man die Erdverschmutzung so dramatisch wie am Nordpazifischen Müllstrudel. Darin sammelt sich Zivilisationsmüll, der absichtlich oder versehentlich ins Meer gekippt wurde und sich nicht zersetzt. Der Müllstrudel ist groß, sogar sehr groß – er hat etwa

5 die Dimension Mitteleuropas. Rund 100 Millionen Tonnen Kunststoffmüll rotieren im Plastik-Strudel südlich der Beringstraße, der weltweit leider nicht der einzige ist. Auch im Nordatlantik und an anderen Punkten ballt sich bereits Plastik zusammen. Plastikmüll ist der schlimmste Meeresverschmutzer überhaupt. Nach Berech-

10 nungen US-amerikanischer Institute schwimmen heute schon auf jedem Quadratkilometer Meeresoberfläche durchschnittlich 18 000 Plastikteile.

Besonders problematisch bei Plastikmüll ist seine chemische Zusammensetzung: Er kann giftige Substanzen, zum Beispiel Weich-

15 macher, enthalten. Ein weiteres Problem ist seine relativ lange Haltbarkeit und die langsame Abbaurate. Richtig beängstigend wird diese Umweltverschmutzung, wenn man bedenkt, dass Kunststoff bis zu 500 Jahre braucht, um sich im Salzwasser zu zersetzen. Und: Kunststoff wird in großem Maße erst seit 60 Jahren

20 hergestellt. Kaum auszudenken, welche Ausmaße dieser Strudel erst in zwei, drei Generationen haben wird.

Meeresverschmutzung durch Plastikabfälle ist ein ernstzunehmendes Umweltproblem. Im Gegensatz

25 zur Erderwärmung, die man mit sehr viel Wohlwollen vielleicht auf natürliche Klimaschwankungen schieben kann, ist an diesem ökologischen Desaster nur einer schuld: der Mensch.

b Welche Absicht verfolgt der Autor mit dem Text? Entscheide, ob er informieren, appellieren oder seinen Standpunkt mitteilen will.

c Beschreibe, welche Wirkung die Überschrift erzeugt.

2

a Formuliere kurz, welchen Standpunkt der Autor zum Problem hat.

b Untersuche, wie der Autor seinen Standpunkt zum Ausdruck bringt. Übertrage die folgende Tabelle in dein Heft und ergänze sie.

Adjektive	Verben	Nomen
...	...	...

c Welche Befürchtung äußert der Autor im Text? Formuliere einen Satz.

d Forme die Befürchtung in einen kurzen Aufruf an die Leser um.

3

a Welche Argumente verwendet der Autor, um seinen Standpunkt zu untermauern? Schreibe sie heraus.

b Bewerte die Argumente hinsichtlich ihrer Aussage- und Überzeugungskraft.

c Erkläre, wie der Autor es schafft, dem Leser die Größe des Müllstrudels zu veranschaulichen.

4

a Erkläre, welche Aussage im Text durch die folgende Grafik besonders veranschaulicht wird.

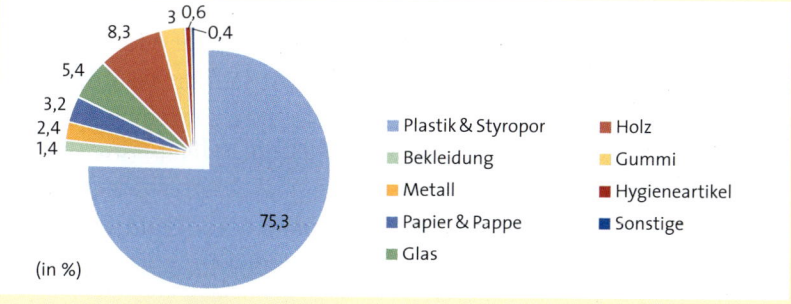

OSPAR Mülluntersuchungen an der Wattenmeerküste 2002–2008

b Schreibe unter Nutzung der Angaben aus der Grafik eine kurze Ergänzung zum Text.

Mit Medien umgehen

Medien unterscheiden

→ S.81 Sachtexte erschließen

a Beantworte mithilfe des Textes die folgenden Fragen.

1 Was bezeichnet der Begriff »Medien« heutzutage?
2 Wozu dienen die Medien?
3 Welche Verbreitungswege haben Medien?
4 Welche Medienarten werden unterschieden?

Kein Tag vergeht, ohne dass wir Medien benutzen. Aber was sind
Medien eigentlich? Schlägt man den Begriff nach, liest man:
Medien sind Mittel der Verständigung der Menschen untereinander.
Demzufolge umfasst der Begriff »Medien« alle audiovisuellen Mittel
5 und Verfahren zur Verbreitung von Informationen. Im Alltag wird
der Medienbegriff aber oft mit dem Begriff der »Massenmedien«
gleichgesetzt. Massenmedien sind Kommunikationsmittel, die
durch technische Vervielfältigung und Verbreitung mittels Schrift,
Bild oder Ton Inhalte öffentlich an ein anonymes und räumlich
10 verstreutes Publikum weitergeben. Dabei ist die Zahl der Menschen,
die die Informationen erhalten können oder sollen, weder eindeutig
festgelegt noch zahlenmäßig begrenzt.
Medien können unterschiedlich eingeteilt werden. Nach der Form,
in der ein Medium vorliegt, unterscheidet man Printmedien
15 (das sind gedruckte Veröffentlichungen), audiovisuelle Medien
(diese vermitteln sowohl Ton- als auch Bildinformationen) und
elektronische oder digitale Medien (diese liegen in elektronischer
Form auf einem Datenträger oder online im Internet vor).
Im Laufe der Zeit hat sich im Medienbereich viel verändert. Wäh-
20 rend Printmedien (dazu zählen beispielsweise Zeitungen, Zeitschriften, Kataloge, Flyer, Plakate und Bücher) als klassische Formen
gelten, wächst seit den 1990er-Jahren die Bedeutung des World Wide
Webs. Deshalb werden heutzutage alle technischen Massenkommu-
nikationsmittel allgemein als Medien bezeichnet.

b Fertige mithilfe der Antworten aus Aufgabe a ein Schaubild
zum Begriff »Medien« an.

→ S.75
Umfragen
vorbereiten und
durchführen

 2 Ermittelt mithilfe eines Fragebogens, welche Medien in eurer Klasse am häufigsten genutzt werden.

a Besprecht, wie ihr den Fragebogen aufbauen wollt, um möglichst viel über die Medienerfahrungen und die Mediennutzung in der Klasse zu erfahren.

b Wertet den Fragebogen aus. Zählt dazu die Häufigkeit aller angekreuzten oder notierten Antworten aus.

c Veranschaulicht die Ergebnisse als Diagramm.

d Sprecht darüber, wie ihr in eurer Klasse Massenmedien nutzt.

→ http://www.mpfs.de **e** Vergleicht eure Ergebnisse mit anderen Umfrageergebnissen, z. B. mit der aktuellen JIM-Studie.

 3

a Vergleicht die folgenden Massenmedien des gleichen Tages miteinander. Übertragt die Tabelle in euer Heft und ergänzt die Ergebnisse des Vergleichs.

	seriöse Tageszeitung	www.tagesschau.de
Anliegen, Aufgabe	...	...
Aufmachung, Gestaltung		
Aktualität der Informationen		
Umfang der Informationen		
Aussagekraft		
Anzahl der Fotos		
Gestaltung der Fotos		
Art der Vermittlung		
Zusatzinformationen		
Vielseitigkeit		
Extras		

b Benennt Vor- und Nachteile der beiden Massenmedien und präsentiert sie in geeigneter Form.

4 Untersucht ein Nachrichtenportal im Internet. Beantwortet dazu die folgenden Fragen.

TIPP
Nachrichten-
portale sind z.B.:
Spiegel online,
Focus online, Welt
online, bild.de,
n-tv.de, taz.de.

1 Wie ist die Eingangsseite gestaltet (z.B. Übersichtlichkeit, Farbgestaltung, Text-Bild-Verhältnis, Zugriffsmöglichkeiten)?

2 Welche Sachgebiete und Themen sind vertreten?

3 Wie benutzerfreundlich ist das Portal?

4 Wie werden die Nachrichten präsentiert?

5 Wie aktuell sind die Nachrichten?

6 Welche interaktiven Möglichkeiten gibt es?

7 Was gibt es an diesem Tag z.B. zu lesen, zu sehen, zu hören?

8 Wie ist die Erreichbarkeit von Zusatzinformationen?

9 Was ist das Besondere des von euch ausgewählten Portals?

 5 Teilt euch in zwei bis vier Gruppen auf. Jede Gruppe sieht sich am selben Tag eine andere Nachrichtensendung im Fernsehen an und analysiert diese anhand vorher festgelegter Kriterien.

TIPP
Trefft Absprachen.

1. Inhalte: Anzahl und Themen der weltpolitischen
   Beiträge, ...
2. Art der Darbietung: Art der Moderation, ...
3. Verhältnis von Ton- und Bildbeiträgen
4. Zeitumfang der Sendung
5. ...

  6

a Diskutiert, welche besonderen Anforderungen Radio- und Fernseh-
nachrichten jeweils erfüllen müssen.

→ S.153 Standard-
sprache

b Gestaltet aus einer ausgewählten Nachricht eines Tages jeweils
eine Radio- und eine Fernsehnachricht.

Printmedien untersuchen

> Klassische Informationsquellen, wie Zeitschriften, Zeitungen und
> Bücher, werden als **Printmedien** (Druckmedien) bezeichnet, weil sie in
> gedruckter Form vorliegen. Zu dieser Gruppe gehören auch Kataloge,
> geografische Karten und Pläne sowie Flugblätter, Flugschriften,
> Postkarten, Kalender, Poster und Plakate.

1 Ergänze mithilfe des Merkkastens das Schaubild aus Aufgabe 1b (S. 90)
um weitere Beispiele für Printmedien.

2

**Zeitungen und
Zeitschriften
untersuchen**

→ **S. 190** Merkwissen
(Medien)

a Wiederholt, worin sich Zeitung und Zeitschrift voneinander unterscheiden.

b Informiert euch über die Vielfalt des derzeitigen Zeitungs- und
Zeitschriftenangebots, z. B. im Zeitungsladen.

c Erklärt, inwiefern Name und Aufmachung einer Zeitung oder
Zeitschrift Aufschluss über den zu erwartenden Inhalt geben.

3

a Lies den folgenden Text und nenne die Funktion, die die Titelseite
einer Zeitung oder Zeitschrift erfüllt.

Ob eine Zeitung oder Zeitschrift gekauft wird, hängt zu einem
großen Teil von der Gestaltung (Layout) und dem Inhalt (Text/Bild)
der Titelseite ab. Um die Kaufentscheidung positiv zu beeinflussen,
muss sie deshalb so gestaltet sein, dass der Leser sich angesprochen
fühlt. Auch die Wiedererkennung ist äußerst wichtig. Deswegen
sollten das Logo und der Titelkopf möglichst nicht verändert
werden. Das Logo ist zumeist der Schriftzug des Zeitungs- oder Zeit-
schriftennamens und zugleich der wichtigste Faktor der Wiedererkennung. Das Logo wird oben links platziert, damit es auch bei
einer einsortierten Zeitschrift im Regal noch sichtbar ist. Im Titelkopf sind meistens der Titel des Druckwerks, die Ausgabenummer
oder das Erscheinungsdatum, der Preis in den jeweiligen Vertriebs-
gebieten sowie die Art des Druckwerks angeführt. Die Titelseiten
sollten sich bei Zeitschriften der verschiedenen Ausgaben nicht
zu stark ähneln, damit die einzelnen Ausgaben unterschcidbar
bleiben.
Eine Titelseite muss grundsätzlich übersichtlich gegliedert sein.
Die Schlagzeile muss auffallen, deshalb wird sie mit der größten
Schrift der Seite dargestellt; zugleich muss sie aber auch verständlich
sein.
Für jede Art von Zeitung und Zeitschrift gibt es verschiedene
Maßstäbe für die Gestaltung der Titelseite. Die Gestaltung muss
dem Geschmack der Zielgruppe der Publikation entsprechen.
Bei der Wahl der Farbe, des Fotos oder des Bilds, des Textes und
der Gestaltung müssen sich demnach die Redakteure nach ihrer
Zielgruppe richten.
Die Titelseite ist das Schaufenster einer Zeitung bzw. Zeitschrift
und verrät schon viel über ihren Charakter. Bei Zeitschriften besteht
die Titelseite meistens aus einem Titelbild und der Ankündigung
der Artikel. Die Titeltexte sollten möglichst aussagekräftig sein und
neugierig machen. Das Schwerpunktthema der Ausgabe wird in
der Regel durch ein Titelfoto veranschaulicht. Um das Interesse der
Leser auf einen Artikel zu richten, wird oft ein Foto von einem
Prominenten gewählt.
Bei einer Zeitung befindct sich auf der Titelseite zumeist der
Leitartikel. Bei Tageszeitungen werden außerdem lokale Themen,
die Sonderthemen der Ausgabe und das Wetter erwähnt.

b Schreibe aus dem Text in Stichpunkten heraus, worauf bei der Gestaltung einer Titelseite grundsätzlich zu achten ist.

c Erkläre, worin sich die Gestaltung der Titelseite einer Zeitung von der einer Zeitschrift unterscheidet.

d Fertige mithilfe der Antworten aus den Aufgaben a und b ein Schaubild an.

4 Vergleicht die Titelseiten der »Bild-Zeitung« und einer regionalen Tageszeitung vom gleichen Tag miteinander.

a Erklärt, worin sich beide Titelseiten bereits auf den ersten Blick voneinander unterscheiden.

b Untersucht die Titelseiten und beantwortet folgende Fragen.

1 Welches ist der wichtigste Artikel auf der Titelseite der Zeitung (Aufmacher)?
2 Über welche Themen wird berichtet?
3 Wie hoch ist der Anteil von Text bzw. Bild?
4 Welche Funktion haben Text und Bild?
5 Wie werden die Schlagzeilen formuliert?
6 Welche Schriftgröße wird verwendet?
7 Wie wirkt die grafische Gestaltung?
8 Auf welche Lesebedürfnisse ist die Seite ausgerichtet?

!

> **Ressorts** sind die Themenbereiche einer Zeitung oder Zeitschrift, die oft von verschiedenen Redaktionen betreut werden, z. B.: *Politik, Lokales, Wirtschaft, Kultur.* Meist haben die Ressorts feste Plätze in der Zeitung oder Zeitschrift.

TIPP
Auch Mehrfach-zuordnungen sind möglich.

5 Ordne die folgenden Ressorts Zeitungen oder Zeitschriften zu.

Politik – Lokales – Wirtschaft – Sport – Feuilleton – Ratgeber – Veranstaltungstipps – Fernsehprogramm – Kreuzworträtsel – Wissen – Immobilien – Horoskop – Wetterbericht – Leserbriefe – Backrezepte – Klatsch und Tratsch – Börsenbericht – Kultur – Werbeanzeigen

! Zeitungen und Zeitschriften enthalten unterschiedliche **journalistische Textsorten**, wie z. B. die Nachricht, den Bericht, den Kommentar, die Glosse oder die Reportage.
Eine **Nachricht** ist eine kurze, sachliche Mitteilung über eine allgemein interessierende und nachprüfbare Tatsache. In der Regel steht das Wichtigste am Anfang. Kurz und knapp werden Informationen zu drei oder fünf *W*-Fragen mitgeteilt:
1. Was? (Ereignis)
2. Wer? (Beteiligte)
3. Wann? (Zeitpunkt)
und gegebenenfalls noch
4. Wo? (Schauplatz)
5. Wie? (Art des Geschehens)
Eine ausführlichere Sachdarstellung ist ein **Bericht.** Er kann zusätzliche Hintergrundinformationen enthalten und Zusammenhänge herstellen.

verschiedene Textsorten kennen lernen

6 Schreibe aus der Nachricht die Antworten auf die *W*-Fragen heraus.

Berlin (epd) Die Rundfunkgebühr, auch GEZ-Gebühr genannt, wird ab 2013 pro Haushalt erhoben – unabhängig davon, ob ein Fernseh- oder Radiogerät vorhanden ist. Darauf einigten sich gestern die Ministerpräsidenten. Der neue Rundfunkbeitrag soll die jetzige Gebühr von 17,98 € pro Monat zunächst nicht übersteigen. Die Unterzeichung des 15. Rundfunkänderungsstaatsvertrags normiert außerdem für ARD und ZDF ein weitgehendes Verbot des Programmsponsorings nach 20 Uhr und an Sonntagen.

 7 Sucht aus aktuellen Zeitungen Nachrichten heraus. Orientiert euch an der Begriffsbestimmung im Merkkasten oben.

! Eine **Meldung** ist eine Kurznachricht. Sie teilt auf sparsamste Weise sachlich das Nötigste über ein Ereignis, oft nur das Ereignis selbst, mit. Nur die **Schlagzeile** ist noch kürzer.

8

a Lies den Merkkasten auf S. 96 unten und die folgenden Beispiele.
Erkläre den Unterschied zwischen einer Meldung und einer Nachricht.

Meldung

> Die Bahn AG hat gestern die gesamte vierköpfige Geschäfts-
> führung der Berliner S-Bahn ihrer Ämter enthoben.

Schlagzeile

> # Bahn entlässt den Vorstand der Berliner S-Bahn

b Erläutere, welche Funktion eine Schlagzeile erfüllt.

 9

a Sucht in unterschiedlichen Zeitungen und Zeitschriften jeweils
mindestens eine Schlagzeile zu den folgenden Merkmalen.

1 sachlich-informativ	**2** fragend	**3** provozierend
4 Neugier hervorrufend	**5** problematisierend	**6** werbend

b Lest euch die Schlagzeilen gegenseitig vor. Erklärt die Wirkung,
die die jeweilige Schlagzeile auf euch hat.

10

a Lies die Nachricht in Aufgabe 6 (S. 96) noch einmal und fasse sie zu
einer Meldung zusammen.

b Formuliere eine passende Schlagzeile.

! Der **Kommentar** ist eine persönliche, namentlich gekennzeichnete
Meinung eines Autors zu einem aktuellen Ereignis oder Vorgang.
Er bezieht sich meist auf eine Nachricht in derselben Zeitung.

11

a Lies den Text auf der folgenden Seite und beschreibe, in welchem
Verhältnis er zu dem Text von Aufgabe 6 (S. 96) steht.

b Weise nach, dass es sich bei dem Text um einen Kommentar handelt.

Bezahlen ohne Ende

Jetzt ist sie also beschlossen, die neue Rundfunkgebühr, der ab 2013 niemand mehr entkommen kann, auch nicht Blinde oder Taube. Die Länder-Regierungschefs haben dem öffentlich-rechtlichen Rundfunksystem ein Finanzierungssystem an die Hand gegeben,
5 das dieses praktisch vor allen Unbilden der Konjunktur[1] oder Demografie[2] schützt. Dies ist ein außerordentliches Privileg für ein ohnehin schon weltweit einmaliges und sehr teures System. Ob unser staatliches Fernsehen und Radio dies verdient, ist fraglich, auch wenn seine Qualität und Leistungen nicht bestritten werden
10 sollen.
Gewiss ist es bald mit dem Drohnenleben der Schwarzseher vorbei. Die berüchtigten »GEZ-Schnüffler« werden aber weiterleben, denn sie sollen künftig etwa auskundschaften, welche unangemeldeten Nebenmieter noch in einer Wohnung leben.
15 Bei allem Reden über Gerechtigkeit sollten unsere Politiker ehrlich sein und sagen, dass es ihnen ums Geld geht. Die neue Abgabe ist wie eine Steuer, wo Bürger für etwas bezahlen müssen, auch wenn sie es wie ein Theater oder einen Parkplatz nicht nutzen.

Hans Krump

[1] wirtschaftliche Gesamtlage
[2] *hier:* Bevölkerungsentwicklung

c Welche Meinung vertritt der Autor? Notiere sie in einem Satz.

Der Autor denkt, dass ...

→ **S.81** Sachtexten Informationen und Meinungen entnehmen

d An welchen Wörtern oder Wendungen ist die Meinung des Autors erkennbar? Erkläre es an mindestens drei Beispielen.

Leserbriefe untersuchen

 12 Leser können ihre Meinung in einem Leserbrief äußern. Darin nehmen sie zu einem Thema Stellung, oft unter Bezugnahme auf einen Artikel in der Zeitung.

a Sammelt Leserbriefe aus regionalen Zeitungen und Zeitschriften.

b Lest die Beispiele und untersucht jeweils, wie der Schreiber seine Meinung zum Ausdruck bringt.

c Nennt Unterschiede zwischen Leserbrief und Kommentar.

→ **S.190** Merkwissen

d Schreibt zu einem selbstgewählten Thema einen Leserbrief.

13 Gestaltet eine eigene Schülerzeitung, in der ihr Fragen und Probleme behandelt, die euch interessieren.

**Eine Schüler-
zeitung gestalten**

a Schaut euch verschiedene Schülerzeitungen an. Einige gibt es auch online, wie z. B. www.spiesser.de oder www.schekker.de.

TIPP
Sucht euch am
besten Partner,
z. B. Verlage.

→ S.190 Merkwissen

b Wiederholt, welche Tätigkeiten bei der Entstehung einer Zeitung anfallen. Teilt euch in entsprechende Gruppen auf.

c Sucht euch mithilfe eines Brainstormings ein zentrales Thema für eure Zeitung. Achtet darauf, dass es für eure Leser von Interesse ist und ihr dazu etwas mitzuteilen habt.

d Recherchiert zu diesem Thema und formuliert eine Nachricht und eine Schlagzeile.

e Verfasst arbeitsteilig einen Bericht, einen Kommentar und Leserbriefe zum Thema.

f Überlegt euch, welche Ressorts ihr aufnehmen wollt, und teilt euch in entsprechende Gruppen auf.

g Verfasst Beiträge zu den Ressorts. Nutzt dazu verschiedene Textsorten.

h Entwerft ein Layout und gestaltet euer eigenes Titelblatt. Stellt die Zeitung dann her und verteilt sie in eurer Klasse oder Schule.

Wortarten und Wortformen

Die Wortarten im Überblick

1 Lerne Sabriye Tenberken kennen.

a Bilde aus den folgenden Wörtern und Wortgruppen Sätze. Bringe sie in die richtige Reihenfolge und passe ihre Form an.

1 allein – der Gedanke – sein – furchteinflößend: Du – zu Fuß – in – 6400 Meter – Höhe – klettern – über – Geröllfeld und Gletscherspalte – auf – Trampelpfad – schmal – über – rutschig – Eishang – und alles – mit – verbunden – Auge

2 die – blind – Deutsche Sabriye Tenberken – tun – genau – dies – 2004 – mit – sechs – blind – tibetisch – Teenager – gemeinsam

3 dabei – entstehen – der – beeindruckend – Dokumentarfilm »BLINDSIGHT«

4 Tenberken – erblinden – im Alter – von – 12 – Jahr

5 trotzdem – sie – erlernen – Chinesisch und Tibetisch

6 sie – entwickeln – eine Braille-Blindenschrift – für – die Sprache – tibetisch

7 2000 – gründen – sie – in – die tibetische Hauptstadt Lhasa – eine Schule – für – blind – Kind

8 sich ärgern – sie – immer, wenn – Mensch – ein Blinder – unterschätzen

9 sie – können – Ding – tun, wovon – nur – träumen – Sehende, z. B. im Dunkeln – lesen und schreiben

1. Allein der Gedanke ist furchteinflößend: …

 b Lest euch eure Sätze gegenseitig vor. Überprüft, ob sie einen Sinn ergeben und grammatisch richtig gebildet sind.

2

a Trage je drei Beispiele von deinen Sätzen aus Aufgabe 1a
in die folgende Tabelle ein.

veränderbare Wortarten			
Nomen/Substantiv	**Verb**	**Adjektiv**	**Pronomen**
(der) Gedanke	ist	furchteinflößend	...

b Zu welcher Wortart gehören die schräg gedruckten Wörter? Begründe.

1 die *Blinden* **2** die *Sehenden* **3** im *Dunkeln* **4** beim *Klettern*
5 das *Wandern* **6** das *Gefährliche* am Berg

c Suche Sätze aus Aufgabe 1a heraus, die Ereignisse in der Vergangen-
heit wiedergeben, und begründe, woran du das erkennst.

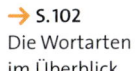
→ S.102
Die Wortarten
im Überblick

3 Entscheide, welche der unterstrichenen Wörter unveränderbar sind,
und schreibe sie heraus. Bestimme ihre Wortart.

1 »BLINDSIGHT« gewann Preise auf
Filmfestspielen überall in der Welt.
2 Der Film dokumentiert sehr feinfühlig und
größtenteils spannend diese waghalsige
Expedition im Himalaja.
3 Warum dieses Risiko, diese Qual? Diese Frage
schwingt beim Zuschauer immer mit.
4 Die Jugendlichen sind weder trainiert noch
erfahren im Bergsteigen.
5 Unterwegs haben sie mit Höhenkrankheit und
extremer Kälte zu kämpfen, aber auch mit
Angst und Verzweiflung.
6 Verständlicherweise wird die Gruppe von erfahrenen Bergsteigern
begleitet.
7 Der Film zeigt die erbitterten Diskussionen kurz vor dem Ziel, ob der
Aufstieg jetzt abgebrochen oder noch bis zum Gipfel weitergeführt
werden soll.

4 Suche drei Beispiele für unveränderbare Wortarten aus Aufgabe 1a
(S.100) heraus und ordne sie den Wortarten Präposition, Konjunktion
oder Adverb zu.

lateinische Bezeichnung	deutsche Bezeichnung	Art der Veränderung	Beispiele
Veränderbare (flektierbare) Wortarten			
Nomen/ Substantiv	Hauptwort, Dingwort	deklinierbar	*Hund, Hütte, Kind*
Artikel	Geschlechtswort	deklinierbar	*der, die, das; ein, eine, ein*

Pronomen
• Personal-
  pronomen
• Possessiv-
  pronomen
 	
• Relativ-
  pronomen
• Demons-
  trativ-
  pronomen
• Inter-
  rogativ-
  pronomen
• Indefinit-
  pronomen
• Reflexiv-
  pronomen
	Fürwort
	• persönliches
	  Fürwort
	• besitzanzeigen-
	  des Fürwort
	
	• bezügliches
	  Fürwort
	• hinweisendes
	  Fürwort
	
	• Fragefürwort
	
	• unbestimmtes
	  Fürwort
	• rückbezügliches
	  Fürwort
		deklinierbar	*ich, du, er; wir, ihr, sie mein, dein, sein; unser, euer, ihr der, die, das*
			
			dieser, jener
			
			Wer? Was? Was für ein? Welcher? jeder, man, etwas, viel (er freut) sich, (wir fragen) uns

Adjektiv	Eigenschaftswort	deklinierbar/ komparier- bar	*klug, freundlich, liebevoll*
Verb • Vollverb • Hilfsverb • Modalverb	Tätigkeitswort, Zeitwort	konjugierbar	*sprechen, lieben haben, sein dürfen, können*
Unveränderbare Wortarten			
Präposition	Verhältniswort		*an, auf, für*
Adverb	Umstandswort		*gern, dort, immer, sehr*
Konjunktion	Bindewort		*und, oder, weil*
Interjektion	Empfindungs- oder Ausrufewort		*ah, ach, oh weh*

Nomen und Nominalisierungen

1 Die Kinderkrankenschwester spricht über ihren schönen,
aber hektischen Arbeitsalltag.

→ S.167
Nominalisierungen/
Substantivierungen

a Durch welche Wörter vermittelt sie dem Leser eine Vorstellung davon?

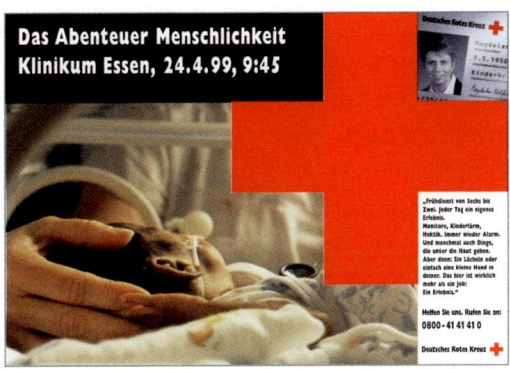

Frühdienst von sechs bis zwei, jeder Tag ein
Erlebnis. Monitore, Kinderlärm, Hektik. Immer
wieder Alarm. Und manchmal auch Dinge,
die unter die Haut gehen. Ein Lächeln oder
einfach eine kleine Hand in deiner. Das hier
ist wirklich mehr als ein Job. Ein Erlebnis.

→ S.102 Die Wortarten
im Überblick

b Untersuche, welche Wortart im Plakattext der Aufgabe 1
am häufigsten auftritt. Was bezeichnet sie? Welche Wirkung
hat das auf dich?

2

→ S.190 Merkwissen

a Wiederhole, durch welche Merkmale sich Nomen/Substantive
von anderen Wortarten unterscheiden.

b Schreibe aus dem Plakattext der Aufgabe 1a Nomen im Plural,
Nomen mit einem Artikel und Nomen mit einem Attribut heraus.

3 Schreibe die folgenden Wortgruppen in der richtigen Groß- bzw.
Kleinschreibung auf. Ermittle mithilfe der Umstell- oder Weglassprobe
alle Attribute und markiere sie.

*Achtung,
Fehler!*

Was zur Arbeit auf einer Kinderstation gehört:
1 das herstellen eines verständnisvollen kontakts zum kranken kind,
2 das liebevolle ermuntern der kleinen patienten zum spielen,
3 kindgemäßes informieren über die anstehende behandlung,
4 einzelne behandlungsmaßnahmen am kuscheltier demonstrieren,
5 das verabreichen von infusionen und injektionen erläutern,
6 eine umfassende beratung der besorgten eltern,
7 das verständnisvolle trösten von geschwisterkindern.

Verben

Zeitformen (Tempusformen)

  1

a Vergleicht die beiden Plakattexte. Wie wirken die Texte auf euch? Woran liegt das?

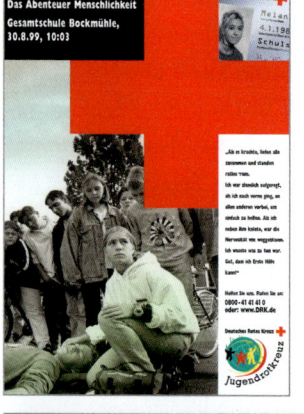

DRK-Schulsanitätsdienst: Gesamtschule Bockmühle

Als es krachte, liefen alle zusammen und standen ratlos 'rum. Ich war ziemlich aufgeregt, als ich nach vorne ging, an allen anderen vorbei, um einfach zu helfen. Als ich neben ihm kniete, war die Nervosität wie weggeblasen. Ich wusste, was zu tun war. Gut, dass ich Erste Hilfe kann!

DRK-Sanitätsdienst im Fußballstadion

Wahnsinn, die Emotionen, die hier hochkochen: Jubel, Frust, Wut ... und dann die Dramatik, wenn fünfzigtausend Fans wie einer brüllen, das Stadion explodiert, wenn ein Tor fällt! Irre. In diesem Hexenkessel einen klaren Kopf behalten, darauf kommt's an. Denn wenn was passiert ... dann handelst du. Schnell.

b Tauscht euch darüber aus, in welcher Situation die Sanitäter sich gerade befinden könnten, als sie ihre Arbeit beschreiben, und mit welcher Absicht sie diese beschreiben. Untersucht, mit welchen sprachlichen Mitteln sie das deutlich machen.

c Untersucht die Verbformen, die die Sanitäter jeweils benutzen. Welche Zeitform verwendet der eine, welche der andere? Warum?

> **!** Verben bilden die **Zeitformen (Tempusformen)** Präsens, Präteritum, Perfekt, Plusquamperfekt, Futur. Sie drücken aus, wann Vorgänge bzw. Handlungen ablaufen, ob sie noch andauern, schon abgeschlossen, sicher, vermutet oder immer gültig sind.

TIPP
Unpassendes könnt ihr weglassen, Fehlendes hinzufügen.

2 Formuliert die Texte der Aufgabe 1a schriftlich jeweils so um, dass die Schulsanitäterin ihre Aufgabe allgemein beschreibt und der andere Sanitäter konkret über seinen gestrigen Einsatz im Fußballstadion berichtet. Achtet dabei vor allem auf die Zeitformen der Verben.

Die Modusformen des Verbs: Indikativ und Konjunktiv I

1 Der folgende Artikel entstand nach einem Gespräch mit dem Tänzer Dergin Tokmak.

a Lies den Text und überlege, welche Fragen die Reporterin gestellt haben könnte.

Dergin Tokmak ist Tänzer. Ein Video über Break-dancer habe ihn auf diese Idee gebracht, erzählt er. Drei Minuten habe das Tanzsolo von Eddie Rodriguez im Video gedauert. »Eddie war auch gelähmt, aber er
5 tanzte auf Krücken«, berichtet Tokmak. Damals sei er, Dergin, acht Jahre alt gewesen. Niemand in seiner Familie habe ihm, dem kleinen behinderten Sohn türkischer Einwanderer aus Bayern, zugetraut, dass er einmal auf den Bühnen der Welt tanzen würde. »Ich
10 musste im Rollstuhl sitzen und zusehen, wie mein Cousin Breakdance übte«, erzählt Dergin. »Meine Eltern haben versucht, mir das Tanzen auszureden.«
Deshalb habe er erst einmal einen »ordentlichen« Beruf als techni-scher Zeichner erlernt. Heute ist Dergin Tokmak der einzige Deut-
15 sche unter den insgesamt 1200 Artisten im kanadischen Zirkus »Cirque du Soleil« und als einziger Artist sitzt er im Rollstuhl.

→ S. 78
Interviews
vorbereiten und führen

b Verfasst auf der Grundlage des Textes ein Interview. Schreibt die Fragen der Reporterin und die Antworten von Dergin Tokmak auf.

c Vergleiche die Verbformen im Interview und im Artikel miteinander. Was stellst du fest?

! Verben bilden **Modusformen** (Formen der Aussageweise). Verbformen im **Indikativ** (Wirklichkeitsform) werden verwendet, um Tatsachen und direkte (wörtliche) Rede wiederzugeben, z. B.:
Er arbeitet beim Zirkus. »Ich habe früh damit begonnen«, sagt Dergin.
Verbformen im **Konjunktiv I** werden verwendet, um indirekte (nicht wörtliche) Rede wiederzugeben. Dabei muss man oft die Pronomen, Orts- und Zeitangaben umformulieren, z. B.:

direkte (wörtliche) Rede:	indirekte (nicht wörtliche) Rede:
»Meine Freundin unterstützt mich«, sagt er.	*Seine Freundin unterstütze ihn, sagt er.*

d Lies den Merkkasten (S.105). Stelle fest, in welchem Text (Artikel, Interview) ausschließlich Indikativformen genutzt werden, und begründe.

e Suche aus Aufgabe 1a alle Indikativformen heraus und bestimme jeweils, ob sie eine Tatsache oder wörtliche Rede wiedergeben.

2

a An mehreren Stellen in Aufgabe 1a gibt die Reporterin auf unterschiedliche Art und Weise Äußerungen ihres Gesprächspartners wieder. Woran erkennst du diese Stellen? Nenne Beispiele.

b Suche die Stellen in Aufgabe 1a, die Dergin Tokmaks Äußerungen direkt wiedergeben, und solche, die seine Aussagen indirekt wiedergeben. Nimm den Merkkasten auf S.105 zu Hilfe.

3 Schreibe aus Aufgabe 1a die Verbformen im Konjunktiv I mit dem dazugehörigen Subjekt heraus. Ergänze die jeweilige Indikativform.

ein Video habe … gebracht – ein Video hat … gebracht

4

a Lies im folgenden Merkkasten, wie man den Konjunktiv I bildet.

! Die **Formen des Konjunktivs I** werden vom Indikativ (Präsens, Perfekt bzw. Futur) abgeleitet, die Endungen enthalten ein *-e*, z.B.:
du tanzt → *du tanzest, er hat getanzt* → *er habe getanzt,*
er wird tanzen → *er werde tanzen,*
ich bin … → *ich/er/sie/es sei, du seiest, wir/sie seien, ihr seiet.*

b Bilde aus den Indikativformen den Konjunktiv I. Trage die Verbformen in folgende Tabelle ein und ergänze auch den Infinitiv.

er hat gelesen – sie wird springen – er ist gerannt –
sie sind angekommen – ihr sprecht – sie geht – du kaufst

Infinitiv	Indikativ	Konjunktiv I
...	er hat gelesen	er habe gelesen

5 Verändert die Art der Redewiedergabe und ergänzt Begleitsätze. Formuliert direkte Rede in indirekte Rede um und umgekehrt. Wechselt euch satzweise ab.

1 »Was ist denn eigentlich die Ursache für Ihre Behinderung?«
2 »Es ist Kinderlähmung.«
3 Seit der Infektion im ersten Lebensjahr könne er das linke Bein nicht mehr kontrollieren und das rechte nur teilweise.
4 »Ich bin auf einen Rollstuhl oder auf Krücken angewiesen.«
5 Wie er denn ohne Krücken tanze?
6 Er beherrsche alle Drehungen auf den Händen und dem Kopf.
7 Das Tanzen gelinge ihm jetzt aber auch auf Krücken.
8 »Mir fehlt ja die Beinmuskulatur.«

1. Sie fragte, was denn eigentlich die Ursache seiner Behinderung sei. 2. ...

6

a Lies das folgende Interview mit Dergin Tokmak und gib seine Aussagen in indirekter Rede wieder.

Wie kommt man auf die Idee, auf Krücken zu tanzen?
Alles hat mit der Breakdance-Bewegung begonnen. Ich bin fasziniert davon. Ich kann auch viele der Figuren tanzen. Seit mich aber das Video mit Eddie Rodriguez
5 begeistert, entwickelt sich mein eigener Stil weiter.
Haben Ihre Eltern Sie tanzen sehen?
Ja, sie sind ab und zu bei einem Gastspiel und sind dann echt begeistert. Vor allem meine Mutter glaubt es manchmal immer noch nicht, was aus ihrem Sohn
10 geworden ist.
Sehen Sie sich als Vorbild für Menschen mit Behinderungen?
Ich will zeigen, was alles möglich ist. Zum Beispiel tanzen ohne Beine.

Er sagt, alles habe ... begonnen. ...

b Schreibe auf der Grundlage dieses Interviews und des Textes in Aufgabe 1a einen Artikel für die Schülerzeitung. Gib einige Äußerungen von Dergin Tokmak in indirekter Rede wieder.

Die Modusformen des Verbs: Konjunktiv II

a Sieh dir das Plakat des Deutschen Roten Kreuzes (DRK) genau an.
Wer wirbt hier wofür? Erkläre, warum die Gestalter wohl den Titel
»Das Abenteuer Menschlichkeit« gewählt haben.

Ich wünschte, es würde den Regen nicht geben. Ich wünschte, es würde die Nacht nicht geben und die Diskos und die müden Fahrer und den Alkohol. Ich wünschte, sie würden begreifen, wie zerbrechlich sie sind. Und ich wünschte, ich wäre zu Hause im Bett. Warum ich das hier tue? Weil ich es kann.

b Der DRK-Helfer nennt Vorstellungen und Wünsche. Wie drückt
er das sprachlich aus?

c Stelle fest, welche Verbformen der DRK-Helfer benutzt.
Orientiere dich am folgenden Merkkasten.

> **!**
>
> Mit Verbformen im **Konjunktiv II** (Möglichkeitsform) drückt man
> Vorstellungen oder Wünsche aus, z.B.:
> *Ich w̲ä̲re so gern ein Filmstar. Ich h̲ä̲tte so gern schon die Fahrerlaubnis.*
> Verbformen im Konjunktiv II bildet man vom Indikativ Präteritum
> bzw. Plusquamperfekt, in der Regel mit einem Umlaut:
> *er konnte → er k̲ö̲nnte, wir trugen → wir tr̲ü̲gen,*
> *ich hatte begonnen → ich h̲ä̲tte begonnen,*
> *sie waren angekommen → sie w̲ä̲ren angekommen.*
> Einige Verbformen im Konjunktiv II werden nur noch selten
> gebraucht, andere stimmen in der Form mit dem Indikativ überein.
> Man ersetzt sie durch **würde + Infinitiv**, z.B.:
> *sie log → sie löge – sie w̲ü̲r̲d̲e̲ ̲l̲ü̲g̲e̲n̲,*
> *wir maßen → wir mäßen – wir w̲ü̲r̲d̲e̲n̲ ̲m̲e̲s̲s̲e̲n̲,*
> *er fragte → er fragte – er w̲ü̲r̲d̲e̲ ̲f̲r̲a̲g̲e̲n̲.*

d Ersetze in Aufgabe 1a die Formen mit *würde* + Infinitiv durch den
Konjunktiv II und lies den Text still für dich. Stelle Vermutungen an,
warum der DRK-Helfer die Ersatzformen verwendet.

1. es würde geben – es gäbe, …

2 Schreibe die Verbformen im Indikativ Präteritum und im Konjunktiv II auf. Markiere, welche Konjunktivform du dir besonders merken willst.

1 wissen (ich) **2** haben (wir) **3** gehen (ich) **4** bleiben (er)
5 müssen (es) **6** kommen (ich) **7** aussehen (er) **8** sein (wir)

1. wissen: ich wusste, ich wüsste, 2. …

3

a Was wünscht sich Clara? Formuliere ihre Wünsche und verwende dabei den Konjunktiv II oder die Form *würde*+Infinitiv.

1 Clara ist jetzt 14 Jahre alt. (schon 18 Jahre) **2** Clara hat schwarze lockige Haare. (lieber blond, glatt) **3** Clara wohnt auf dem Dorf. (lieber in einer großen Stadt) **4** Clara fährt Fahrrad. (lieber Motorrad)

1. Clara wäre lieber schon 18 Jahre alt. 2. …

b Und was für Wünsche hast du? Schreibe sie auf.

4

a Lies die Informationen in folgendem Merkkasten.

!

> Verbformen im **Konjunktiv II** oder die *würde*-Ersatzform werden auch zur indirekten Redewiedergabe verwendet, wenn sich Indikativ und Konjunktiv I oder II formal nicht unterscheiden, z. B.:
>
> | | |
> |---|---|
> | *Er sagt, sie haben darauf bestanden.* | Konjunktiv I = Indikativ |
> | *Er sagt, sie hätten darauf bestanden.* | Konjunktiv II |
> | *Er sagt, seine Eltern bewunderten ihn.* | Konjunktiv II = Indikativ |
> | *Er sagt, seine Eltern würden ihn bewundern.* | Ersatzform mit *würde* |

b Forme folgende Aussagen in indirekte Rede um. Überlege jeweils, welche Konjunktivform du verwenden kannst oder ob sich die *würde*-Ersatzform besser eignet. Begründe deine Entscheidung.

1 Janek sagt: »Ich fahre oft Fahrrad.« **2** Jurek erzählt: »Ich habe ein eigenes Zimmer.« **3** Josef schreibt: »Ich habe jeden Tag mit den Kleinen gespielt.« **4** Jakob erzählt: »Alle haben zu unserer Musik getanzt.« **5** Julian verspricht: »Wir kommen pünktlich.«

Die Modusformen des Verbs: Imperativ

1 Welche Ratschläge spricht dieser DRK-Helfer aus? Wie formuliert er das sprachlich? Notiere die betreffenden Verbformen.

Das Abenteuer Menschlichkeit
Fellhorn bei Oberstdorf, 17.5.2000, 16:00h

Manchmal können wir gar nichts mehr tun. Obwohl wir wirklich alles versuchen. Und unten stehen sie und warten. Und hoffen. Heute ging's gut, aber es war ein hartes Stück Arbeit. Tut euch und uns bitte einen Gefallen: Überschätzt euch nicht, überlegt, was ihr tut, und um Himmels willen zieht euch gescheites Schuhwerk an. Schließlich ist es kein Spiel. Schon gar nicht für uns.

!
> Mit Verbformen im **Imperativ** kann man Aufforderungen, Befehle, Ratschläge oder Empfehlungen ausdrücken, z.B.:
> *Warte!* (Singular)   *Wartet!* (Plural)   *Warten Sie!* (Höflichkeitsform)
> Verben, deren Stammvokal in der 2. Person Präsens von *e* zu *i* wechselt, weisen auch im Imperativ Singular diesen Wechsel auf, z.B.:
> *nehmen (du nimmst): nimm – nehmt – nehmen Sie.*

2 Entscheide, ob auf dem Plakat eine oder mehrere Personen angesprochen werden. Schreibe alle drei Imperativformen der Verben in dein Heft.

1. tut – tu – tun Sie, 2. ...

3

→ S. 112
Die Modalverben

a Welche anderen sprachlichen Möglichkeiten gibt es, eine Aufforderung oder einen Rat auszudrücken? Nenne Beispiele aus folgenden Sätzen.

1 Im Gebirge musst du immer mit plötzlichem Wetterwechsel rechnen.
2 Auf gar keinen Fall dürfen Sie den markierten Wanderweg verlassen.
3 Man sollte unbedingt eine gute Wanderkarte oder ein GPS mitnehmen.
4 Bei schlechter Sicht wäre es leichtsinnig, die Wanderung fortzusetzen.
5 Ich an deiner Stelle würde festes Schuhwerk anziehen.

b Formuliere alle Sätze um, verwende Imperativformen.

c Entscheide, welche Form höflicher und welche energischer klingt.

Aktiv und Passiv

→ S.190 Merkwissen

1 Wiederhole, was du über Aktiv- und Passivformen, ihre Bedeutung und ihre Bildung weißt. Begründe, um welche Verbformen es sich in den Bildunterschriften handelt.

Haitis Hauptstadt Port-au-Prince wurde bei einem Erdbeben schwer verwüstet.

Frank Schultes Team sucht nach Überlebenden.

2

a Lies den Text. Prüfe, welche der unterstrichenen Verbformen Passivformen sind.

> **TIPP**
> Das Passiv bildet man aus einer Konjugationsform von *werden* + *Partizip II*.

1 Der frühere Feuerwehrmann Frank Schultes aus Köln gründete 1992 die deutsche Erdbebenrettung. **2** Er war in Pakistan, der Türkei, beim Tsunami, überall dort, wo Menschen vermisst werden. **3** Dies ist sein 33. Einsatz. **4** Haitis Hauptstadt Port-au-Prince war von einem Erdbeben der Stärke 7,1 verwüstet worden. **5** Zehntausende Menschen werden vermisst. **6** 52 internationale Suchmannschaften beteiligen sich an der Rettungsaktion. **7** Schultes' Team wird im Auftrag der Vereinten Nationen eingeflogen.

b Bestimme, um welche Zeitformen es sich jeweils bei den unterstrichenen Verbformen handelt.

Die Modalverben

1 Günther Radtke hat seinem Gedicht die Überschrift »Modalverben«
gegeben. Er benutzt darin z. B. das Modalverb *können*.
Nenne die anderen Modalverben und sage, was sie ausdrücken.

Modalverben

Das mag schon sein,	der Geschwindigkeit,
das kann schon sein,	doch Nachbars Junge
das soll schon sein:	kann minutenlang
das	auf Händen gehn.
mit dem Mond und	

! Im Deutschen gibt es sechs **Modalverben.** Sie drücken aus,
wie eine Tätigkeit, ein Vorgang, ein Zustand speziell gemeint ist:
wollen (Absicht): *ich will kommen,*
sollen (Aufforderung): *er soll kommen,*
dürfen (Erlaubnis): *er darf kommen,*
können (Fähigkeit oder Möglichkeit): *er kann kommen,*
müssen (Notwendigkeit): *er muss kommen,*
mögen (Wunsch): *er möchte kommen.*

2 Probiert aus, wie sich die Bedeutung des folgenden Satzes verändert,
wenn ihr unterschiedliche Modalverben einsetzt.

Marek ▭ bei der freiwilligen Feuerwehr mitarbeiten.

TIPP
Es gibt verschiedene Lösungen.

3 Lukas berichtet über seine Arbeit als freiwilliger Feuerwehrmann.
Ergänze passende Modalverben in der richtigen Zeitform und überlege, welche Wirkung jeweils entsteht.

1 Wer nicht im Team arbeiten ▭ , schafft es bei der Feuerwehr nicht.
2 Wenn es hier im Ort brennt, ▭ doch jemand die Menschen retten.
3 Klar, wer ▭ schon einen Unfalltoten sehen. Diesen Anblick ▭
man nicht so schnell vergessen.
4 Bei einem Unfalleinsatz auf der Autobahn ▭ ich den
Rettungssanitätern assistieren.

Adverbien

1 Die schräg gedruckten Wörter im folgenden Text sind Adverbien.

→ **S.102** Die Wortarten im Überblick

a Ermittle, welche Angaben fehlen, wenn du die Adverbien weglässt.

Jugendfeuerwehren zählen *heute* zu den *besonders* beliebten Anbietern sinnvoller Freizeitbeschäftigungen. Man sitzt nicht *allein* vor dem PC, sondern erlebt *ganz* real Abenteuer und sinnvolle Hilfe im Team. *Hier* in Lübeck sind *deshalb* 250 Jugendliche in einer
5 Jugendfeuerwehr aktiv. Jugendfeuerwehren stehen *mittendrin.* Sie sprechen alle an: Geschlecht, soziale Schicht, Bildungsstufe, nationale Herkunft spielen *glücklicherweise* keine Rolle. Überaus wichtig sind aber Teamgeist und Zuverlässigkeit.

b Bestimme, welche Satzgliedfunktion die Adverbien haben.

> **!**
>
> **Adverbien** sind unveränderbare Wörter, die angeben, wann, wo, wie oder warum etwas geschieht, z. B.:
> *heute, abends, oben, bedauerlicherweise, hier, niemals, trotzdem, dorthin, größtenteils, daher.*
> Im Satz treten sie als Adverbialbestimmung oder als Attribut auf.

2

TIPP
Auf einige Adverbien treffen mehrere Bedeutungen zu.

a Entscheidet, was die folgenden Adverbien ausdrücken: Häufigkeit, Wiederholung, Zeitpunkt, zeitliche Reihenfolge, Ort, Richtung, Grund oder Art und Weise.

querfeldein – ihretwegen – zusammen – freitags – gestern – auswärts – interessehalber – dann – hier – immer – dorthin – draußen – zuerst – rechts außen – einmal – dienstags – oft

TIPP
Verwendet jedes Adverb nur einmal.

b Wählt Adverbien aus Aufgabe a aus und fügt sie an der passenden Stelle in die Sätze ein.

1 Lucas und Hassan gehen ▬▬▬ pro Woche zum Training. **2** ▬▬▬ trainiert Mareks Team ▬▬▬ . **3** ▬▬▬ habe ich mir ▬▬▬ das Spiel angeschaut. **4** ▬▬▬ machen sie Aufwärmübungen, ▬▬▬ laufen sie 45 Minuten ▬▬▬ . **5** ▬▬▬ spielen sie Basketball oder Volleyball. **6** Wenn Spiele ▬▬▬ stattfinden, fährt ▬▬▬ der Mannschaftsbus. **7** Ganz ▬▬▬ fahren sie ihre Eltern ▬▬▬ .

Satzbau und Zeichensetzung

Der einfache Satz

Die Satzglieder im Überblick

 1

a Stellt mithilfe der Umstellprobe fest, aus wie vielen Satzgliedern die Sätze bestehen.

1 Das Buch »Die Nackten« erzählt von jungen Leuten im Alter zwischen 15 und 18 Jahren.
2 Die tschechisch-deutsche Schriftstellerin Iva Procházková hat es geschrieben.
3 Die Handlung spielt in Berlin und im tschechisch-deutschen Grenzgebiet.
4 Wegen des Titels vermutet man vielleicht ein Buch über Sex.
5 Das »Nacktsein« erhält hier eine andere Bedeutung: Jugendliche fühlen sich während der Pubertät sehr verletzlich und deshalb »nackt«.

b Tauscht euch darüber aus, wie sich die Wirkung der Sätze durch das Umstellen der Satzglieder verändert.

2 Wiederholt eure Kenntnisse über den Bau einfacher Sätze selbstständig und fasst das Wichtigste mit Beispielen auf einem Poster zusammen.

3 Wiederholt eure Kenntnisse über den Bau einfacher Sätze mithilfe des Merkkastens. Sucht zu jeder Aussage mindestens zwei Beispiele.

> **!** Der **einfache Satz** besteht mindestens aus einem Subjekt und einem Prädikat. Oft kommen noch weitere Satzglieder hinzu, die man mithilfe der Umstellprobe ermitteln kann, z.B.:
> *Die Handlung* | *spielt* | *in Berlin. In Berlin* | *spielt* | *die Handlung.*
> Die finite Verbform steht in vielen Sätzen an erster oder zweiter Stelle, z.B.:
> *Iva Procházková* hat *das Buch geschrieben. Die Handlung* spielt *in Berlin.* Kennt *ihr das Buch?*

4 Nutze den folgenden Merkkasten, um die Satzglieder in Aufgabe 1 zu bestimmen.

!

lateinische Bezeichnung	deutsche Bezeichnung	Frage	Beispiel
Subjekt	Satzgegen- stand	Wer? Was?	*Die Autorin erzählt über junge Leute.*
Prädikat	Satzaussage	Was wird ausgesagt?	*Die Autorin erzählt über junge Leute.*
Objekt • Genitiv- objekt • Dativobjekt • Akkusativ- objekt • Präposi- tionalobjekt	Ergänzung • im 2. Fall • im 3. Fall • im 4. Fall • mit Präposition	 Wessen? Wem? Wen? Was? Mit wem? Worüber? …	 *Sie erinnert sich ihrer Jugend.* *Sie erzählt uns eine Geschichte.* *Sie stellt verschiedene Personen vor.* *Die Autorin erzählt über junge Leute.*
Adverbial- bestimmung • Lokalbe- stimmung • Temporal- bestim- mung • Modalbe- stimmung • Kausalbe- stimmung	Umstands- bestimmung • des Ortes • der Zeit • der Art und Weise • des Grundes	 Wo? Woher? Wohin? Wann? Wie lange? Wie oft? Wie? Auf welche Weise? Warum? Aus welchem Grund?	 *Die Autorin lebte lange hier.* *Die Autorin lebte lange hier.* *Sie hat sich intensiv damit beschäftigt.* *Wegen der Probleme ihrer Tochter interessierte sie das Thema besonders.*
Attribut (Satzgliedteil)	Beifügung	Was für ein(e)? Welche(r)?	*Das Buch erzählt über junge Leute.* *Die Eltern denken über die Probleme ihrer Tochter nach.*

Textgestaltung durch Satzverknüpfung

  1

TIPP
Probiert Varianten aus und
untersucht die
Wirkung.

a Formuliert aus den folgenden Bausteinen Sätze, die sich zu einem
flüssigen Text zusammenfügen lassen. Schreibt den Text auf.

1 Sylvas Eltern / leben / getrennt / seit einiger Zeit
2 die Ruhe des ländlichen Lebens / braucht / ihr Vater Jacub
3 er / ist / nach Tschechien / deshalb / zurückgegangen
4 bei ihrem Vater / lebt / Sylva / in einem alten Fachwerkhaus
5 eine drahtlose Verbindung / besteht / zwischen ihnen
6 neun Jahre jünger als der Vater / ist /
ihre Mutter Helga / und / sprüht vor Energie
7 sie / liebt / schnelle Autos / und / lebt / in Berlin
8 Sylva / fühlt sich / als Vermittler zwischen den Elternteilen

→ S.115
Die Satzglieder
im Überblick

b Ermittelt in eurem Text mithilfe der Umstellprobe die Satzglieder.

c Lest den Text einmal so vor, dass alle Subjekte am Anfang der Sätze
stehen. Welche Wirkung entsteht dadurch?

d Sprecht darüber, wie durch die Reihenfolge der Satzglieder
die Verflechtung der Sätze entsteht.

e Sucht aus eurem Text zu Aufgabe 1a die Wörter heraus,
durch die die Sätze miteinander verknüpft werden.

Sylvas Eltern ... Ihr Vater Jacub ...

! Die Wirkung und Verständlichkeit von Texten hängt wesentlich
von der **Satzverknüpfung** ab. Inhaltliche Zusammenhänge
und verschiedene Wirkungen entstehen durch:
- die **Satzgliedstellung**, z.B.: *Sylvas Vater braucht Ruhe. Er ist deshalb
  zurück nach Tschechien gezogen. / Deshalb ... / Zurück nach ...*
- spezielle **sprachliche Mittel**, wie:
  – Pronomen, z.B.: *Sylvas Vater braucht Ruhe. Er ist deshalb zurück
    nach Tschechien gezogen.*
  – Adverbien, z.B.: *Sylvas Vater braucht Ruhe. Er ist deshalb zurück
    nach Tschechien gezogen.*
  – bedeutungsähnliche Wörter, z.B.: *Sylvas Vater braucht Ruhe.
    In seiner Heimat sucht er Erholung.*

Nachgestellte Erläuterungen

1 In den folgenden Sätzen werden einige der Personen vorgestellt, die in dem Buch »Die Nackten« vorkommen.

a Schreibe die Beziehungswörter mit nachträglichen Erläuterungen heraus.

1 Sylva, ein hochbegabtes, eigenwilliges und sehr naturliebendes Mädchen, ist die Hauptfigur des Buches.

2 Der Buchtitel »Die Nackten«, ein Synonym für Jugendliche in der Pubertät, weckt vielleicht eure Neugier.

3 Die Handlung spielt teilweise an der tschechischen Grenze, einem wilden Stück Niemandsland, und teilweise in Berlin.

4 Sylva, eine begeisterte Schwimmerin, verbringt viel Zeit am Fluss.

5 Von der Schule, einem Gymnasium in Tschechien, wird sie verwiesen.

6 Niklas, ein Freund aus Kindertagen, hat im Moment ganz andere Probleme.

7 Seine Freundin ist die bildschöne Evita, ein Mädchen mit Drogenproblemen.

1. Sylva, ein hochbegabtes ... Mädchen (Nominativ)

b Untersuche, in welchem Fall das Beziehungswort und die dazugehörige Erläuterung jeweils stehen.

> Mit **nachgestellten Erläuterungen** werden Beziehungswörter (meist Nomen/Substantive) näher erklärt. Es gibt:
> - nachgestellte Erläuterungen im gleichen Fall wie das Beziehungswort (Appositionen), z. B.: *Das Mädchen Sylva, Tochter einer deutschen Mutter und eines tschechischen Vaters, steht im Mittelpunkt der Handlung.*
> - nachgestellte Erläuterungen, die durch besondere Wörter eingeleitet werden, wie *und zwar, unter anderem (u. a.), zum Beispiel (z. B.), besonders, nämlich, vor allem (v. a.), das heißt (d. h.),* z. B.: *Sylva liebt Sport, besonders das Schwimmen, und den Aufenthalt in der Natur.*
> - Datumsangaben, die zu einem Wochentag gestellt werden, z. B.: *Die Geburtstagsfeier fand am Mittwoch, dem 16. April(,) statt.*
> Nachgestellte Erläuterungen werden durch Kommas abgegrenzt.

2 Suche aus den Wortgruppen A bis E die passenden heraus und setze sie als nachgestellte Erläuterungen in die folgenden Sätze ein. Achte auf die Kommasetzung.

1 Sylva besucht ein Gymnasium in einer kleinen tschechischen Stadt.
2 Wegen ihrer vielen Fehlstunden wird sie von der Schule verwiesen.
3 Sylva schwimmt gern gegen die Strömung.
4 Den Englischlehrer mag Sylva überhaupt nicht.
5 Von ihrem Biologielehrer Tabery hat Sylva Interessantes gelernt.

 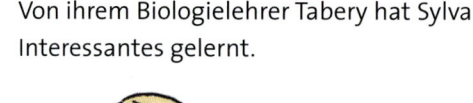 

A vor allem in der Elbe
B d.h. von der Schülerliste gestrichen
C z.B. vieles über Biotope und das Verhältnis von Natur und Mensch
D und zwar in Leitmeritz (tschechisch: Litoměřice)
E besonders wegen seiner peinlichen Witzchen

1. Sylva besucht ein Gymnasium in einer kleinen tschechischen Stadt, und zwar …

3 Schreibe die Sätze ab. Füge das in Klammern stehende Datum als nachgestellte Erläuterung in den Satz ein und unterstreiche es. Achte auf den richtigen Fall.

1 Sylva fuhr am Sonntag ▬▬ zu ihrer Mutter nach Berlin. (12.09.)
2 Niklas besuchte Sylva am Montag ▬▬ . (01.10.)
3 Die Klassenfahrt dauerte von Montag ▬▬ bis Freitag ▬▬ . (08.–12.05.)
4 Wir warten mit dieser Aufgabe noch bis zum Dienstag ▬▬ . (13.07.)
5 Die Klassenarbeit wird am Donnerstag ▬▬ geschrieben. (03.12.)

1. Sylva fuhr am Sonntag, <u>dem 12.09.</u>(,) zu ihrer Mutter nach Berlin. 2. …

Infinitiv- und Partizipgruppen

1 Schreibe aus den folgenden Sätzen über Sylva und ihren Freund Niklas die Infinitivgruppen heraus. Unterstreiche den Infinitiv mit *zu*.

1 In Berlin lebt auch Niklas, ein Freund aus Kindertagen. **2** Bei ihm hatte sie immer das Gefühl gehabt, ungezwungen über alles reden zu können. **3** Um ihn wiederzutreffen, fährt Sylva in den Stadtteil Friedrichshain. **4** Niklas hatte sich immer bemüht, sie zu verstehen. **5** Andere Mitschüler, die es nicht sein lassen konnten, Sylva als »bescheuert« zu bezeichnen, waren ihm egal. **6** Als sich ihre Eltern trennten, hatte sie besondere Probleme, mit anderen zu reden. **7** Er versprach, sie trotzdem zu heiraten. **8** Niklas nahm sein Versprechen nie zurück, aber er hatte sich verändert. **9** Nun fällt es Sylva immer schwerer, ihn zu verstehen. **10** Zwei oder drei Begegnungen im Jahr reichen nicht aus, um zu erkennen, was in dem anderen vorgeht.

2. ..., ungezwungen über alles reden <u>zu können</u>

! **Infinitivgruppen** (erweiterte Infinitive mit *zu*) müssen meist durch ein Komma abgegrenzt werden. Ist ein Infinitiv nicht erweitert, kann man ein Komma setzen, um die Gliederung des Satzes zu verdeutlichen, z. B.:
Die Psychologin bemühte sich(,) <u>zu helfen</u>.
Die Psychologin bemühte sich(,) <u>Sylvas Probleme zu verstehen</u>.
In folgenden Fällen **muss** man ein **Komma** setzen, z. B.:
- wenn die Infinitivgruppe mit *um, ohne, (an)statt, außer* oder *als* eingeleitet wird, z. B.:
  Sylva fuhr nach Berlin, <u>um ihren Freund Niklas zu treffen</u>.
  Die Mutter stieg ins Auto, <u>ohne sich umzusehen</u>.
- wenn sich die Infinitivgruppe auf ein Nomen/Substantiv bezieht, z. B.:
  Sylva gab der Psychologin den <u>Rat</u>, ihre Rückenschmerzen mit Schwimmen <u>zu bekämpfen</u>.
- wenn sich die Infinitivgruppe auf ein hinweisendes Wort, wie *daran, darum, damit* oder *es*, bezieht, z. B.:
  Die Psychologin bemühte sich <u>darum</u>, Sylvas Probleme <u>zu verstehen</u>.
Man kann Fehler vermeiden, indem man beim Infinitiv mit *zu* immer ein Komma setzt.

Achtung,
Fehler!

2 Schreibe die folgenden Sätze ab. Setze in die Lücken *um, ohne, statt,* oder *als* ein, setze die Kommas und unterstreiche die Infinitivgruppen.

1 Sylva verließ das Gymnasium in Leitmeritz ▨▨▨ sich sehr darüber zu ärgern.

2 Ihre Eltern informierten sich im Internet ▨▨▨ eine Schule für Hochbegabte zu finden.

3 Sylva badete in der Elbe ▨▨▨ zur Schule zu gehen.

4 Sie fand es in der Natur viel schöner ▨▨▨ sich im Unterricht zu langweilen.

5 ▨▨▨ sie zu ärgern hatte man ihr eines Tages ihre am Flussufer abgelegten Kleider gestohlen.

3 Einige Verben und Fügungen stehen oft mit einem Infinitiv mit *zu*.

a Bilde mit folgenden Verben und Fügungen fünf Sätze mit Infinitivgruppen, schreibe sie auf und setze die Kommas.

sich bemühen – sich wünschen – sich vornehmen – sich entschließen – bitten – vorhaben – versprechen – die Absicht haben – in der Lage sein – den Rat geben/bekommen

Er bemüht sich, zu allen freundlich zu sein. …

 b Überprüft gemeinsam, in welchen eurer Sätze ein Komma stehen muss und in welchen es weggelassen werden könnte.

 4 Suche aus einem Buch, aus der Zeitung oder dem Internet einen Text heraus, der viele Infinitivgruppen enthält. Schreibe den Text ab (evtl. mit dem PC) und unterstreiche die Infinitivgruppen. Prüfe, ob die Kommas richtig gesetzt wurden.

5

a Schreibe die Sätze ab und unterstreiche die enthaltenen Partizipien.

1 Evita, in einem Kinderheim aufgewachsen, ist seit einiger Zeit drogenabhängig.

2 Sie lebt auf der Straße, gehetzt und von niemandem beschützt.

3 Das Bild vom Grab ihrer Mutter, geschmückt mit einem Messingkreuz und einem Foto, trägt sie in ihrer Erinnerung.

!

Partizipgruppen sind Konstruktionen, in deren Kern ein Partizip enthalten ist, z.B.:

Als sie in Berlin angekommen war,	*In Berlin angekommen(,)*
besuchte Sylva Niklas.	*besuchte Sylva Niklas.*
Nebensatz	Partizipgruppe

Vorangestellte und eingeschlossene Partizipgruppen können durch Komma abgetrennt werden, z.B.:

In Berlin angekommen(,) besuchte Sylva ihren alten Freund Niklas.
Heftig mit dem Kopf nickend(,) stimmte er ihr zu. Er stimmte ihr(,)
heftig mit dem Kopf nickend(,) zu.

Wird die Partizipgruppe nachgestellt, **muss** sie durch Komma abgetrennt werden, z.B.:

Er stimmte ihr zu, heftig mit dem Kopf nickend. Sie trat ihrer Umwelt
kritisch gegenüber, zweifelnd und vieles in Frage stellend.

Man kann Fehler vermeiden, indem man bei Partizipgruppen immer ein Komma setzt.

b Schreibe die Sätze ab, unterstreiche die Partizipgruppen einmal, die darin enthaltenen Partizipien doppelt.

1 Ihre Schönheit immer aufs Neue bewundernd, hängt Niklas mit großer Liebe an Evita.

2 Ihre Sucht ausnutzend, versorgt der Drogendealer Till Evita mit Rauschgift.

3 In seiner gemütlichen Wohnung genießt sie das Wunder einer Badewanne, gefüllt mit heißem Wasser.

4 Niklas, die Gefahr der Abhängigkeit erkennend, versucht, Evita zu helfen.

5 Robin, unter Verdacht der Vergewaltigung einer Mitschülerin stehend, lernt Sylva im Haus ihrer Mutter kennen.

●●● **c** Lies die Regeln für die Kommasetzung bei Partizipgruppen im Merkkasten. Entscheide, in welchen Sätzen aus Aufgabe a und b du das Komma weglassen könntest. Begründe deine Entscheidung.

6 Forme die Partizipgruppen der Sätze in Aufgabe 5 a und b in Nebensätze um. Achte dabei auf die richtige Kommasetzung.

1. Evita, die in einem Kinderheim aufgewachsen ist, ...

Der zusammengesetzte Satz

Zweigliedrige Sätze

Zweigliedrige Sätze können aus zwei Hauptsätzen (Satzreihe/
Satzverbindung) oder aus Haupt- und Nebensatz (Satzgefüge)
bestehen. In einer **Satzreihe (Satzverbindung)** können die Sätze
unverbunden aneinandergereiht werden. Dann sind sie durch
Komma zu trennen. Verbindet man die Hauptsätze durch die
Konjunktionen *und* oder *oder,* so ist die Kommasetzung freigestellt.
Steht jedoch ein *aber, denn* oder *(je)doch* zwischen den Hauptsätzen,
so muss ein Komma gesetzt werden, z.B.:
*Sylva schwimmt gern gegen die Strömung(,) oder sie beobachtet
vom Ufer aus die Fische.*
*Der Direktor ist auf Sylva nicht gut zu sprechen, denn sie hat sehr viele
Fehlstunden.*
In einem **Satzgefüge** steht zwischen Haupt- und Nebensatz immer
ein Komma, z.B.:
Sylva ist traurig, weil ihre Eltern schon seit sechs Jahren getrennt leben.
*Der Vater, der in Tschechien lebt, besucht die Mutter nur selten in
Berlin.*

1

a Unterscheide die folgenden Sätze nach einfachen Sätzen, Satzgefügen und Satzreihen. Schreibe die jeweilige Satzform in dein Heft.

1 Eines Tages war Sylva, die in der Elbe gebadet hatte, nackt durch
das Dorf gelaufen. **2** Irgendein »Spaßvogel« hatte ihr heimlich
die Sachen gestohlen. **3** Der Direktor bestellte Sylvas Vater in die
Schule. **4** Er beschwerte sich darüber, dass Sylvas Gewohnheiten sehr
befremdlich seien. **5** Außerdem fragte er ihn danach, warum seine
Tochter im ersten Halbjahr schon 255 Fehlstunden habe. **6** Der Vater
hatte ihr Entschuldigungen geschrieben, obwohl sie nicht krank
gewesen war. **7** Sylva langweilte sich in der Schule, aber sie war
Klassenbeste. **8** Nun schlug ihm der Direktor vor, dass er für seine
Tochter eine Schule für Hochbegabte suchen solle.

→ S.190 Merkwissen

b Schreibe die Nebensätze heraus und unterstreiche
jeweils die Einleitewörter und die gebeugten Verbformen.
Bestimme die Nebensätze nach ihrem Einleitewort.

2

a Unterscheide die folgenden Sätze nach Satzreihen und Satzgefügen.
Wiederhole dabei die Merkmale von Haupt- und Nebensatz.

1 Filip ist ein Freund von Sylva,
der auch in Tschechien lebt.

2 Er ist traurig darüber, dass sie
nach den Ferien in Meißen
zur Schule gehen wird.

3 Mit ihr hat er oft wichtige
Gespräche geführt, deshalb
wird sie ihm sehr fehlen.

4 Das Sträußchen Gänseblümchen,
das er ihr zum Geburtstag
gepflückt hatte, hat sie im Bus
vergessen.

5 Hunderte schmerzhafte Themen
gehen Sylva durch den Kopf, aber
auf viele der Fragen hat sie keine Antwort.

6 Ihr Vater sagt, dass der Mensch in der Pubertät nackt ist.

7 Erst wenn der Mensch älter wird, beginnt er, sich anzuziehen.

8 Er legt sich immer mehr Schichten zu, und diese machen ihn
unempfindlich.

→ S.128
Die Kommasetzung
im Überblick

b Entscheide, in welchem der Sätze man das Komma auch weglassen
könnte.

3 Setze in die Lücken der folgenden Sätze jeweils einen der Nebensätze A bis E ein.

1 Am Wochenende kommt Sylvas Mutter manchmal aus Berlin
in das tschechische Dorf, ▬▬▬ .

2 Sylva beobachtet vom Waldrand, ▬▬▬ .

3 Sie freut sich, ▬▬▬ .

4 ▬▬▬ , rennt sie schnell ins Dorf hinunter.

5 Sylva staunt immer wieder darüber, ▬▬▬ .

A bevor ihre Mutter das Haus erreicht

B in dem Sylva mit ihrem Vater lebt

C wenn sie den rubinfarbenen Porsche der Mutter entdeckt

D dass die Mutter die Strecke Berlin – Usti in 140 Minuten bewältigt

E ob das Auto der Mutter kommt

4 Schreibe die Relativsätze zusammen mit dem Beziehungswort heraus. Unterstreiche das Relativpronomen und rahme das Beziehungswort ein.

1 Sylva, die eine begeisterte Schwimmerin ist, badet gern in der Elbe.
2 Sie schwimmt am liebsten gegen die Strömung, der sie ihre ganze Kraft entgegenstemmen kann.
3 Dabei spürt sie ihren Körper, der stark angespannt ist, mit allen Sinnen.
4 Sie fühlt das Wasser, das durch ihre Finger hindurchgleitet.
5 Schwimmen in stehenden Gewässern, in denen ihr keine Kraft entgegenströmt, mag sie nicht besonders.
6 Auch in der Spree, die durch Berlin fließt, ist sie schon geschwommen.
7 Aber aus diesem Fluss, der so träge dahinfließt, kann sie keine Kraft schöpfen.

1. ⬚Sylva⬚ , die eine begeisterte Schwimmerin ist, …

5 Schreibe die folgenden Satzgefüge ab (evtl. mit dem PC) und setze alle notwendigen Kommas. Unterstreiche in den Nebensätzen die Einleitewörter und die finiten Verbformen.

Achtung, Fehler!

1 Filip der in Sylva verliebt ist hat den richtigen Zeitpunkt für ein Geständnis verpasst.
2 Er weiß dass es nun zu spät ist.
3 Weil Sylva die Schule wechseln wird werden sie sich nur noch selten sehen.
4 Die Zeit in der sie auf dem Zaun gesessen und über die Welt gelabert haben wird sie bald vergessen haben.

5 In den Ferien arbeitet Filip in einem Baumarkt wo er am ersten Tag vom Abteilungsleiter als »Milchbubi« bezeichnet wird.
6 Er hat für ihn mit Absicht eine Arbeit ausgewählt bei der man nicht einen Funken geistige Energie aufwenden muss.
7 Die einzige Anstrengung die er aufbringen muss ist das Finden des richtigen Regals.

Mehrfach zusammengesetzte Sätze

 1

a Zeichne die Satzbilder. Beachte, dass die meisten Sätze aus mehr als zwei Teilsätzen bestehen.

BERLIN

MEISSEN

LEITMERITZ

1 Sylvas Vater seufzte, als er von dem Elternabend zurückkam, der den Halbjahreszeugnissen vorausging. **2** Sylva hatte es diesmal auf über 200 Fehlstunden gebracht, und der Direktor kündigte an, dass er sie vom Gymnasium verweisen müsse. **3** Am liebsten würde sie gar nicht mehr zur Schule gehen. **4** Sie würde nach Alaska, Lappland oder Sibirien fahren, damit sie dort wie die Naturvölker leben könnte. **5** Aber sie wusste, dass dieser Wunsch zurzeit unerfüllbar blieb, und deshalb beriet sie sich mit ihren Eltern. **6** Als die Mutter, die solche Angelegenheiten sonst immer sehr sachlich betrachtete, erfuhr, dass Sylva sich vom Leitmeritzer Gymnasium verabschieden müsste, verwandelte sie sich in eine ballistische Rakete mit maximaler Kampfbereitschaft. **7** Es fiel kein Wort des Vorwurfs, aber sie meldete Sylva an zwei deutschen und einer tschechischen Schule, an denen hochbegabte Schüler lernten, zur Aufnahmeprüfung an. **8** Sylva wehrte sich nicht, jedoch fragte sie sich, worin ihre Hochbegabung eigentlich bestand.
9 Schließlich entschied sie sich für die Schule Sankt Afra in Meißen, weil Meißen auf halbem Weg zwischen Vater und Mutter lag, und das ließ hoffen, dass die ohnehin schwache Familienkonstellation nicht ganz auseinanderfiel.

1. HS _____, NS 1 _____, NS 2 _____.

b Wiederhole die Kommaregeln für die Satzreihe. Suche die Kommas, auf die man verzichten könnte.

a Schreibe die folgenden mehrfach zusammengesetzten Sätze ab und setze die notwendigen Kommas.

Achtung, Fehler!

1 Sylva fährt nach Berlin zu ihrer Mutter und dort besucht sie eine Jugendpsychologin bei der sie früher in Behandlung war als sie in den ersten Schulmonaten Probleme hatte.

2 Sie erzählt der Psychologin dass sie bald in ein Internat muss weil sie aus ihrer Schule in Leitmeritz rausgeflogen ist.

3 Die Psychologin die Sylva schon seit ihrer frühen Kindheit kennt wundert sich über den Besuch denn Sylva will gar keinen Rat von ihr.

4 Sie behauptet dass sie sie nur besuche weil sie wissen wolle ob es ihr gut gehe aber so ganz glaubt ihr die Psychologin das nicht.

5 Schließlich gibt Sylva ihr den guten Rat dass sie ihre Rückenprobleme mit Schwimmen bekämpfen solle und verspricht ihr wiederzukommen wenn man sie aus der Schule in Meißen auch hinausgeworfen haben wird.

b Zeichne für jeden Satz das Satzbild und begründe die Kommasetzung.

1. <u>HS 1</u>   (,) <u>HS 2</u>   , <u>NS 1</u> , <u>NS 2</u> .

 c Klammere diejenigen Kommas ein, die nicht unbedingt gesetzt werden müssen.

3

a Verbindet die Teilsätze zu einem mehrfach zusammengesetzten Satz. Wählt die passenden Einleitewörter (Konjunktionen, Relativpronomen, Fragewörter), schreibt die Sätze auf und setzt die notwendigen Kommas.

TIPP
Vermeidet Wiederholungen, indem ihr Pronomen einsetzt.

1 Sylva sieht die Wohnung ihrer Mutter zum ersten Mal. Die Mutter ist inzwischen umgezogen. Sylva war lange nicht in Berlin.

2 Die neue Wohnung hat eine wunderschöne Dachterrasse. Zur Dachterrasse führt eine Treppe hinauf. Sylva darf sich ihr Zimmer selbst einrichten.

3 Die Mutter hat an dem Häuserblock mitgearbeitet. Die Mutter ist Architektin. Auf dieses Projekt ist die Mutter stolz.

4 Die Mutter war schon an vielen großen Projekten beteiligt. Diese Arbeit ist für sie besonders wichtig. Es ist keine gigantische Verkaufsgalerie, sondern ein gewöhnliches Wohnviertel.

5 Die Architekten wollten mitten in der Großstadt eine Oase der Stille schaffen. Es sollen normale Wohnungen für normale Menschen sein. Sylva empfindet das anders. Für Sylva sind das luxuriöse Apartments. Normale Menschen können davon nur träumen.

TIPP
Es sind mehrere Lösungen möglich.

1. Weil Sylva lange nicht in Berlin war, sieht sie die Wohnung ihrer Mutter, die inzwischen umgezogen ist, zum ersten Mal.
Die Mutter ist inzwischen umgezogen, sodass …

b Zeichnet für jeden mehrfach zusammengesetzten Satz das Satzbild.

c Vergleicht eure Lösungen. Entscheidet, ob ihr eine Lösung mit mehreren Einzelsätzen einem mehrfach zusammengesetzten Satz vorziehen würdet. Begründet eure Meinung.

4 Entwerft einen mehrfach zusammengesetzten Satz (mindestens drei Teilsätze). Schreibt den Satz auf und zerschneidet ihn in Satzglieder (die Kommas extra). Tauscht eure Sätze mit Mitschülern aus und fügt sie richtig zusammen. Kontrolliert gegenseitig die richtige Zusammensetzung. Achtet dabei auf die korrekte Kommasetzung.

Die Kommasetzung im Überblick

Regel	Beispiel
Die Kommasetzung im einfachen Satz	
Ein Komma steht bei **Aufzählungen** von Wörtern und Wortgruppen, wenn diese nicht durch *und, oder, sowie, sowohl … als auch* verbunden sind.	*In dem Buch »Die Nackten« wird über Sylva, Filip, Niklas, Evita und Robin erzählt.*
Nachgestellte Erläuterungen (auch in Form von Appositionen und Datumsangaben) werden durch Komma(s) abgegrenzt.	*Iva Procházková, eine tschechisch-deutsche Schriftstellerin, schrieb das Buch »Die Nackten«.*
Infinitivgruppen (erweiterte Infinitive mit *zu*) werden meist durch Komma(s) vom Satz abgetrennt. Ein Komma muss gesetzt werden, • wenn die Infinitivgruppe durch Wörter, wie *um, ohne, (an)statt, außer* oder *als*, eingeleitet ist, • wenn sich die Infinitivgruppe auf ein Nomen/Substantiv bezieht, • wenn sich die Infinitivgruppe auf Wörter, wie *daran, darauf* oder *es*, bezieht.	*Niklas bemühte sich(,) Evita zu helfen.* *Der Vater schrieb für Sylva Entschuldigungen, um sie zu schützen.* *Filip hatte die Absicht, einen interessanten Film zu drehen.* *Sylva war daran interessiert, viel Zeit in der Natur zu verbringen.*
Partizipgruppen können durch Komma(s) abgetrennt werden. Wenn die Partizipgruppe als nachgestellte Erläuterung auftritt, muss man ein Komma setzen.	*In Berlin angekommen(,) besprach Sylva mit ihrer Mutter ihre Pläne.* *Sylva, in Berlin angekommen, besprach ihre Pläne mit ihrer Mutter.*
Die Kommasetzung im zusammengesetzten Satz	
Nebensätze müssen vom Hauptsatz durch Komma abgetrennt werden.	*Sylva, die häufig nicht zur Schule gegangen war, musste ihre Schule verlassen.*
Gleichrangige Hauptsätze einer Satzreihe (Satzverbindung) werden durch Komma abgetrennt. Sind sie durch *und, oder, sowie* verbunden, kann man das Komma weglassen.	*Sylva besucht ihre Mutter in Berlin(,) und bei dieser Gelegenheit lernt sie Robin kennen.* *Sylva ist eine hochbegabte Schülerin, aber sie geht nicht gern zur Schule.*

Zeichensetzung bei der direkten (wörtlichen) Rede

→ S.190
Merkwissen

 1

a Wiederholt die Regeln für die Zeichensetzung bei der direkten (wörtlichen) Rede.

b Einige der folgenden Sätze enthalten direkte Rede. Schreibe sie ab und setze die richtigen Zeichen.

Achtung, Fehler!

1 Sylva geht gern nachts in den Wald.
2 Eines Abends wartete ihr Vater vergeblich auf sie.
3 Kannst du mir sagen, was du gemacht hast? Wo warst du überhaupt? stellte der Vater nach ihrer Rückkehr beide Fragen in einem Atemzug.
4 Ich bin im Wald eingeschlafen, antwortete sie und schüttelte sich ein paar Fichtennadeln aus dem Haar.
5 Entschuldige, sagte sie und umarmte den Vater.
6 Er bat sie: Würdest du so freundlich sein und mich informieren, wenn du nicht vorhast, zu Hause zu schlafen?
7 Sie versprach es und hielt das Versprechen.
8 Wie wird das frage ich mich mit den beiden wohl weitergehen?

!

Für die Wiedergabe der **direkten Rede** gelten folgende Regeln:
1. Nach dem **vorangestellten Begleitsatz** steht ein Doppelpunkt, das erste Wort der wörtlichen Rede wird großgeschrieben. Die Satzzeichen innerhalb der direkten Rede bleiben erhalten, z.B.: *Der Vater fragte: »Kannst du mir sagen, was du gemacht hast?«*
2. Im **nachgestellten Begleitsatz** wird das erste Wort kleingeschrieben. Wird die wörtliche Rede durch einen **Punkt** abgeschlossen, so wird dieser weggelassen. Ein **Frage-** oder **Ausrufezeichen** dagegen wird gesetzt. Nach dem schließenden Anführungszeichen steht immer ein Komma, z.B.: *»Wo warst du überhaupt?«, fragte der Vater. »Ich bin im Wald eingeschlafen«, antwortete sie.*
3. Der **eingeschobene Begleitsatz** wird in Kommas eingeschlossen. Die Satzzeichen innerhalb der direkten Rede bleiben erhalten, z.B.: *»Ich war im Wald«, sagte sie, »und bin eingeschlafen.«*

TIPP
Achtet auf abwechslungs-reiche Verben im Begleitsatz.

 2 Legt ein Thema für einen Dialog fest, z.B. ein Gespräch mit der Freundin / dem Freund über einen Film. Schreibt den Dialog auf. Achtet darauf, dass der Begleitsatz an verschiedenen Stellen steht.

Zeichensetzung beim Zitieren

Ein **Zitat** ist eine wörtliche Wiedergabe einer Textstelle in einem anderen Text. Zitate müssen buchstabengetreu übernommen und in **Anführungszeichen** gesetzt werden. Auslassungen werden durch eckige Klammern mit drei Punkten [...] gekennzeichnet, z.B.:

»*Sylva mochte Taberys Stunden gern. Sie gehörten zu den wenigen, denen sie nicht aus dem Weg ging. [...] Er täuschte keinen Sinn für Humor vor. Er machte auch keine peinlichen Witzchen [...].*«

Um Herkunft und Wortlaut eines Zitats überprüfbar zu machen, muss man die **Quelle** präzise angeben. Dabei ist zu unterscheiden:

Zitat aus einem *Buch*: Name, Vorname: Titel. Ort: Verlag, Jahr, Seite.	*Procházková, Iva: Die Nackten. Düsseldorf: Sauerländer Verlag, 2008, S. 9.*
Zitat aus einer *Zeitung* oder *Zeitschrift*: Name, Vorname: Titel. Aus: Zeitung/Zeitschrift, Nr. bzw. Datum der Ausgabe, Seite.	*Rousselange, Ruth: Stille Beobachterin: Autorin und Messe-Kuratorin Iva Procházková. Aus: Saarbrücker Zeitung, 14.05.2009, S. 5.*
Zitat aus dem *Internet*: (Verfasser, wenn vorhanden): Titel. Online im Internet: Internetadresse [Datum des Abrufs].	*Procházková, Iva: Die autobiographischen Erinnerungen in meinen Büchern. Online im Internet: http://ivaprochazkova.com/index_de.html [02.02.2011].*

Achtung, Fehler!

1 Schreibe die folgenden Quellenangaben ab und setze die notwendigen Zeichen.

1 Müller Anton Die Teufelskappe Düsseldorf Verlag Geheim & Co. 1989 S. 4

2 Holstein Karin Unsere Heimat Sachsen In Sächsische Heimatblätter Jahrgang 21 2003 Heft 4 S. 66

3 Bauer Robert Die vergessenen Kinder Buchdorf Kalstein-Verlag 2004 S. 78

4 Procházková Iva Iva Procházková – eine Handvoll Daten Online im Internet http://ivaprochazkova.com/index_de.html 02.02.2011

5 Pausewang Gudrun Die Meute Ravensburg Ravensburger Buchverlag Otto Maier GmbH 2006 S. 76

2 Mia möchte die Kurzgeschichte »Liebeskummer« (S. 70, Aufgabe 3 a) am Lesebrett der Schule empfehlen.

a Schreibe ihren Textbeginn in dein Heft und füge die Textstelle darunter als Zitat mit der richtigen Zeichensetzung an.

Im Mittelpunkt der Geschichte steht ein Gespräch von Eltern über ihre Tochter. Dabei lernt der Leser die Eltern ziemlich gut kennen. Einiges erfährt man direkt, so heißt es z. B. über den Vater …

> Er ist ein guter Vater! Wenn seine Tochter Liebeskummer hat, ist ihm das wichtiger als ein Fußballmatch der B-Liga.

b Der Text stammt aus folgendem Buch. Schreibe die Quellenangabe mit der richtigen Zeichensetzung in Klammern hinter das Zitat.

Nöstlinger Christine Liebeskummer Aus Kratzer Hertha und Welsh Renate (Hrsg.) Antwort auf keine Frage Geschichten von und über die Liebe Wien, München Verlag Jugend und Volk 1985 S. 41 ff.

Achtung, Fehler!

3

a Folgendes ist einer Biografie von Christine Nöstlinger entnommen. Schreibe den Schluss von Mias Empfehlung der Kurzgeschichte und verwende das Zitat sinnvoll und richtig.

> Bei aller Ernsthaftigkeit, mit der sie sich ihrer Figuren und Stoffe annimmt, sind Christine Nöstlingers Texte stets von befreiendem Witz, respektloser Frische und teilweise absurder Komik; wohl mit ein Grund für ihre anhaltende Beliebtheit.

b Schreibe die Quellenangabe mit der richtigen Zeichensetzung in Klammern hinter das Zitat. Nutze dazu die folgenden Angaben.

http://www.residenzverlag.at – Bei aller Ernsthaftigkeit … – Online im Internet – [15.03.2011]

4 Schreibe für die Schülerzeitung einen kurzen Text zum Titel: »Wusstet ihr schon, dass es virtuelles Wasser gibt?« Erkläre den Begriff »virtuelles Wasser« mithilfe von Zitaten aus dem Text auf S. 83 (Aufgabe 3 a).

TIPP
Gib die Quelle aus dem Quellenverzeichnis deines Sprachbuchs an.

Wortbildung

→ S.190
Merkwissen

1 Entscheide, welche Form der Wortbildung auf die unterstrichenen Wörter zutrifft: Ableitung oder Zusammensetzung.

> Der alte Mann <u>winkt ab</u>. »Das ist doch nur eine 250-Kilo-Bombe«, sagt der <u>Bewohner</u> eines Potsdamer <u>Altenheims</u>, während er darauf wartet, <u>ausquartiert</u> zu werden. 7000 Menschen müssen ihre <u>Wohnungen</u>, Schulen oder <u>Kindergärten</u> verlassen, weil in ihrer <u>Nachbarschaft</u> eine Bombe <u>entschärft</u> werden muss. Der Fund des <u>Blindgängers</u> aus dem Zweiten <u>Weltkrieg</u> hat das Zentrum Potsdams <u>praktisch</u> <u>lahmgelegt</u>. Auch Busse und <u>Regionalzüge</u> werden <u>umgeleitet</u>. Während Polizeihelfer die <u>Gefahrenzone</u> absichern, wird die <u>Detonation</u> von einem <u>Sprengmeister</u> <u>vorbereitet</u>. Um 12:04 Uhr <u>zerreißt</u> ein Knall die Stille. Eine fast 100 Meter hohe <u>Staubfontäne</u> schießt bei der <u>Sprengung</u> in den Himmel. <u>Fensterscheiben</u> in der <u>Umgebung</u> vibrieren.

2 Im Deutschen werden viele Zusammensetzungen gebildet.

a Lest die Beispiele und tauscht euch darüber aus, in welchen Situationen bzw. Texten sie Verwendung finden könnten.

1 Notlandung **2** Zivilluftfahrtbehörde **3** Flugzeugabsturzgefahrenvermeidung **4** Flugrouten **5** Flugbegleiterinnensicherheitstrainingsprogramm **6** Sicherheitsbedenken **7** Passagierflugzeug

b Zerlege die Zusammensetzungen in ihre Bestandteile.

c Notiert Vorschläge, wie man die Wortungetüme vermeiden kann.

> **!**
> Für die **Wortbildung** haben sich im Deutschen zwei Formen bewährt:
> • die **Ableitung** mithilfe von Präfixen und Suffixen,
> • die **Zusammensetzung** (Bestimmungswort + Grundwort).
> Grund- und Bestimmungswort können selbst eine Zusammensetzung oder eine Ableitung sein, z.B.:
> *Erkältungskrankheit: er- + kalt + -ung + -s- + krank + -heit.*
> Mithilfe der **Zerlegeprobe** lassen sich Wörter in ihre Bauteile zerlegen.

TIPP
Achte auf
die richtige
Groß- bzw.
Kleinschreibung.

3 Bilde zusammengesetzte Wörter. Verwende das erste Wort
jeweils sowohl als Grund- als auch als Bestimmungswort.
Markiere alle Fugenelemente.

1 schnell: Blitz – Boot – Kochtopf – Pfeil – Läufer – Reinigung – Straße
2 groß: artig – Erbse – Eltern – Familie – Riese – Stadt – ziehen
3 Zeit: Fenster – frei – Mahl – nah – Reise – Schule – Uhr – Verlust
4 stützen: ab – Buch – liegen – Pfeiler – Punkt – unter – Verband

1. blitzschnell, Schnellboot, ...

4

→ S.176
Die Schreibung
von Straßennamen

a Schreibe die folgenden Straßennamen und Ortsbezeichnungen ab
und unterstreiche das Grundwort.

1 Postplatz 2 Altmarkt 3 Schillerstraße 4 Mohammed-Ali-Platz
5 Bahnhofsviertel 6 Fischerweg 7 Marie-Curie-Allee 8 Kurfürstenpark

b Begründe, warum einige Zusammensetzungen zusammen und
andere mit Bindestrich geschrieben werden.

5 Was ist das? Erkläre die folgenden Fachwörter, indem du sie
in ihre Hauptbestandteile zerlegst.

1 Feuerwehreinsätze 2 Rauchgasvergiftung 3 Papiermüllcontainer
4 Änderungsschneiderei 5 Wasseraufbereitungsanlage

1. Feuerwehreinsätze sind Einsätze, die ...

→ S.93
Printmedien
untersuchen
→ S.103 Nomen und
Nominalisierungen

● ● ● **6** Verdichte die folgenden Informationen zu typischen Zeitungs-
schlagzeilen. Nutze eine geeignete Form der Wortbildung.

TIPP
Es gibt verschie-
dene Lösungs-
möglichkeiten.

1 Am Sonntagmorgen ist in Indonesien ein Vulkan ausgebrochen.
2 Es regnete Asche. Das zwang die Bewohner mehrerer Dörfer
am Hang des Vulkans, ihre Häuser zu verlassen und Schutz
in Notunterkünften zu suchen.
3 Ärzte warnen davor, dass aufgrund mangelhafter Hygiene
Krankheiten durch Infektionen ausbrechen können.

7

a Erläutert die Bedeutungsunterschiede anhand von Beispielen.

1 absperren – aussperren – einsperren
2 abbrechen – einbrechen – unterbrechen
3 aussuchen – absuchen – untersuchen
4 auffordern – überfordern – zurückfordern
5 nachstellen – vorstellen – zustellen

→ **S.190** Merkwissen (Verb)

b Sortiert die Verben nach fest und unfest zusammengesetzten. Bildet dazu die Leitformen (Stammformen).

8

a Bilde aus den folgenden Wörtern zusammengesetzte Verben und schreibe sie auf.

ab	aus	ein	nach	über	um	unter	vor	weg	zurück

lesen	sprechen	schreiben	springen	stellen	kochen	tragen

b Markiere alle fest zusammengesetzten Verben.

→ **S.138** Antonyme

9 Wie heißt das Gegenteil? Bilde Ableitungen mithilfe der Präfixe *un-* bzw. *miss-* und schreibe die Wörter auf.

1 verschämt **2** verständlich **3** klar **4** haltbar **5** Vertrauen
6 Achtung **7** gefallen **8** trauen **9** gefährlich **10** geschickt
11 verstehen **12** gelingen **13** glücken **14** Glück

 10 Erläutert die Bedeutungsunterschiede mithilfe von Beispielen.

1 süß – süßlich **2** kindlich – kindisch **3** mündlich – mündig
4 verständlich – verständig **5** wunderbar – wunderlich **6** hölzern – holzig **7** elektrisch – elektronisch **8** krankhaft – kränklich

a Bilde Verkleinerungsformen mit den Suffixen *-lein* oder *-chen* und verwende sie in Sätzen.

1 der Fuchs **2** der Hase **3** die Katze **4** der Vogel **5** das Huhn
6 die Maus **7** der Sohn **8** der Fisch **9** das Haus **10** das Buch
11 die Blume **12** die Mütze **13** der Mantel **14** die Socke
15 die Hose **16** der Bruder **17** die Schüssel **18** der Mann

b Erläutere, wie die Verkleinerungsformen die Wirkung der Sätze verändern.

TIPP
Bei einigen Nomen sind beide Suffixe möglich.

12 Leon schreibt Boris eine E-Mail. Das Rechtschreibprogramm markiert fünf Wörter als fehlerhaft. Warum? Korrigiere sie.

TIPP
Nutze die Zerlegeprobe.

Achtung, Fehler!

Betreff:	Verücktes Geschenk!

Hi, Boris,
ich habe ein verücktes Geschenk bekommen – eraten wirst
du es nicht! Nämlich ein Kajak! Ich will es am Sonntag
ausprobieren. Machst du mit? Ein veregnetes Wochenende ist
nicht angekündigt. Entäusche mich nicht und beile dich mit
deiner Antwort. Leon

13 Schreibe die folgenden Wörter in der richtigen Groß- und Kleinschreibung in dein Heft. Trenne Präfixe und Suffixe durch senkrechte Striche vom Wortstamm ab.

TIPP
Achte auf typische Prä- bzw. Suffixe der einzelnen Wortarten.

1 ERLEBNIS **2** HEKTIK **3** PASSIV **4** EIGENSCHAFT **5** HEILSAM
6 ÄHNLICH **7** VERORDNUNG **8** BELASTBAR **9** BLÄTTCHEN
10 NEUHEIT **11** AKTION **12** ENERGISCH **13** WAGNIS **14** MÄNNLEIN
15 ÄHNLICHKEIT **16** REICHTUM **17** LÄSTIG **18** ENTTARNEN

14 Bilde von den folgenden Nomen abgeleitete Verben und schreibe sie zusammen mit dem Nomen auf.

1 die Kopie **2** die Skizze **3** die Schikane **4** das Zitat
5 das Engagement **6** das Produkt **7** die Investition **8** die Stabilität
9 die Kritik **10** die Produktion **11** die Reaktion

Wortbedeutung

Synonyme

a Erläutere die Bedeutung des Wortes *Lärm*.

> Was ist denn das für ein Lärm auf der Straße?

b Sucht weitere Wörter mit ähnlicher oder gleicher Bedeutung wie *Lärm* und schreibt sie auf.

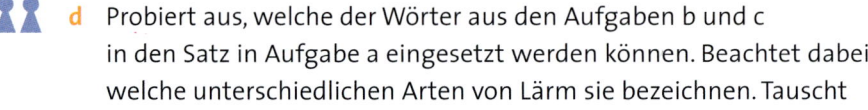

Lärm, Krach, …

c Betrachte die folgenden Wörter und erkläre, welche Art von Lärm sie genauer bezeichnen.

Geschrei – Geklapper – Gepolter

d Probiert aus, welche der Wörter aus den Aufgaben b und c in den Satz in Aufgabe a eingesetzt werden können. Beachtet dabei, welche unterschiedlichen Arten von Lärm sie bezeichnen. Tauscht eure Ergebnisse in der Klasse aus.

e Beschreibe Situationen, in denen die Wörter aus den Aufgaben b und c verwendet werden können, und bilde dazu mit den Wörtern je einen Satz.

> **!** **Synonyme** sind zwei oder mehr Wörter mit verschiedener Form (Aussprache, Schreibung), die eine ähnliche (selten gleiche) Bedeutung haben. Sie bezeichnen denselben Gegenstand, dieselbe Handlung oder Eigenschaft, heben dabei aber oft unterschiedliche Merkmale hervor, z. B.: *Lärm – Krach – Geschrei*.
> Mit Synonymen, die man zu einem **Wortfeld** zusammenfassen kann, lassen sich Erscheinungen so genau wie möglich benennen und Wortwiederholungen im Text vermeiden.

2

a Ermittle, welche der folgenden Synonyme in die Sätze eingefügt werden können, und passe dabei die Endungen an.

Auto – PKW – Wagen – Karre – Flitzer – Kiste – Schlitten

1 »Nun haben wir uns endlich ein ■ neu ■ ▬▬▬ gekauft«, erzählte uns gestern unser Nachbar.

2 »Unser ■ alt ■ ▬▬▬ war wirklich nicht mehr viel wert.

3 Zuerst hatten wir an ein ■ schnell ■ ▬▬▬ gedacht. Doch dann haben wir uns für ein ■ solid ■ Mittelklasse ▬▬▬ entschieden.«

4 Meine Eltern wünschten: »Na, dann gute Fahrt mit eur ■ neu ■ ▬▬▬ .«

b Begründe deine Lösungen, indem du die unterschiedlichen Bedeutungsmerkmale der jeweils eingesetzten Synonyme nennst.

c Kennst du noch weitere Synonyme zum Wortfeld *Auto?* Stelle sie zusammen, ermittle ihre speziellen Bedeutungsmerkmale und verwende sie in Sätzen.

3

a Suche Synonyme zu dem Wortfeld *sich erholen* und verwende sie in dem folgenden Text so, dass die störenden, eintönigen Wiederholungen vermieden werden. Schreibe den verbesserten Text auf.

Nach fünf anstrengenden Tagen in der Schule erhole ich mich ausgiebig am Wochenende. Besonders intensiv erhole ich mich vom Lernen, wenn ich sonnabends mit meinen Kumpels Basketball spiele. Gut kann ich mich auch beim Lesen und beim Hören von Musik erholen. Dazwischen erhole ich mich aber auch dadurch, dass ich einfach mal ein Stündchen schlafe.

 b Ergänze den Text, indem du weitere Möglichkeiten nennst, wie du dich am Wochenende erholst. Verwende dabei weitere Synonyme aus dem Wortfeld.

Antonyme

1

a Wähle zu den folgenden Wörtern jeweils ein Wort mit gegen-
sätzlicher Bedeutung aus.

dunkel – Nacht – wenig – verkaufen – niedrig – Flut – klein

1 hell **2** groß **3** hoch **4** Tag **5** Ebbe **6** viel **7** kaufen

1. hell – dunkel, 2. groß – …

b Verwende die gegensätzlichen Wörter jeweils in einer Wortgruppe.

1. helle Wolken – …, 2. …

c Bilde mit den Wortpaaren aus Aufgabe a jeweils kurze Sätze.
Schreibe sie auf und unterstreiche die Antonyme.

*1. Vor dem Gewitter war es sehr dunkel, danach wurde
es gleich wieder hell.
2. …*

> **!**
> Zu bestimmten Wörtern gibt es Wörter mit gegensätzlicher
> Bedeutung. Solche Gegensatzwörter heißen **Antonyme.** Sie haben
> teils gemeinsame, vor allem aber gegensätzliche Bedeutungs-
> merkmale, z. B.:
> *hell* (Lichtmenge, viel Licht) – *dunkel* (Lichtmenge, wenig Licht).

2

a Sucht selbst Antonyme zu den folgenden Wörtern und verwendet
die gefundenen Antonympaare in Wortgruppen.

stark – abnehmen – Anfang – vor – oben – mieten – dick –
hineingehen – fröhlich – deklinierbar

stark – schwach: eine starke Mannschaft – …

b Ermittelt in euren Wortgruppen, welche gemeinsamen und welche
gegensätzlichen Merkmale die Antonyme in einem Paar jeweils haben.
Tragt eure Ergebnisse der Klasse vor.

a Bilde mithilfe der Wortbauteile Antonyme zu folgenden Wörtern. Schreibe die Antonympaare auf.

un-/Un-   miss-/Miss-   -haltig   -frei   -voll   -los

1 freundlich **2** ausdrucksvoll **3** glücken **4** kohlensäurehaltig
5 glücklich **6** schwefelhaltig **7** hoffnungsvoll **8** alkoholfrei **9** Glück
10 trauen **11** kraftvoll **12** Verständnis

1. freundlich – unfreundlich, 2. …

b Kennzeichne alle Wortbildungselemente durch senkrechte Striche. Achte auch auf das Fugenelement.

1. freund|lich – un|freund|lich, 2. …

TIPP
Manchmal könnt ihr mehrere Antonyme finden.

a Schreibt auf, welche verschiedenen Antonyme es zu dem Wort *alt* in den folgenden Wortgruppen gibt.

1 ein alter Mensch **2** ein alter Freund **3** altes Brot **4** alte Technik

b Überlegt, warum es zu *alt* mehrere Antonyme gibt.

TIPP
Achte auf die Kommasetzung.

5 Verwende Antonympaare aus den Aufgaben 1 bis 4 in Sätzen. Benutze dabei auch entgegenstellende Ausdrücke (Konjunktionen, Adverbien usw.). Du kannst aus den folgenden auswählen.

1 nicht nur – sondern auch **2** sowohl – als auch **3** einerseits – andererseits **4** teils – teils **5** erst – dann **6** zum einen – zum anderen
7 oft – selten

TIPP
Mögliche Themen:
»Das Wetter in den vergangenen Wochen« oder »Wie verschieden verhalten sich Menschen?«

a Wählt ein Thema aus, bei dem ihr gegensätzliche Erscheinungen darstellen müsst, und verfasst einen Text dazu. Benutzt Antonympaare und entgegenstellende Ausdrücke.

b Tragt den Text in der Klasse vor. Beurteilt, ob die gegensätzlichen Erscheinungen genau benannt worden sind.

Homonyme

1 Worauf beruht dieses Missverständnis?

> **A** Als wir im Sommer eine Radtour gemacht haben, mussten wir ständig mit den Bremsen kämpfen.
> **B** Waren denn die Bremsen an euren Rädern nicht in Ordnung?
> **A** Unsinn, ich meine doch …

2 Vergleiche die Wörter *(die) Bremse* und *(die) Bremse* miteinander.

a Untersuche die Aussprache und die Schreibung der Wörter. Formuliere dein Ergebnis in einem Satz.

b Schreibe die Bedeutung der beiden Wörter in dein Heft.

> *die Bremse[1]: …   die Bremse[2]: …*

c Tauscht euch darüber aus, ob es einen Zusammenhang zwischen den beiden Bedeutungen gibt.

> **!** Wörter, die gleich (bzw. fast gleich) geschrieben und ausgesprochen werden, aber eine unterschiedliche Bedeutung haben, heißen **Homonyme** (gleichnamige Wörter), z.B.: *Bremse – Bremse.*
> Als Homonyme werden auch (fast) gleich geschriebene bzw. gesprochene Wörter verstanden, die zu verschiedenen Wortarten gehören, z.B.: *(der) Morgen – morgen.*

3

a Suche zu jedem der folgenden Wörter ein Homonym. Schreibe die Homonympaare auf und ergänze kurze Bedeutungsangaben.

1 die Koppel (eingezäunte Weide) **2** der Kiefer (Knochen im Mund) **3** das Schloss (Bauwerk) **4** die Bank (Kreditinstitut) **5** der Tor (dummer Mensch) **6** das Gehalt (Einkommen) **7** die Otter (Schlange)

> *1. die Koppel (eingezäunte Weide) – das Koppel (…),*
> *2. …*

b Verwende jedes Wort aus Aufgabe a in einem kurzen Satz.

a Untersuche das grammatische Geschlecht (Genus) der Homonyme aus Aufgabe 3 a. Formuliere deine Feststellung in einem Satz.

b Bilde die Pluralformen der Homonyme. Was stellst du fest?

1. die Koppel (eingezäunte Weide) – die Koppeln, das Koppel …

TIPP
Wenn nötig, schlage in einem Wörterbuch nach.

5 Homonyme können auch zu verschiedenen Wortarten gehören. Suche aus den folgenden Satzpaaren die Homonyme heraus, schreibe sie paarweise auf und bestimme jeweils ihre Wortart.

1 Ich stehe fast jeden Morgen um 6:30 Uhr auf. Aber morgen, am Sonnabend, kann ich länger schlafen.

2 Der Kranke kann nicht alle Speisen essen. Trotzdem muss sein Essen abwechslungsreich sein.

3 Nadelbäume sind zumeist das ganze Jahr über grün. Laubbäume zeigen ihr Grün im Frühjahr und im Sommer.

4 Ich habe dank deiner Hilfe alles geschafft. Für deine Hilfe möchte ich dir herzlichen Dank sagen.

6 Bei manchen Homonymen ist die Aussprache bzw. die Schreibung nur fast gleich.

a Untersuche Aussprache und Schreibung der folgenden Paare.

1 modern – modern **2** August – August **3** umfahren – umfahren

TIPP
Achte auf die Kennzeichnung der Vokale.

b Bilde mit jedem Homonym einen Satz und erkläre damit die unterschiedlichen Bedeutungen.

7

a Untersuche die Aussprache und die Schreibung der folgenden Homonympaare. Wo liegt hier der Unterschied?

1 lehren – leeren **2** malen – mahlen **3** der Wal – die Wahl
4 das Lied – das Lid

b Erläutere die unterschiedlichen Bedeutungen, bilde jeweils einen Satz.

Metaphern

a Bestimme, was *sauer* im ersten und im zweiten Satz bedeutet.

Die Milch ist sauer. Peggy ist sauer, weil Anna nicht gekommen ist.

b Erkläre, warum man die beiden unterschiedlichen Bedeutungen mit *sauer* bezeichnen kann. Suche eine Gemeinsamkeit in den Bedeutungen.

c Überlege, in welchem Beispiel man von ursprünglicher Bedeutung und in welchem von übertragener Bedeutung sprechen kann.

Eine **Metapher** ist ein Wort oder ein Ausdruck mit einer übertragenen, bildhaften Bedeutung. Sie entsteht durch Übertragung eines Wortes mit seiner ursprünglichen Bedeutung auf einen anderen Sachbereich. Grundlage dafür ist ein gemeinsames Merkmal der Ähnlichkeit in beiden Bedeutungen, z. B.:
der Fuß des Menschen → *am Fuß des Berges*
ursprünglich   übertragen
Durch Metaphern wird die Ausdrucksweise eines Textes bildhaft und anschaulich.

a Lies die folgenden Wörter und Metaphern.

1 Bett (Möbel) → Bett des Flusses
2 Flügel (Vogel) → Flügel der Lunge, Flügel des Fensters
3 Bein (Mensch) → Bein des Tischs, Bein des Stuhls
4 Kopf (Mensch) → Kopf des Nagels, Kopf des Briets
5 Krone (König) → Krone des Baums, Krone auf dem Zahn
6 Rücken (Mensch) → Rücken des Buchs

b Erkläre jeweils die ursprüngliche Bedeutung des Wortes, das links steht. Welche gemeinsamen Bedeutungsmerkmale führen zur Bildung der jeweiligen Metapher (rechts)?

c Manchmal treten Metaphern auch in Form von Zusammensetzungen auf. Bilde Zusammensetzungen zu den Metaphern aus Aufgabe a.

1. Bett des Flusses – Flussbett, 2. ...

3 Verwende die folgenden Adjektive in Wortgruppen oder Sätzen sowohl in ursprünglicher Bedeutung als auch in übertragener Bedeutung als Metapher. Erläutere beide Bedeutungen.

1 faul (Obst → Ausrede) **2** dick (Mann → Freundschaft)
3 schwarz (Hose → fahren) **4** kalt (Luft → Licht)
5 warm (Zimmer → Farbe)

4 Erkläre bei den folgenden Adjektiven die ursprüngliche Bedeutung und die Bedeutungsmerkmale, die zum Gebrauch als Metapher führen.

1 eine süße Frucht → eine süße Stimme, ein süßes Gesicht
2 ein trüber Himmel → eine trübe Stimmung
3 eine helle Farbe → ein heller Klang
4 ein offenes Fenster → eine offene Frage

5 Erläutert die folgenden Metaphern. Erfindet dazu jeweils eine kurze Geschichte, in der ihr sie verwenden könnt.

1 Das war für mich ein Kinderspiel.
2 Das war für alle ein steiniger Weg.
3 In den Leistungen der Mannschaft gibt es mehr Licht als Schatten.

6 Suche eine bekannte Metapher für diese beiden Tiere.

1 Löwe, weil er als Herrscher im Tierreich angesehen wird (auch im Märchen, im Film).
2 Adler, weil er der mächtigste Vogel ist und den Luftraum beherrscht.

Personifizierungen

a Sieh dir folgende Illustrationen an und suche den jeweils gemeinten Ausdruck.

b Erkläre mit eigenen Worten, was mit dem jeweiligen Ausdruck genau bezeichnet wird.

> **!** Wenn Verhaltensweisen und Eigenschaften, die typisch für Menschen sind, auf unbelebte Gegenstände und Erscheinungen übertragen werden, liegt eine **Personifizierung** vor. Auch die Personifizierung ist eine bildhafte Ausdrucksweise.

a Verwende Personifizierungen, indem du die folgenden Ausdrücke sinnrichtig einsetzt. Schreibe die Sätze ab und unterstreiche den personifizierenden Ausdruck.

niederpeitschen – einladen – erzählen – ergreifen – heulen – geduldig sein

1 Der Sturm ▬▬ heute Abend besonders laut.
2 Starker Regen und heftiger Wind haben die Sträucher regelrecht ▬▬ .
3 Dieses Bild ▬▬ von einem heiteren Naturerlebnis des Malers.
4 Du kannst schreiben, was du willst – Papier ▬▬ .
5 Als er die sehr gute Note unter seiner Arbeit sah, ▬▬ ihn ein richtiges Glücksgefühl.
6 Auf unserer Tour hat uns ein Waldsee zur Rast und zum Baden ▬▬ .

b Verändert die Sätze aus Aufgabe a so, dass die Personifizierungen durch nichtbildhafte Mittel ersetzt werden.

1. Der Sturm war heute Abend besonders laut. 2. ...

c Vergleicht jeweils die beiden Sätze miteinander. Besprecht, welche besondere Wirkung der Personifizierung ihr feststellen könnt. Tragt eure Überlegungen der Klasse vor.

3 Personifizierungen werden oft in der Dichtung verwendet.

a Heinrich Heine beschreibt in seinem Werk »Die Harzreise« den Fluss Ilse. Lies den Ausschnitt und schreibe alle Personifizierungen heraus.

Es ist unbeschreibbar, mit welcher Fröhlichkeit, Naivität und Anmut die Ilse sich hinunterstürzt [...], sodass das Wasser hier wild emporzischt [...] und unten wieder über die kleinen Steine hintrippelt wie ein munteres Mädchen. Ja, die Sage ist wahr, die Ilse ist eine
5 Prinzessin, die lachend und blühend den Berg hinabläuft. [...] Die hohen Buchen stehen dabei gleich ernsten Vätern, die verstohlen lächelnd dem Mutwillen des lieblichen Kindes zusehen; die weißen Birken bewegen sich tantenhaft vergnügt und doch zugleich ängstlich über die gewagten Sprünge; der stolze Eichbaum schaut
10 drein wie ein verdrießlicher Oheim[1], der das schöne Wetter bezahlen soll [...]

[1] *veraltet* Onkel

b Überprüfe, welche weiteren sprachlichen Mittel der Autor verwendet hat, um seinen Text anschaulich und wirkungsvoll zu gestalten.

c Suche aus deinem Lesebuch oder aus einer anderen Textsammlung ein Gedicht heraus, das Personifizierungen enthält. Stelle das Gedicht der Klasse vor, kennzeichne die Personifizierungen und erläutere, welche Wirkung sie auf dich beim Lesen und beim Nachdenken über das Gedicht hatten.

4 Sammelt Artikelüberschriften aus Tageszeitungen, die Personifizierungen enthalten. Stellt die Sammlung eurer Klasse vor, beschreibt die Personifizierungen und ihre Wirkung in Überschriften.

Grippe schlägt erneut zu

Sprache im Wandel

Sprachvarianten

Dialekte (Mundarten)

a Lies, welches Erlebnis Helge seinen Klassenkameraden erzählt.

Als wir im Sommerurlaub in Reit im Winkl waren – das liegt in Bayern –, sind wir mal auf einen Berg gestiegen und haben dort in einer Hütte Mittag gegessen. Da kam der Kellner mit mehreren vollen
5 Tellern auf die Terrasse und rief: »Wer hatte Bratklopse bestellt?« Niemand antwortete. Er versuchte es ein zweites Mal: »Oder anders gesagt: Buletten? Oder auch: Frikadellen?« Wieder keine Reaktion. Da probierte er es noch einmal: »Ich kann auch
10 fragen: Wer hatte Fleischpflanzerl bestellt?« Da rief jemand: »Joa, dös san mia!«

b Schreibe die verschiedenen Wörter für die betreffende Speise heraus.

c Klärt, welche Fleischspeise so unterschiedlich bezeichnet werden kann. Beschreibt ihre Merkmale (Bestandteile, Form, Zubereitung).

d Tauscht euch aus, wie ihr diese Speise in eurer Gegend bezeichnet und welche der vier Bezeichnungen euch bekannt sind.

e Überlegt, aus welcher Region wohl der Gast stammt, der erst auf die letzte Bezeichnung reagiert. Warum hat er vorher nicht geantwortet?

In der heutigen Sprache findet man in vielen Regionen Wörter und Ausdrücke, die nur dort gebraucht werden, und zwar vor allem in der gesprochenen Alltagssprache. Solche Wörter sind typisch für einen **Dialekt** (auch: **Mundart**). Dialektwörter (Mundartwörter) sind zum großen Teil außerhalb ihrer Region nicht bekannt.

Findet heraus, welche Wörter in den folgenden Gruppen Mundartwörter sind. Welche werden im gesamten deutschen Sprachgebiet
gebraucht und gehören deshalb zur Standardsprache?

1 Tischler – Schreiner **2** Metzger – Fleischer – Schlachter **3** Büttner –
Küfer – Böttcher **4** Stiege – Treppe – Staffel **5** Esse – Schornstein –
Kamin – Schlot **6** Erdapfel – Kartoffel – Erdtoffel – Knolle **7** Rahm –
Obers – Sahne **8** Rotkraut – Blaukraut – Rotkohl

TIPP
Suche unbe-
kannte Wörter
in einem Wörter-
buch oder
im Internet.

a Finde heraus, was die folgenden Dialektwörter bedeuten und in
welcher Gegend sie jeweils gebraucht werden.

1 Motschegiebchen **2** Reet **3** Schrippe **4** Hütes **5** klönen **6** Husche

TIPP
Nimm dazu
Wörterbücher
oder das Internet
zu Hilfe.

b Verwende die Wörter aus Aufgabe a in den folgenden Sätzen.

1 Das war nur ein kurzer Regen. **2** An der Ostseeküste sind Hausdächer
oft mit Schilf gedeckt. **3** Ich esse gern Kartoffelklöße. **4** Guck mal – ein
Marienkäfer! **5** Hol vom Bäcker schnell noch ein paar Brötchen! **6** Wir
sollten uns mal wieder zusammensetzen und uns unterhalten.

4

a Betrachte die Karte und verschaffe dir einen Überblick, wo in Deutschland welche Dialekte (Mundarten) gesprochen werden.

Die deutschen Mundarten in der Gegenwart

TIPP
Nimm, wenn
nötig, einen Atlas
zu Hilfe.

b Nenne einzelne Dialekte (Mundarten). Beschreibe, wo sie gesprochen werden (in Bezug auf Bundesländer, große Städte oder Landschaften).

c Ermittle, in welchem Mundartgebiet du lebst.

d Stelle mithilfe der Beispiele in der Karte wichtige Unterschiede bei Lauten und Formen zwischen den drei Dialektregionen in einer Tabelle gegenüber.

Niederdeutsch	Mitteldeutsch	Oberdeutsch
ik	ich	…

 e Stelle fest, welche oberdeutschen Mundarten es auch in Österreich und in der Schweiz gibt.

→ http://www.
vorleser-schmidt.de **f** Suche nach Hörbeispielen für die Dialektregionen, z.B. im Internet. Spiele sie der Klasse vor.

! In Deutschland werden drei **Dialektregionen** bzw. Großdialekte unterschieden:
- **Niederdeutsch** (auch: **Plattdeutsch**), z.B. Mecklenburgisch-Pommersch, Niedersächsisch,
- **Mitteldeutsch,** z.B. Sächsisch (Obersächsisch), Thüringisch, Hessisch,
- **Oberdeutsch,** z.B. Bairisch, Alemannisch.

Für die Dialektregionen sind neben Wörtern auch bestimmte Laute und Lautkombinationen (geschrieben: Buchstaben und Buchstabenkombinationen) sowie bestimmte Formen typisch, z.B.: *Husche* (kurzer Regen), *ik* (ich), *Hütes* (Kartoffelklöße).

 5

a Wähle einen der folgenden Witze aus und lies ihn still.

Unter den Gästen bei Petersens ist auch der Pastor. Im Lauf des Abends fragt ihn sein Tischnachbar: »Nülich heff ik höört, Sie weern för'n paar Johr Mischonaar in de Südsee, wo dat noch so wat gifft. Weer dat denn nich 'n büschen gefährlich?« »Oh ja, gefährlich weer dat al«, entgegnete ihm der Pastor. »Ik stünn sotoseggen jümmer mit een Been up de Spieskort.«

Ein Mann macht einen Spaziergänger auf die Schönheiten der Natur aufmerksam: »Sähn Se mal das hibbsche Bärgschen!« – »Isch wissde nich, wieso mr das än Berch nenn gann.« – »Nich doche. Das Bärgschen da.« – »Dud mr sehre leid, awwr 'ch verschdeh nur Bahnhof.« Nun reißt dem Mann endgültig der Geduldsfaden: »Nu Goddvrbibbch noch ämal, 'ch meene doch den Boom dorte. Gabiern Se 's nu?«

 **b** Übertragt die Mundartteile des Witzes in die Standardsprache. Klärt unbekannte Formen und Wörter mithilfe der Lehrerin / des Lehrers.

c Findet heraus, welche Teile der Texte jeweils in Mundart verfasst sind. Sucht eine Begründung dafür.

d Ermittelt, aus welcher der drei Dialektregionen der Witz stammt. Belegt euer Ergebnis durch typische Wörter, Formen oder Laute.

e Lies den Witz laut vor. Versuche dabei, die für dich eventuell ungewohnten Laute, Formen und Wörter genau auszusprechen.

→ S.51 Präsentieren: Projektergebnisse vorstellen

6 Beschäftigt euch in einem Projekt mit regionalen Mundarten. Fragt z.B. ältere Menschen nach Mundartwörtern, sammelt diese und stellt sie vor. Sucht nach Mundarttexten und veranstaltet eine Lesung. Ladet eventuell Gäste ein, die Mundarten pflegen.

! Die **Dialekte (Mundarten)** sind die älteste Erscheinungsform (Sprachvariante oder Sprachvarietät) unserer Sprache. Sie entstanden im 8. Jahrhundert n. Chr. Heute leben sie nur noch in Resten fort (Wörter, Formen, Laute/Lautkombinationen). Sie werden in einzelnen Regionen unterschiedlich gebraucht: vor allem mündlich, auf dem Land, von älteren Menschen, im Kreis der Familie und unter Freunden und Bekannten. Man drückt damit aus, dass man sich einer Region zugehörig fühlt und mit den Gesprächspartnern vertraut ist. In vielen Regionen wird die jeweilige Mundart von sprachbewussten, kulturinteressierten und heimatverbundenen Menschen gepflegt.

Umgangssprache

1 Die folgenden Sätze stammen aus Gesprächen auf dem Schulhof.

a Lies die Sätze.

> Wie unser Mathelehrer reagiert hat, das war in Ordnung.

> Der hat mal wieder die große Klappe.

> Halt die Klappe!

> Das macht mich rasend!

> Wie hast du das nur rausbekommen?

> Warum bist du nur so mächtig gereizt?

> Gestern Abend im Klub war nichts los.

> Warum eierst du so rum?

> Was? Gestern? Glatt vergessen.

> Die? Stur wie ein Nashorn.

b Überlege, ob du diese Sätze in jeder Gesprächssituation, z.B. mit jedem Erwachsenen oder mit einem Fremden, oder in jedem schriftlichen Text verwenden würdest.

c Begründe, warum solche Äußerungen mit umgangssprachlichen Wörtern und Ausdrücken für Gespräche in verschiedenen Alltagssituationen üblich und durchaus angemessen sind.

2

a Sucht die umgangssprachlichen Wörter und Wendungen aus den Äußerungen in Aufgabe 1a heraus und schreibt sie auf.

b Stellt ihnen eine oder mehrere Entsprechungen gegenüber, die ihr dafür z.B. in Gesprächen mit Erwachsenen, mit Fremden oder in schriftlichen Texten benutzen würdet.

die große Klappe haben – angeben, prahlen, ...

c Tauscht euch darüber aus, welche Besonderheiten im Satzbau auffallen. Nennt Beispiele dafür.

! In vielen Alltagssituationen, z.B. in der Familie, mit Freunden und anderen vertrauten Menschen, wird vor allem in gesprochener Sprache oft die **Umgangssprache** gebraucht. Dazu zählen bestimmte Wörter und Wendungen, aber auch unvollständige Sätze, z.B.:
die große Klappe haben; Die? Stur wie ein Nashorn.
Umgangssprache kann auch im privaten Schriftverkehr oder in der Literatur (Figurenrede) vorkommen.
Die Verwendung umgangssprachlicher Mittel hängt immer von der jeweiligen Situation und den Beteiligten bzw. Adressaten ab.

3

a Suche für folgende Wörter umgangssprachliche Entsprechungen.

1 unentschuldigt nicht zur Arbeit gehen **2** Tor (auf dem Fußballfeld) **3** Ball **4** scharfer Schuss / scharf geschossener Ball **5** sehen, schauen **6** angeben, prahlen

1. blaumachen, ...

b Suche selbst umgangssprachliche Wörter und Wendungen und erläutere ihre Bedeutung.

c Bilde mit den umgangssprachlichen Wörtern und Wendungen aus Aufgabe a und b Sätze. Erläutere, in welchen Situationen du sie verwenden oder bei anderen angemessen finden würdest.

→ S.142
Metaphern

 d Untersuche, welche dieser umgangssprachlichen Wörter und Wendungen Metaphern sind.

 **4** Mittel der Umgangssprache findet man in der Literatur oft auch in der Figurenrede.

a Sucht Beispiele dafür in literarischen Texten aus dem Lesebuch. Erläutert, wie die jeweilige Figur durch ihre Ausdrucksweise charakterisiert wird.

b Untersucht, ob in diesen Texten auch in der Autorenrede Mittel der Umgangssprache vorkommen. Begründet eure Beobachtung.

Standardsprache

 In vielen schriftlichen Texten (z. B. Literatur, Zeitungsartikel, Fachtexte, amtliche Mitteilungen), aber auch in bestimmten Sprechsituationen (z. B. Vorträge, Nachrichten) wird die **Standardsprache** verwendet. Dazu gehören Wörter, die in allen Regionen des deutschen Sprachgebiets bekannt sind, ein geregelter Satzbau, die Schreibung nach Regeln (Rechtschreibung) und die Aussprache nach bestimmten Normen.

a Lies die beiden folgenden Textauszüge: den Beginn eines Romans und einen Ausschnitt aus einem Geschichtslehrbuch.

Geschem

Ich muss unter dem Maulbeerbaum eingeschlafen sein, wo ich mich am späten Nachmittag, als die Hitze unerträglich wurde, zum Ausruhen hingelegt hatte, denn ich wurde von Schreien geweckt. Es waren hohe, schrille Schreie, und ich hob unwillkürlich die
5 Hände, um meine Ohren zu schützen. Erst verstand ich nicht, dass es ein Mensch war, der da schrie. Doch dann sah ich sie, Daja, die Herrin, wie sie sich drehte und wand und versuchte, sich aus dem Griff der Köchin zu befreien, ich sah ihr verzerrtes Gesicht und den aufgerissenen Mund. »Recha!«, schrie sie. »Recha! Recha!« Doch
10 Zipora und eine Magd hielten sie fest und lockerten den Griff auch nicht, als Daja wie wild um sich schlug und schrie: »Lasst mich los, ich muss zu Recha! Nathan ist nicht da! Gott steh uns bei, wenn Recha etwas passiert.« Ihre Schreie übertönten das Prasseln der Flammen. [...]

Karl der Große unterwirft die Sachsen

Im Jahr 768 übernahm der Karolinger Karl die Herrschaft im Frankenreich. Unter seiner Führung erreichte es seine größte Ausdehnung. Den längsten und erbittertsten Widerstand gegen die Franken leisteten die Sachsen. Sie waren der letzte freie Stamm der Germanen und noch nicht zum Christentum übergetreten. Unter Führung ihres Herzogs Widukind kämpften sie über dreißig Jahre einen verzweifelten Kampf. Um den Widerstand endgültig zu brechen, wurden die Sachsen gezwungen, das Christentum anzunehmen.

b Beurteilt, ob beide Texte durchgehend in Standardsprache verfasst sind oder ob auch Umgangssprache oder Mundart vorkommen.

2

a Höre dir Tonaufnahmen von Nachrichten oder Wetterberichten verschiedener Sender mehrfach an. Vergleiche die Aussprache der Sprecherinnen/Sprecher. Beurteile jeweils, ob sie regionale Besonderheiten aufweist oder der Standardsprache entspricht.

b Übernimm selbst die Rolle einer Sprecherin / eines Sprechers. Verlies die Nachricht aus Aufgabe 4 (S. 94) oder den folgenden Wetterbericht. Bemühe dich um eine standardgerechte Aussprache.

Die Wettervorhersage für heute: Der Tag bringt leicht wechselhaftes Wetter mit einzelnen Schauern. Vereinzelt können auch ein paar Flocken dabei sein. Die Temperaturen steigen von −1 Grad am Morgen auf maximal 4 Grad am frühen Nachmittag. Es weht ein mäßiger Wind aus südwestlichen Richtungen.
Die Aussichten bis Montag: Morgen bleibt es dicht bewölkt, aber verbreitet trocken bei Höchstwerten um 6 Grad. Am Sonntag ist es teils locker, teils auch dicht bewölkt, jedoch trocken bei 9 Grad. Der Montag wird dann sonnig und die Luft erwärmt sich bis auf 12 Grad.

  3 Vergleicht mehrere Nachrichtentexte von verschiedenen Sendern miteinander. Schreibt sie dazu auf; achtet auf die Rechtschreibung. Untersucht anschließend die Wortwahl und den Satzbau der Texte.

Was habe ich gelernt?

4 Überprüfe, was du über Sprachvarianten gelernt hast. Entscheide, welche der folgenden Aussagen falsch ist. Begründe deine Meinung.

1 Standardsprache, Umgangssprache und Dialekte sind Sprachvarianten des Deutschen.

2 Man findet sie hauptsächlich im mündlichen Sprachgebrauch.

3 Standardsprache orientiert sich an allgemein gültigen Normen und ist im gesamten deutschen Sprachgebiet verständlich.

4 Umgangssprache und Dialekte erkennt man an typischen Wörtern und Wendungen und an bestimmten Lauten und Lautkombinationen (bzw. Buchstaben und Buchstabenkombinationen).

Zur Geschichte der deutschen Sprache

Althochdeutsch

!

> Die deutsche Sprache, die wir heute verwenden, hat sich über viele Jahrhunderte entwickelt.
>
> Vorläufer des Deutschen waren Dialekte von germanischen Stämmen in der Zeit von ca. 500 v. Chr. bis zum 7./8. Jahrhundert n. Chr., die als **Germanisch** zusammengefasst werden.
>
> Die Anfänge des Deutschen liegen im 8. Jahrhundert, als in verschiedenen Teilen des heutigen Deutschlands unterschiedliche Dialekte (Mundarten) entstanden. Die neuen mitteldeutschen und oberdeutschen (süddeutschen) Mundarten werden als **Althochdeutsch** (ca. 750 – ca. 1050) zusammengefasst.
>
> Die Dialekte (Mundarten) wurden vor allem gesprochen und sind nur in wenigen Texten (Handschriften) erhalten geblieben, so in vielen religiösen Schriften (Bibelübersetzungen, Vaterunser, Gedichte u. a.) und in wenigen nichtreligiösen Texten (Heldenlieder, Zaubersprüche u. a.), wie z. B. die beiden *Merseburger Zaubersprüche*.
>
> Offizielle schriftliche Texte wurden in dieser Zeit überwiegend noch in Latein verfasst (z. B. Verträge, Urkunden, Rechtsvorschriften).

1 Die Merseburger Zaubersprüche wurden 1841 in der Bibliothek des Domkapitels zu Merseburg entdeckt.

a Höre den folgenden Zauberspruch von einem Internetlink oder als Lehrervortrag.

Zweiter Merseburger Zauberspruch

Phol ende Uuôdan   uuorun zi holza.
dû uuart demo Balderes uolon   sîn uuoz birenkit.
thû biguol en Sinthgunt,   Sunna era suister,
thû biguol en Frîia,   Uolla era suister;
thû biguol en Uuôdan   sô hê uuola conda:
sôse bênrenkî,   sôse bluotrenkî,
sôse lidirenkî:
bên zi bêna,   bluot zi bluoda,
lid zi geliden,   sôse gelimida sîn!

b Versuche bei mehrmaligem Anhören, den Text still mitzulesen.

2 Lies die folgende Übersetzung in das heutige Deutsch laut vor.

Phol und Wodan   ritten in den Wald,
da ward dem Fohlen Balders   sein Fuß verrenkt.
Da besprach ihn Sinthgunt   (und) Sunna, ihre Schwester,
da besprach ihn Frija   (und) Volla, ihre Schwester,
da besprach ihn Wodan,   wie (nur) er es richtig konnte:
Wie die Beinrenke,   so die Blutrenke,
so die Gliedrenke:
Bein zu Bein,   Blut zu Blut,
Glied zu Gliedern,   als ob sie aneinandergefügt (geleimt) seien.

3 Kläre, was du nicht verstanden hast, und erzähle den Inhalt des Textes mit eigenen Worten nach.

4 Untersucht, welche Teile im Text als Wiederholungen vorkommen. Beachtet auch die Anzahl der Wiederholungen. Tauscht euch über ihre Bedeutung aus.

5 Ergänze die Tabelle und stelle ausgewählte althochdeutsche Wörter aus dem Zauberspruch Entsprechungen im heutigen Deutsch gegenüber. Benenne einige Unterschiede.

Althochdeutsch	heutiges Deutsch
ende	und
…	…

6 Versuche, den Text mit der Hilfe der Lehrerin / des Lehrers oder mithilfe einer Tonaufnahme laut vorzulesen.

Mittelhochdeutsch

> Die ehemals althochdeutschen Dialekte (Mundarten) veränderten
> sich ab dem 11. Jahrhundert n. Chr. stark und werden von da an
> zusammenfassend als **Mittelhochdeutsch** (ca. 1050 – ca. 1350)
> bezeichnet.
> Auch diese Dialekte wurden vor allem mündlich gebraucht, aber
> von ihnen sind auch viele Texte in Handschriften überliefert. Dazu
> gehören Gedichte (z. B. von Walther von der Vogelweide), Epen
> (z. B. das *Nibelungenlied* oder *Parzival* von Wolfram von Eschenbach)
> und Sachtexte (z. B. der *Sachsenspiegel,* eine Sammlung von
> Rechtstexten).
> In offiziellen schriftlichen Texten wurde immer noch überwiegend
> die lateinische Sprache verwendet.

1 Lies das folgende Gedicht von Walther von der Vogelweide still.

Ich saz ûf eime steine
Ich saz ûf eime steine,
und dahte bein mit beine:
dar ûf satzt ich den ellenbogen.
ich hete in mîne hant gesmogen
daz kinne und ein mîn wange. [...]

2

a Übersetzt den Text in das heutige Deutsch. Schreibt eure Übersetzung
auf und tragt sie anschließend in der Klasse vor.

TIPP
Fragt eure Lehre-
rin / euren Lehrer
nach unverständ-
lichen Wörtern.

b Erläutere, woran man erkennt, dass es sich um ein Gedicht handelt.

c Schreibe einige mittelhochdeutsche Wörter zusammen mit ihren
Entsprechungen im heutigen Deutsch auf. Beschreibe einige
Besonderheiten des Mittelhochdeutschen.

TIPP
Wenn nötig,
nutze die Hilfe
der Lehrerin / des
Lehrers oder einer
Tonaufnahme.

Mittelhochdeutsch	heutiges Deutsch
saz	…

d Versuche, den mittelhochdeutschen Text laut vorzulesen.

3 Einer der bekanntesten Texte, die in mittelhochdeutscher Sprache aufgeschrieben wurden, ist das Nibelungenlied.

a Höre dir die erste Strophe von einem Internetlink oder als Lehrervortrag an.

> Uns ist in alten mæren   wunders vil geseit
> von helden lobebæren,   von grôzer arebeit,
> von fröuden, hôchgezîten,   von weinen und von klagen,
> von küener recken strîten   muget ír nu wunder hœren sagen.

b Versuche, beim zweiten oder dritten Hören leise mitzusprechen.

4 Tauscht euch in der Klasse darüber aus, welche der Wörter ihr verstanden habt und worum es in dieser Strophe geht.

 5 Übersetzt Textstücke, die ihr schon verstanden habt, in heutiges Deutsch und schreibt sie auf. Lasst Platz für unklare Textteile.

> **TIPP**
> Bei einigen Wörtern könnt ihr eine Übersetzung vermuten und mit Fragezeichen kennzeichnen.

6 Vergleiche deine bisherige Übertragung mit der folgenden vollständigen Übersetzung. Ergänze deine Übertragung.

> Uns ist in alten Mären/   viel Wundersames gesagt/
>   Geschichten   erzählt (worden)
> von lobenswerten Helden,   von großen Kämpfen und Mühen,
> von Freuden, Festzeiten,   von Weinen und von Klagen,
> von Streiten kühner Recken   mögt (könnt) ihr nun/hier Wunder
>   hören sagen.

> **TIPP**
> Lege eine Tabelle an wie in Aufgabe 2 c (S. 156).

7 Stelle einige mittelhochdeutsche Wörter heutigen Entsprechungen gegenüber. Beschreibe die Unterschiede so genau wie möglich.

8 Lies den mittelhochdeutschen Text noch einmal und prüfe, ob du jeden Vers verstehst.

→ **S. 73**
Inhaltsangaben zu literarischen Texten verfassen

9 Ermittelt in Nachschlagewerken, wovon das Nibelungenlied erzählt. Verfasst eine Inhaltsangabe und tragt sie in der Klasse vor.

Frühneuhochdeutsch

Im 14. Jahrhundert war eine weitere Etappe der Veränderung der hochdeutschen Dialekte abgeschlossen. Man nennt sie von da an zusammenfassend **Frühneuhochdeutsch** (ca. 1350 – ca. 1650).
In dieser Zeit wurden immer mehr schriftliche Texte in Dialekt verfasst, sie sind bis heute in Handschriften und Drucken erhalten. Dazu zählen Schriften der Reformation (Martin Luther), Volksbücher (z. B. über Till Eulenspiegel), Schwänke oder erste Grammatiken zum Deutschen (z. B. von Valentin Ickelsamer). In vielen offiziellen schriftlichen Texten (z. B. in Politik, Verwaltung oder Wissenschaft) wurde immer noch die lateinische Sprache verwendet, doch ihr Einfluss ging allmählich zurück.
Aus dem Frühneuhochdeutschen entwickelte sich im 18. und 19. Jahrhundert eine gesamtdeutsche Nationalsprache.

a Lies den folgenden Text still.

Ein kurtzweilig lesen von Dil Ulenspiegel
Die neunzehend Histori sagt von Vlenspiegel / wie er zů Brunschwick sich verdingt zů einem brotbecker / für ein beckerknecht / vnd wie er ůlen vnd merkatzen bůch.
Da nun Ulenspiegel wider geen Brunschwick kam / zů der beckerstuben / da wont ein becker nach darbei / der růfft im in sein hauß vnd fragt in was er für ein gesel oder für ein handtwerckß man wer. Vlenspiegel spruch / Ich bin ein beckerknecht. Der brotbecker der sprach. Ich hab eben kein knecht wiltu mir dienen. Vlenspiegel sagt ia. Also er nun zwen tag bei im was gewesen / da hieß in der becker bachen vff den abendt / dann er kunt im nit helffen / biß an den morgen. Vlenspiegel sprach ia w(a)z sol ich aber bachen …

5

10

b Übertrage den Text mündlich in heutiges Deutsch. Kläre dir unbekannte Wörter durch Vermutungen oder mit der Lehrerin / dem Lehrer.

c Fasse den Inhalt des Textes mit eigenen Worten zusammen.

d Lies in einer heutigen Ausgabe, wie diese neunzehnte Geschichte zu Ende geht, und erzähle die Fortsetzung nach.

2

a Stelle ausgewählte frühneuhochdeutsche Wörter aus dem Text in Aufgabe 1a Entsprechungen im heutigen Deutsch gegenüber. Unterstreiche die Unterschiede.

kurtzweilig – kurzweilig, …

b Trage die Ergebnisse vor. Weise dabei auf die Regeln in der heutigen Rechtschreibung hin.

3

a Lies den Text aus Aufgabe 1a (S. 158) noch einmal still und prüfe dabei, ob du den Inhalt genau verstehst.

TIPP
Überlege, warum diese Figur heute noch so lebendig ist.

b Lies den Text abschließend laut vor.

4 Erzähle weitere Streiche aus dem Volksbuch von Till Eulenspiegel, die dir besonders gefallen. Begründe deine Wahl.

 **5** Und nun noch ein frühneuhochdeutscher Text für »Sprach-spezialisten«. Bearbeitet den Text wie in den Aufgaben 1 bis 4.

Valentin Ickelsamer **Teutsche Grammatica**
Teütsche wort recht Bůchståbisch zůschreiben oder zů reden Regule
Die Erst / Das ainer der ain wort reden oder schreyben will / fleyssig auffmerckung hab auff die bedeüttung vnd Composition desselben worts / das ist / Er soll wissen was es haisse / dann wie yetzt gesagt / verstehn die Teütschen nichts wenigers dann jr aygen teütsch / vnd
5   kumpt solcher vnuerstand diser sprach am maisten daher / das die wörter mit vnrechten Bůchstaben werden geschriben vnd geredt / als ain Exempel / Das wort harbant / reden etlich das / b / so waich das es lauttet harwant / ja etlich nennens harwet / Wer nu nit waist […] die bedeütung dises worts / Nåmlich / das gesagt ist von ainem band
10   da man das har mit bindet / wie kann ers recht schreiben oder reden?

Was habe ich gelernt?

6 Überprüfe, was du über die Entwicklung der deutschen Sprache gelernt hast. Zeichne einen Zeitstrahl und trage die Entwicklungs-etappen ein. Vermerke auch Besonderheiten der Sprache.

Teste dich selbst!

1 Lies den folgenden Text. Schreibe ihn (evtl. am PC) ab.

¹ Gebiet in der Tschechischen Republik

Die Autorin Iva Procházková erzählt über ihr Leben: »Ich bin am 13. Juni 1953 in Olmütz geboren. Olmütz ist eine gemütliche, alte Stadt in Mähren¹, mit vielen krummen Gassen, geheimnisvollen Ecken und Innenhöfen und vielen netten Leuten. Die nettesten von
5 allen waren wahrscheinlich meine Großmutter und meine Urgroß-mutter, die mich meine drei ersten Jahre erzogen und verwöhnten. Dann musste ich nach Prag zu meinem Vater und meiner Mutter, die mich nicht verwöhnten, aber sie liebten mich nicht weniger. Mein Vater, ein Schriftsteller, ist gestorben, als ich 17 war, und er
10 fehlt mir bis heute. Manchmal erzähle ich ihm vor dem Einschlafen etwas Lustiges, um ihm eine Freude zu machen. Er liebte lustige Geschichten und konnte wunderbar erzählen. Das ist vielleicht der Grund, warum auch ich Schriftstellerin geworden bin. Von ihm unheilbar angesteckt, bin ich wie in einem Rausch oder in einem
15 hohen Fieber, wenn ich schreibe, und dieser Zustand dauert, bis das Buch fertig ist. Momentan ist mein Fieber normal, ich schreibe nichts, aber eine Geschichte entwickelt sich schon langsam in meinem Kopf (oder Herz?), klopft ungeduldig und wird bald raus-gelassen werden ...«

2 Schreibe zwei Beispiele für Aufzählungen heraus.

3 Unterstreiche eine nachgestellte Erläuterung mit ihrem Beziehungs-wort.

4

a Unterstreiche alle Nebensätze. Markiere die Einleitewörter und die finiten Verbformen verschiedenfarbig.

b Bestimme, ob es sich bei den Einleitewörtern um eine Konjunktion, ein Relativpronomen oder ein Fragewort handelt.

5 Markiere zwei mehrfach zusammengesetzte Sätze. Zeichne jeweils das Satzbild dazu.

6 Unterstreiche den Satz, der eine Infinitivgruppe beinhaltet, und den, der eine Partizipgruppe enthält.

7 Schreibe den folgenden Satz ab, unterstreiche die Infinitivgruppe und setze das Komma.

Viele Erinnerungen regen die Autorin dazu an Geschichten zu erzählen.

8 Schreibe folgenden Satz ab und unterstreiche die Partizipgruppe. Setze das Komma.

Iva Procházková wuchs in einem kleinen mährischen Städtchen auf von der Großmutter und der Urgroßmutter verwöhnt.

9 Entscheide, welche Wörter in den folgenden Wortgruppen Nomen sind. Schreibe die Wortgruppen in richtiger Groß- und Kleinschreibung auf. Markiere die Attribute, die sich auf die Nomen beziehen.

1 eine gemütliche, alte stadt **2** lustige geschichten **3** viele nette leute
4 mit vielen krummen gassen und geheimnisvollen ecken

10 Schreibe ein nominalisiertes Wort aus dem Text von Aufgabe 1 mit seinen Begleitwörtern auf.

11 Formuliere folgende Aktivformen aus dem Text in Passivformen um.

   1 Großmutter und Urgroßmutter erzogen mich.
   2 Mutter und Vater verwöhnten mich nicht.

12 Schreibe die folgende Äußerung der Autorin in indirekter Rede auf und markiere die Formen im Konjunktiv I.

»Das ist [...] der Grund, warum auch ich Schriftstellerin geworden bin. Von ihm unheilbar angesteckt, bin ich wie in einem Rausch [...], wenn ich schreibe, und dieser Zustand dauert, bis das Buch fertig ist.«

13 Rahme im Text zwei Adverbien der Zeit ein.

14 Schreibe drei Ableitungen und drei Zusammensetzungen heraus. Markiere ihre Wortbestandteile durch senkrechte Striche.

Fehlerschwerpunkte erkennen – Fehler korrigieren

Mit Rechtschreibprogrammen arbeiten

a Versuche, den folgenden Text laut und flüssig zu lesen.

> Dih Schuhle, dih is fain,
> mann haht sufile fecher
> in ainem wirth mann sterger seihn
> davür im anntrenn schwecher.

Achtung, Fehler!

b Beschreibe, wie es dir beim Lesen ergangen ist. Wo liegen deiner Meinung nach die Probleme?

c Wie du siehst, hat das Rechtschreibprüfprogramm sehr viele Fehler rot markiert. Schreibe den Text richtig auf und lies ihn erneut.

Die Schule, ...

 d Beschreibe, welcher Zusammenhang offensichtlich zwischen Rechtschreibfehlern und dem Lesen besteht.

> Eine nützliche Hilfe, um Rechtschreibfehler aufzudecken, bieten Computer und deren **Rechtschreibprüfprogramme.** Rechtschreibfehler werden mit einer roten Wellenlinie markiert.
> Die **Stärke** solcher Programme liegt vor allem bei Fehlern im Bereich
> - der Stammschreibung, z. B.:
>   *komt statt kommt, *schwecher statt schwächer,
> - der Schreibung von Fremdwörtern, z. B.:
>   *Rütmuss statt Rhythmus, *Kathastrophe statt Katastrophe,
> - der Vermeidung von Flüchtigkeitsfehlern, z. B.:
>   *Shcule statt Schule, *doer statt oder.

* kennzeichnet fehlerhafte Schreibungen

e Diskutiert, welche Erfahrungen ihr mit Rechtschreibprogrammen bereits gemacht habt.

2

a Lies den folgenden Text, der 20 Fehler enthält. Das Rechtschreibprogramm hat aber nur 9 Wörter als fehlerhaft markiert.

**Achtung,
Fehler!**

‌
⌛ ' ₁ · ₁ · 2 · ₁ · 3 · ₁ · 4 · ₁ · 5 · ₁ · 6 · ₁ · 7 · ₁ · 8 · ₁ · 9 · ₁ · 10 · ₁ · 11 · ₁ · 12 · ₁ · 13 · ₁ · 14 · ₁

Die teuerste Show der Welt
Über 300 000 Zuschauer und etwa eine Miliarde Fernsehzu-
schauer sahen am 21. Juli 1990 das Popspektakel »The Wall«. Dort,
wo die echte Berliner Mauer weniche Monate vorher gefallen war,
hatten 300 Helfer eine 160 Meter lange und 18 Meter hohe Styro-
5   porwand aufgebaut. Diese Künstliche mauer brach auf dem Höhe-
punkt der Bühnenshow unter den klängen des Musicals »The
Wall« specktakulär zusammen. Die kosten der Show belaufen
sich auf über 7 Millionen Dollar, obwohl alle Künstler auf ihre
Gage verzichteten. Der erlös kam den Opfern von kriegen und
10   Naturkatastrophen zugute. Für das Spektakel wurde das gröste
Plastikschwein der Welt angeferticht, dass mit seinem 16 Meter
dicken kopf die Mauer durch brach. Acht Videowände brachten
die Show auch jenen Zuschauern nahe, denen der Vorderman den
blick verstelte. Die Bühne wurde teil weise von Hupschraubern
15   aus ausgeleuchtet die über den Zuschauern flogen.|

Rechtschreibhilfen:
Regeln anwenden,
Wörter
nachschlagen

b Übertrage die folgende Tabelle in dein Heft. Berichtige die vom PC
markierten Wörter und schreibe sie in die entsprechende Spalte.

Fehler, die die Rechtschreib- prüfung erkennt	Fehler, die die Rechtschreib- prüfung nicht erkennt
Milliarde …	…

TIPP
Konzentriere dich
auf die Groß- und
Kleinschreibung,
Getrennt- und
Zusammenschrei-
bung, *das/dass*-
Schreibung.

c Welche elf Fehler hat das Rechtschreibprogramm nicht gefunden?
Berichtige nun diese Fehler und schreibe sie in die entsprechende
Spalte der Tabelle aus Aufgabe b.

d Erkläre, warum das Rechtschreibprogramm diese Fehler nicht
gefunden hat.

e Das fehlende Komma im letzten Satz wurde vom Rechtschreibprüfprogramm auch nicht erkannt. Schreibe diesen Satz heraus und
füge das Komma ein.

!

> Das Rechtschreibprüfprogramm erkennt leider nicht zuverlässig jeden Fehler. Die **Schwächen** betreffen vor allem:
> - Groß- und Kleinschreibung: Nominalisierte Verben und Adjektive werden nicht erkannt, z. B.: *das schwimmen – das Schwimmen,*
> - Getrennt- und Zusammenschreibung: Sinnzusammenhang wird nicht beachtet, z. B. *frei sprechen* oder *freisprechen* (von Schuld),
> - *das/dass*-Schreibung: Wortart wird nicht erkannt, z. B.: *das Fahrrad, das mir gefällt; Ich hoffe, dass mir das Fahrrad gefällt.*
> In diesen Bereichen sowie bei der Kommasetzung sollte man die Texte selbst prüfen, nachschlagen oder einen Experten fragen. Wenn man im Textverarbeitungsprogramm Word im Menü »Extras« oder »Überprüfen« den Programmpunkt »Rechtschreibung und Grammatik« anklickt, erscheinen jeweils für die rot unterstrichenen Wörter **Schreibvorschläge,** aus denen die richtigen auszuwählen sind.

* kennzeichnet fehlerhafte Schreibungen

3 Schreibe den folgenden Text am PC. Korrigiere die markierten Fehler mithilfe der Vorschläge des Prüfprogramms.

Achtung, Fehler!

Der absolut höchste Berg der Welt

Nimmt man den Fuss eines Berges als Meßpunkt, dann ist der Mauna Kea der höhste Berg der Erde. Mit rund 4214 Metern über Normalnull ist er zunechst der höhste Berg auf Hawaii. Da er aber vom Meeresboden aus gewachsen ist, beträgt seine gesammte Höhe vom Fuss unter Wasser bis zum Gipfel rund 10 205 Meter. Damit ist er also wirglich der höchste Berg der Welt.

4 Du musst die Vorschläge des Rechtschreibprogramms gründlich prüfen. Schreibe die Sätze mit dem jeweils korrigierten Wort auf.

1 Bis zum Zentrum war es nicht wait. (wagt, wart, weit).
2 Wir gingen deshalb zu Fus. (Frs, Fs, Fuß).
3 Schon hatten wir den risigen (rispigen, rissigen, riesigen, rosigen) Dohm (Dahm, Dolm, Dom) im Blick.
4 Das war ein unvergässlicher (unvergesslicher, unverlässlicher) Anblick.

5 Tauscht euch über die Vor- und Nachteile von Rechtschreib- prüfprogrammen aus.

Mit Wörterbüchern arbeiten

Rechtschreibhilfe:
Wörter
nachschlagen

1 Prüfe, ob in den folgenden Wörtern ein Buchstabe fehlt. Schreibe die Wörter richtig auf. Verwende ein Wörterbuch, wenn du unsicher bist.

1 viel◻eicht **2** Blumenscha◻le **3** unverse◻rt **4** Süßwa◻ren **5** gesto◻len
6 Fußso◻len **7** Kuchenkrü◻mel **8** verlie◻ren **9** Gewä◻rleistung
10 Spä◻ne

2 Nimm ein Wörterbuch zu Hilfe und schreibe die Wörter richtig auf.

1 ab◻on◻ieren **2** So◻veni◻r **3** Zer◻emon◻ie **4** Mo◻nta◻nbike
5 Pul◻over **6** Sze◻ne **7** Skiz◻e **8** Mak◻ar◻oni **9** Dis◻jo◻key
10 r◻yt◻misch **11** gesca◻nt **12** e◻legant

TIPP
Zwei Wörter
kommen aus
dem Deutschen.

3 Schlage in einem Wörterbuch nach und suche die Herkunft der Wörter heraus.

1 Toast **2** Gen **3** Nominativ **4** Action **5** Orchester **6** Charakter
7 Interview **8** Video **9** Disziplin **10** Skizze **11** Ingenieur **12** Baum
13 Diskussion **14** Revier **15** Buch

1. Toast (engl.), 2. ...

TIPP
Achtung: Von
einigen Wörtern
gibt es keinen
Plural!

4 Ermittle den Plural der folgenden Wörter. Schreibe beide Formen (Singular und Plural) mit dem Artikel auf.

1 Datum **2** Lager **3** Knie **4** Jubiläum **5** Quiz **6** Status **7** Zirkus **8** Aroma
9 Kaktus **10** Spagetti **11** Gold **12** Jogurt **13** Kompass **14** Schal

1. das Datum – die Daten, 2. ...

5 Schlage nach, wie die folgenden Wörter ausgesprochen werden.

1 Gouda **2** Zucchini **3** Bowle **4** Puzzle **5** Medaillon **6** Receiver
7 Bouillon **8** Chance **9** Brillant **10** Sweatshirt

6 Schreibe die Bedeutung dieser Wörter aus dem Wörterbuch heraus.

1 Dummy **2** Discounter **3** Hypnose **4** engagieren **5** arrangieren
6 Spam

Die Schreibung von Wörtern kann man sich einzeln einprägen, aber weitaus praktischer ist das Einprägen von wichtigen **Rechtschreibregeln.** Diese Regeln findet man in den meisten Rechtschreibwörterbüchern, wie z.B. im Duden.

Rechtschreibhilfe:
Regeln
nachschlagen

7 Finde heraus, wie Wörter mit den Konsonantenverbindungen *ch* (*Wache*), *ck* (*Zucker*) und *sch* (*Wäsche*) getrennt werden. Suche unter dem Stichwort *Worttrennung* die entsprechende Regel im Wörterbuch und schreibe sie mit jeweils vier Beispielwörtern heraus.

a Lies die folgende Regel, die du unter dem Stichwort *Groß- und Kleinschreibung* unter der Kennziffer K 90 findest.

K 90 Von geografischen Namen abgeleitete Wörter auf „-er" schreibt man immer groß, die von geografischen Namen abgeleiteten Adjektive auf „-isch" schreibt man klein, wenn sie nicht Teil eines Namens sind ⟨§ 61 u. 62⟩.	▪ das Ulmer Münster ▪ eine Kölner Firma ▪ die Schweizer Uhrenindustrie ▪ die Wiener Kaffeehäuser ▪ chinesische Seide ▪ böhmische Dörfer *aber:* Atlantischer Ozean (*vgl.* K 88)

b Nutze diese Regel und entscheide über Groß- oder Kleinschreibung. Schreibe die Wortgruppen in der richtigen Schreibung in dein Heft.

1 CHINESISCHE SCHRIFTZEICHEN
2 MECKLENBURGISCHE WÄLDER
3 THÜRINGER ROSTBRATWURST
4 SÄCHSISCHE SCHULEN
5 POLNISCHE GRENZE
6 CHINESISCHE COMPUTER
7 BERLINER MAUER
8 LEIPZIGER KINDER
9 BAYERISCHE BERGE
10 ITALIENISCHES EIS
11 DRESDNER STOLLEN
12 HOLLÄNDISCHER KÄSE
13 FRANKFURTER WÜRSTCHEN
14 AFRIKANISCHE WÜSTEN

Groß- und Kleinschreibung

→ S.103 Nomen und Nominalisierungen

Nominalisierungen/Substantivierungen

1 Schreibe den Text ab und entscheide, ob du groß- oder kleinschreiben musst.

Achtung, Fehler!

kurios war ein tor, das im jahr 1985 zum erfolg des fc bamberg über jahn regensburg führte. ein eben eingewechselter regensburger spieler übernahm sofort das leder, stürmte zielsicher auf das tor zu und schoss unhaltbar ein. seine freude war nur kurz. es war das tor seiner eigenen mannschaft. er hatte die seiten verwechselt.

Rechtschreibhilfe: Regeln anwenden

2 Welche Regeln hast du genutzt? Vervollständige die folgenden Sätze und schreibe sie in dein Heft.

1 Satzanfänge schreibt man ▬▬▬ .
2 Eigennamen werden ebenfalls ▬▬▬ geschrieben.
3 Nomen/Substantive schreibt man im Deutschen ▬▬▬ .
4 Alle anderen Wortarten werden ▬▬▬ geschrieben.

Rechtschreibhilfe: Begleitwörter suchen

3 Entscheide, ob die unterstrichenen Wörter großgeschrieben werden müssen. Wenn ja, schreibe sie mit ihren Begleitwörtern heraus, markiere diese und begründe die Großschreibung.

TIPP
Großgeschrieben werden nur Wörter, die ein Geschlecht haben, z.B.: *das Schreiben* (sächl.).

Schlechte Manieren

Der Kuckuck ist ein großer Betrüger. Beim b/Brüten schiebt er seine Eier anderen Vögeln unter, die gerade brüten. Er muss w/Warten, bis die Eltern fort sind. Dann legt er sein Ei in das fremde Nest. Die anderen Vögel halten das Kuckucksei für ihr eigenes und beginnen sofort mit dem b/Brüten. Der junge Kuckuck hat das schlechte b/Benehmen seiner Eltern geerbt. Schon Stunden nach dem s/Schlüpfen beginnt er mit dem r/Rausschmeißen der anderen Mitbewohner aus dem Nest. Die j/Jungen des Nestbesitzers haben kaum eine Chance zum ü/Überleben, wenn sie aus dem Nest gestoßen wurden. Ihre Eltern kümmern sich nur um »ihren« k/Kleinen, der im Nest sitzt. Sie s/Sorgen für das tägliche f/Füttern und s/Säubern, bis der k/Kleine groß und stark ist und das Nest verlassen hat.

beim (bei dem) Brüten – Präposition (+ Artikel), ...

> **!** Verben und Adjektive lassen sich als Nomen/Substantive verwenden. Man spricht dann von **nominalisierten/substantivierten Verben** und **Adjektiven,** die **großgeschrieben** werden. Man kann sie an ihren Begleitwörtern erkennen, z. B. an:
> - Artikeln (*der, die, das; ein, eine*)   *das Laufen,*
> - Adjektiven (*schnell, gut, ...*)   *schnelles Laufen,*
> - Pronomen (*mein, ihr, etwas, nichts, ...*)   *etwas Gutes,*
> - Präpositionen (+ Artikel) (*auf, beim / bei dem*)   *beim Laufen.*
>
> Nicht nur Adjektive und Verben können mithilfe dieser Begleitwörter nominalisiert werden, sondern auch alle anderen Wortarten, z. B.:
> *das häufige Aber* (Konjunktion), *dein lautes Aua* (Interjektion), *das Für und Wider* (Präposition).

Rechtschreibhilfe: Begleitwörter suchen

→ **S. 102** Die Wortarten im Überblick

4 Ermittle, welche der großgeschriebenen Wörter Nominalisierungen sind und welche Wortart jeweils nominalisiert wurde.

1 »Die Drei ist die Eins des kleinen Mannes«, meint Robert nach der nicht ganz gelungenen Mathearbeit.
2 Sonst hat er stets einige Einsen und viele Zweien.
3 Das Hier und das Heute stehen im Mittelpunkt seines Romans.
4 In der Diskussion ging es um das Für und das Wider von Schülercafés.
5 Das Mein und das Dein sollte man nicht verwechseln.
6 Die vielen Und machen deine Geschichte etwas eintönig.
7 Meine Eltern haben unserer Ferienfahrt ohne Wenn und Aber zugestimmt.
8 Unsere Nachbarin hat meiner Mutter das Du angeboten.
9 Dein dauerndes Ach und Weh gefällt mir überhaupt nicht.

5 Nominalisierungen werden häufig verwendet, wenn es auf eine knappe und sachliche Darstellung ankommt. Formuliere folgende Sätze aus einem Praktikumsbericht um, indem du Nominalisierungen verwendest.

1 Jeder Tag begann damit, dass die Arbeiten verteilt wurden.
2 Oft musste ich dabei helfen, die Regale aufzufüllen.
3 Als das Lager aufgeräumt wurde, hatte ich sogar eigene Aufgaben.
4 Die Waren richtig zu sortieren, ist mir leichtgefallen.
5 Einmal durfte ich dabei sein, als das Schaufenster gestaltet wurde.

1. Jeder Tag begann mit dem ...

Die Schreibung von Eigennamen

1 Sieh dir die folgende Illustration an und erkläre das Problem.

> *Wir werden unser Kind nach seinem Großvater nennen.*

> *Bist du verrückt? Das Kind kann doch nicht Opa heißen!*

> **!** **Eigennamen** sind Wörter und Wortgruppen, die z. B. Personen, Orte, Veranstaltungen, Organisationen und Institutionen als einmalig bezeichnen. Eigennamen werden **immer großgeschrieben**, z. B.: *Alexander, Katharina Weber, Erfurt, Thüringen, Deutschland, Deutsche Meisterschaften im Schwimmen, Deutsches Rotes Kreuz, Freie Universität.*
> Wenn Adjektive, Partizipien oder Numeralien (Zahlwörter) Teil eines Eigennamens sind, werden sie ebenfalls großgeschrieben, z. B.: *der Stille Ozean, die Vereinigten Staaten, der Zweite Weltkrieg.*

Rechtschreibhilfe: Regeln nachschlagen

2

a Suche im Wörterbuch die Regeln zur Schreibung von Eigennamen heraus und fasse diese mit eigenen Worten schriftlich zusammen.

TIPP
§ 59–62 der amtlichen Regelung der deutschen Rechtschreibung

b Wende nun die Regeln an und schreibe die folgenden Wortgruppen richtig in dein Heft.

1 der d/Deutsche Bundestag **2** der k/Kleine Bär (Sternbild)
3 das Kap der g/Guten Hoffnung **4** der i/Indische Ozean
5 die c/Chinesischen Gewürze **6** die w/Weiße Flotte
(Schifffahrtsgesellschaft) **7** Zum g/Goldenen Hahn (Gaststätte)
8 das z/Zweite d/Deutsche Fernsehen **9** m/Mecklenburgisches Gemüse
10 die h/Hohe Tatra (Gebirge) **11** die h/Hohen Kosten

3 Die Schreibung von Personennamen ist nicht an die amtlichen Rechtschreibregeln gebunden.

a Sieh im Telefonbuch nach und schreibe die unterschiedlichen Schreibweisen für *Meier, Schmidt, Seifert* auf.

b Schreibe die verschiedenen Schreibweisen für folgende Vornamen auf.

1 Mike **2** Carina **3** Christoph **4** Luca **5** Niklas **6** Katrin **7** Knut

1. Mike, Maik, Meik, ...

Rechtschreibhilfe:
Regeln anwenden

4 Solche oder ähnliche Überschriften findest du in Zeitungen und Zeitschriften. Schreibe die Eigennamen heraus und erkläre, was sie bezeichnen.

Neuer Chefredakteur bei der Märkischen Allgemeinen Potsdam

Roter Milan vom Aussterben bedroht

Tokio Hotel begeistert Moskau

Weihnachtskonzert des Leipziger Thomanerchors begeistert

Keine Angst vor dem Grauen Wulstling

Das Rote Kreuz hilft auch in Afghanistan

1. Märkische Allgemeine Potsdam – Tageszeitung, ...

5 Eigenname – ja oder nein? Entscheide, ob du groß- oder kleinschreiben musst. Schreibe die unterstrichenen Wortgruppen heraus und begründe mündlich ihre Schreibung.

1. Deutschland ist Mitglied der v/Vereinten Nationen.
2. Das v/Vereinte Deutschland spielt eine wichtige Rolle in der e/Europäischen Union.
3. Viele e/Europäische Staaten wurden bereits Mitglied in dieser i/Internationalen Staatengemeinschaft.
4. Alle warten mit Spannung auf die Entscheidung des i/Internationalen o/Olympischen Komitees.
5. Der Flug über den a/Atlantischen Ozean ist längst kein Abenteuer mehr.
6. Spanien wird vom a/Atlantischen Klima beeinflusst.
7. Wir wollen am s/Schwarzen Meer Urlaub machen.
8. Für den Drucker musst du s/Schwarze Tinte kaufen.
9. Den s/Schiefen Turm von Pisa würde ich gern fotografieren.
10. Im r/Roten Meer zu tauchen, muss interessant sein.
11. Er trägt gern r/Rote Pullover.

Getrennt- und Zusammenschreibung

Regeln der Getrennt- und Zusammenschreibung bei Verben

 1

a Lies den Text laut. Welche Probleme hast du beim Lesen?

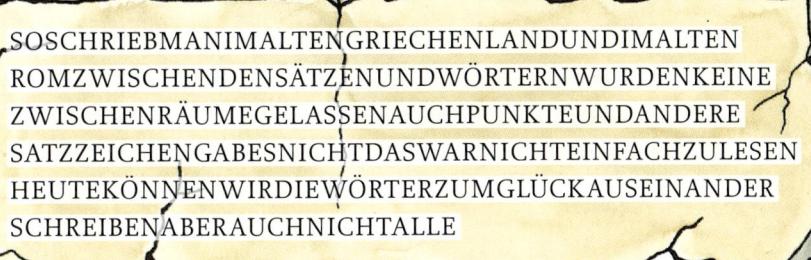

SOSCHRIEBMANIMALTENGRIECHENLANDUNDIMALTEN
ROMZWISCHENDENSÄTZENUNDWÖRTERNWURDENKEINE
ZWISCHENRÄUMEGELASSENAUCHPUNKTEUNDANDERE
SATZZEICHENGABESNICHTDASWARNICHTEINFACHZULESEN
HEUTEKÖNNENWIRDIEWÖRTERZUMGLÜCKAUSEINANDER
SCHREIBENABERAUCHNICHTALLE

b Schreibe den Text nach heutiger Rechtschreibung ab. Welches Verb muss zusammengeschrieben werden?

 !

Im Prinzip schreibt man Wörter getrennt, damit man Texte besser lesen kann und damit keine Wortungeheuer entstehen. Häufig entscheiden die Betonung und die Bedeutung von Wortgruppen über die Getrennt- und Zusammenschreibung:

- Liegt die **Betonung auf dem ersten Bestandteil,** dann wird zusammengeschrieben, z.B.:
  auseinandersetzen, hinauslehnen, schlussfolgern.
- Werden **beide Bestandteile betont,** wird getrennt geschrieben, z.B.:
  aufeinander achten, etwas quer (in den Weg) stellen, laut sprechen.

Auch die Bedeutung ist wichtig für die Getrennt- oder Zusammenschreibung:

- Wird die Wortverbindung **in übertragener Bedeutung** verwendet, dann wird sie zusammengeschrieben, z.B.:
  freisprechen (von Schuld), *schwerfallen* (Mühe haben).
- Bei Verbindungen mit *bleiben* und *lassen* in übertragener Bedeutung ist sowohl Getrennt- als auch Zusammenschreibung möglich, z.B.:
  sitzenbleiben und *sitzen bleiben* (nicht versetzt werden),
  links liegenlassen und *links liegen lassen* (nicht beachten).

Rechtschreibhilfe:
Bedeutungs- und
Betonungsprobe

**Achtung,
Fehler!**

2 In einigen Sätzen werden Verben in übertragener Bedeutung verwendet. Berichtige die Wörter und schreibe die Sätze ab.

1 Diese Aufgaben werden mir nicht schwer fallen.

2 Bei Glätte kann man ziemlich schwer fallen.

3 Die Behauptungen sind falsch. Ich muss einiges richtig stellen.

4 Den Schrank im Kinderzimmer musst du erst mal richtig stellen, damit die Türen nicht klemmen.

5 Der Richter kann den Angeklagten nicht frei sprechen, er muss ihn verurteilen.

6 In einem Vortrag sollte man möglichst frei sprechen, um überzeugend zu wirken.

7 Der Händler will mir den Betrag für das defekte Notebook gut schreiben, also das Geld überweisen.

8 Meine Schwester konnte schon mit 6 Jahren gut schreiben.

! Verbindungen aus **Adjektiv + Verb** werden meist **getrennt** geschrieben, z. B.: *laut sprechen, schnell laufen.*
Nur in **übertragener Bedeutung** muss man zusammenschreiben, z. B.: *schwarzfahren* (ohne Fahrkarte), *schwerfallen* (Mühe haben), *festnehmen* (verhaften), *richtigstellen* (etwas berichtigen), *großschreiben, kleinschreiben* (mit großen bzw. kleinen Anfangsbuchstaben), *freisprechen* (von Schuld).

Rechtschreibhilfe:
Bedeutungs- und
Betonungsprobe

3 Wende bei deiner Schreibentscheidung – getrennt oder zusammen – die Regel aus dem Merkkasten an.

1 Zum Bahnhof mussten wir ▬▬ (schnell – laufen), sonst hätten wir den Zug verpasst.

2 Nomen/Substantive muss man im Deutschen ▬▬ (groß – schreiben).

3 Alle anderen Wortarten werden ▬▬ (klein – schreiben).

4 Bei Schneeglätte kann man ▬▬ (leicht – fallen).

5 Diese Aufgabe wird mir nicht ▬▬ (schwer – fallen).

6 Die Entscheidung wird uns ziemlich ▬▬ (leicht – fallen).

7 Wir müssten noch einen Termin für unsere Beratung ▬▬ (fest – legen).

8 Die Polizei wollte den Einbrecher ▬▬ (fest – nehmen).

9 Wer keine Schuld hat, wird vom Richter ▬▬ (frei – sprechen).

10 Auf dem Plakat solltest du den ersten Buchstaben sehr ▬▬ (groß – schreiben).

4 Entscheide richtig: *groß schreiben* oder *großschreiben, klein schreiben* oder *kleinschreiben.*

1 Im Gegensatz zu Nomen/Substantiven muss man Adjektive und Verben ▭ .

2 Auch nach der Rechtschreibreform müssen wir Nomen/Substantive weiterhin ▭ .

3 In allen anderen Sprachen der Welt werden Nomen/Substantive allerdings ▭ .

4 Nur im Deutschen werden Nomen/Substantive nach wie vor ▭ .

5 Auf einem Werbeplakat sollte man die Buchstaben richtig ▭ .

6 Auf einer Postkarte dagegen muss man meist ziemlich ▭ .

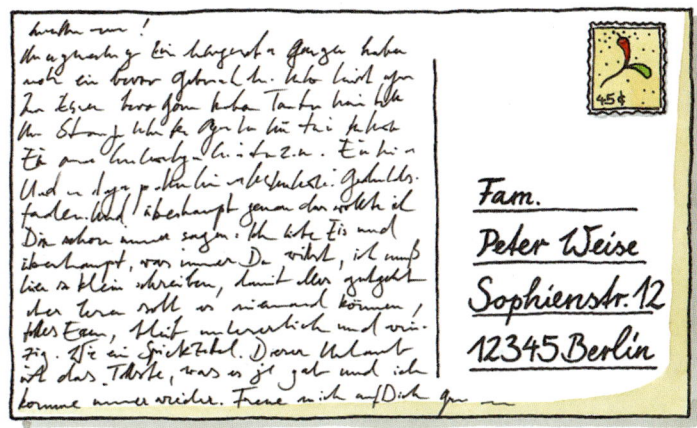

Rechtschreibhilfe: Bedeutungs- und Betonungsprobe

5 Bilde mit den folgenden Nomen, Adjektiven und Verben möglichst viele sinnvolle Wortgruppen. Achte dabei auf Getrennt- und Zusammenschreibung.

Nomen	Adjektiv	Verb
im Bus nicht	schwarz	sprechen
auf der Baustelle	leicht	fahren
die Aufgabe wird mir	fest	fallen
den Verbrecher	frei	nehmen
bei Glatteis	schwer	stellen
eine Behauptung	richtig	schreiben
einen Betrag	gut	arbeiten

im Bus nicht schwarzfahren, ...

! Verbindungen von **Verb + Verb** werden überwiegend **getrennt** geschrieben, z. B.: *lesen lernen, baden gehen*.
Nur bei **übertragener Bedeutung** ist bei Verbindungen mit den Verben *bleiben* und *lassen* auch Zusammenschreibung möglich, z. B.: *sitzenbleiben* (nicht versetzt werden), *links liegenlassen* (nicht beachten).

TIPP
Verwende dazu die entsprechende Regel, z. B. K 55–56 im Duden.

6 Beim Aufeinandertreffen von zwei Verben kann man mit der Schreibung Bedeutungsunterschiede deutlich machen. Entscheide dich für eine Schreibung und begründe deine Entscheidung.

1 Viele Kinder wollen bereits vor Schuleintritt ▬▬ (lesen – lernen).
2 Gute Leserinnen und Leser werden in der Schule selten ▬▬ (sitzen – bleiben).
3 Deshalb sollte man schlechte Leser nicht links ▬▬ (liegen – lassen).
4 In solchen Fällen muss man auch Kritik ▬▬ (bleiben – lassen) und verstärkt ▬▬ (lesen – üben).
5 Als Belohnung für Erfolge kann man dann ▬▬ (baden – gehen) oder im Wald ▬▬ (spazieren – gehen).
6 Wem das nicht gefällt, den sollte man einfach ▬▬ (stehen – lassen).
7 Anna hat ihn ▬▬ (sitzen – lassen), als er Hilfe brauchte.
8 So etwas sollte man auf jeden Fall ▬▬ (bleiben – lassen).

Rechtschreibhilfe: Bedeutungsprobe

7 Entscheide, welche Verbindungen auch zusammengeschrieben werden können. Prüfe deine Entscheidung mit einem Wörterbuch.

1 Sie sollte viel öfter ▬▬ (rechnen – üben).
2 Außerdem hat sie die Verabredung mit ihrem Freund Jan ▬▬ (platzen – lassen).
3 Sie wollte lieber ins Erlebnisbad ▬▬ (schwimmen – gehen).
4 Aber dann ist sie im Stau ▬▬ (stecken – bleiben).
5 Ich hoffe, dass wir unseren Streit bald ▬▬ (ruhen – lassen).
6 Dann können wir zusammen wieder ▬▬ (einkaufen – gehen) und uns ▬▬ (treiben – lassen).

> ! Verbindungen aus **Nomen/Substantiv+Verb** werden überwiegend
> **getrennt** geschrieben, z. B.:
> *Auto fahren, Rad fahren, Ski laufen, Klavier spielen, Not leiden.*
> Folgende **Ausnahmen** muss man sich einprägen:
> *eislaufen (eisgelaufen, eiszulaufen, ich laufe eis), heimfahren,*
> *irreführen, leidtun, kopfrechnen, kopfstehen, preisgeben, teilnehmen.*

Rechtschreibhilfe:
Regeln anwenden

8 Ergänze die Sätze mithilfe der Wörter in Klammern.
Schreibe sie ab.

1 Man sollte viel häufiger ▦▦ (Rad – fahren) und weniger ▦▦
(Auto – fahren).
2 Manche wollen lieber ▦▦ (Ski – laufen).
3 Auch wenn du ▦▦ (Kopf – stehen), du musst heute noch die
Hausaufgaben machen.
4 Ich lasse mich an der Kasse nicht so leicht ▦▦ (Irre – führen),
denn ich kann ganz gut ▦▦ (Kopf – rechnen).
5 Im Winter gehen wir gern ▦▦ (Eis – laufen).
6 Danach können wir mit dem Bus ▦▦ (Heim – fahren).
7 Sie wollte ihr Geheimnis nicht ▦▦ (Preis – geben).
8 Niemand wusste, dass sie ▦▦ (Klavier – spielen) konnte.

 9 Hier ist etwas durcheinandergeraten. Bringe Ordnung in diese
Fügungen und beachte die Getrennt- und Zusammenschreibung
sowie die Groß- und Kleinschreibung.

Achtung, Fehler!

1 autolaufen 2 skistehen 3 kopflaufen 4 radrechnen 5 preisfahren
6 ratfangen 7 feuersuchen 8 diätstehen 9 schlangehalten 10 irretun
11 leidführen 12 kopfnehmen 13 teilgeben 14 eisfahren

1. Auto fahren, 2. …

Die Schreibung von Straßennamen

 1

a Man sieht immer wieder falsch geschriebene Namen von Straßen und Plätzen. Lies die folgenden Beispiele und suche die Fehler.

Achtung, Fehler!

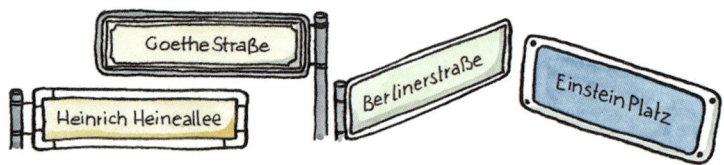

b Lies den Merkkasten und schreibe die Straßennamen aus Aufgabe a richtig auf.

 !

> **Zusammengeschrieben** werden **Straßennamen**, wenn sie folgende Bestandteile als Bestimmungswort haben:
> - einteilige Personennamen, z.B.: *Schillerstraße, Einsteinplatz,*
> - ungebeugte Adjektive, z.B.: *Rundweg, Blaugasse,*
> - Nomen/Substantive, z.B.: *Bergstraße, Kastanienallee.*
>
> **Getrenntgeschrieben** werden Straßennamen, wenn sie folgende Bestandteile enthalten:
> - gebeugte Adjektive, z.B.: *Alter Steinweg, Breite Straße, Innerer Ring,*
> - geografische Eigennamen auf *-er* oder *-isch*, z.B.: *Berliner Platz, Grimmaische Straße,*
> - eine Präposition (+ Artikel), z.B.: *Unter den Linden, Am Anger.*
>
> **Mit Bindestrich** geschrieben werden Straßennamen, wenn sie folgende Bestandteile als Bestimmungswort haben:
> - mehrgliedrige Personennamen, z.B.: *Robert-Schumann-Straße, Karl-May-Gasse, Gebrüder-Grimm-Platz.*

 2

a Berichtige die Straßennamen und ordne sie in die Tabelle ein.

Park Straße – Augustiner-Platz – Anderaue – Helden-Platz – Neuestraße – Schubert Straße – Geschwister Scholl Straße – Am-Stadtgraben – Juri Gagarinring – Luther Platz – Carl Maria von Weber Straße – Schloss-Platz – Marien-Gässchen – Suhlerstraße – Kosmonauten Straße

Achtung, Fehler!

Zusammenschreibung	Getrenntschreibung	mit Bindestrich
Parkstraße	...	...

b Ergänze in den einzelnen Spalten der Tabelle jeweils ein Beispiel.

c Suche aus dem Stadtplan deiner Landeshauptstadt (Zentrum) passende Straßennamen heraus und ordne diese in die Tabelle aus Aufgabe a ein.

Rechtschreibhilfe: Regeln anwenden

3 Bilde aus den folgenden Namen und Begriffen Straßennamen.

Bach – Martin Luther – Dom – Zwickau – Ludwig van Beethoven – Bahnhof – Dr. Robert Koch – Weimar – lang – breit – Friedrich Schiller – Tal – Greifswald – Ostsee

Straße – Platz – Allee – Gasse – Weg

Bachstraße, ...

4 Stelle Straßennamen aus deinem Ort zusammen und ordne sie nach Getrenntschreibung, Zusammenschreibung und Schreibung mit Bindestrich.

5 Lies diesen Text über ungewöhnliche Straßennamen und suche in deinem Wohn- oder Nachbarort ähnliche Straßennamen.

Im Prinzip haben die Straßen in den meisten Orten ganz normale Namen: **Hauptstraße, Kirchgasse, Heinrich-Heine-Platz, Berliner Allee**. Aber eben nur im Prinzip. Da gibt es z. B. die **Milchstraße**, den **Irrweg**, das **Schulterblatt** und den **Stinkbüdelsgang** in
5 Hamburg. Vielleicht wollen die Bewohner von **Außenliegend** (Mühlheim) und der **Knochenhauertwiete** sowie **Hinter der Neuen Tröge** doch lieber in den **Döhnerweg** ziehen. Man kann aber auch auf dem **Hühnerposten** oder im **Duschweg** (alle Hamburg) leben. Im Zentrum von Köln wohnt man **Unter Fettenhennen** und
10 in Aachen **An den Wurmquellen.** Auch auf der **Tüünlüüd** (Maasholm) und **Am Elend** (Wuppertal), **Am Schmandsack** (Dortmund), **Am Flötenhalterweg** und sogar im **Himmelreich** (Heide-Dithmarschen) wohnen Leute. Die Bewohner der **Ellenbogengasse** (Frankenthal) sind sicher ebenso wenig glücklich über den Namen wie die
15 Leute in der **Frustbergstraße** (Hamburg), eher dagegen die Berliner auf der **Frohen Stunde.**

Wörter mit Bindestrich

1 Erkunde im Regelteil des Wörterbuchs, wann ein Bindestrich gesetzt werden sollte und wie viele man setzen darf.

> **!**
>
> **Bindestriche** erleichtern das Lesen. Sie machen Wortzusammensetzungen übersichtlicher, z.B.:
> *das Preis-Leistungs-Verhältnis, die Berg-und-Tal-Bahn.*
> Mit Bindestrich werden folgende Wörter geschrieben:
> - Zusammensetzungen mit einzelnen Buchstaben, Abkürzungen, Kurzwörtern oder Ziffern, z.B.:
>   *A-Dur, c-Moll, x-beliebig, Dehnungs-h, Lkw-Verkehr, Musik-CD, WLAN-Verbindung, 13-jährig, 100-prozentig, 5:1-Sieg,*
> - Zusammensetzungen mit mehr als zwei Bestandteilen, z.B.:
>   *Hals-Nasen-Ohren-Arzt, 24-Zoll-Monitor, der Trimm-dich-Pfad,*
> - Zusammensetzungen, die zu Missverständnissen führen können, z.B.:
>   *Druck-Erzeugnis* (Erzeugnis einer Druckerei) – *Drucker-Zeugnis* (Zeugnis für einen Drucker),
> - Eigennamen mit mehrteiligen Namen, z.B.:
>   *Goethe-Schiller-Gedenkstätte, Nord-Ostsee-Kanal.*
> Ein Bindestrich **kann** auch beim Zusammentreffen von drei gleichen Buchstaben in Zusammensetzungen gesetzt werden, z.B.:
> *Auspuff-Flamme* (neben *Auspuffflamme*), *Tee-Ei* (neben *Teeei*).

2 Schreibe die Zusammensetzungen mit Artikel ab und setze die Bindestriche richtig.

Achtung, Fehler!

MAIJUNIHEFT – RHEINMAINDONAUKANAL – FRIEDRICHSCHILLERMUSEUM – HAVELSPREEKANAL – HALSNASENOHRENARZT – JOHANNWOLFGANGVONGOETHEDENKMAL – HEINRICHHEINEOBERSCHULE – KOPFANKOPFRENNEN

das Mai-Juni-Heft, …

3 Bilde Zusammensetzungen mit Ziffern und setze die Bindestriche.

alle Fünfzehnjährigen – das Zehnfache – sechsjährig – ein Achtzylinder – ein Dreipfünder – der Einhundertmeterlauf – eine vierzehntägige Reise

4 Füge entsprechende Bindestriche ein, um die Lesbarkeit zu verbessern und um Missverständnisse zu vermeiden.

1 Kaffeeersatz – Flussschifffahrt – Kleeernte – Teeei – Hawaiiinseln – Schwimmmeisterschaft – Sauerstoffflasche – Klemmmappe – Schlusssignal – Alleeecke

2 Hansaufer – Urteilchen – Musikerleben – Uranfang

1. Kaffee-Ersatz, ...

Rechtschreibhilfe: Regeln anwenden

5 Wähle aus, wie die Wortgruppe richtig geschrieben wird, und schreibe sie auf.

TIPP
In zwei Fällen sind beide Schreibweisen möglich.

1 ein 14 jähriges Mädchen – ein 14-jähriges Mädchen
2 das Robert-Schumann-Museum – das Robert Schumann-Museum
3 11 mal versuchen – 11-mal versuchen
4 ein 6 Achser – ein 6-Achser (Lkw)
5 der Elbe Havel Kanal – der Elbe-Havel-Kanal
6 100 prozentig – 100-prozentig
7 die November Dezemberausgabe – die November-Dezember-Ausgabe
8 der 100 Euroschein – der 100-Euro-Schein
9 Stofffetzen – Stoff-Fetzen
10 im Zooorchester spielen – im Zoo-Orchester spielen

Achtung, Fehler!

1. ein 14-jähriges Mädchen, ...

Abkürzungen und Kurzwörter

1 Sieh dir die Karikatur an und beschreibe die Situation. Löse den Inhalt der Sprechblase auf.

2

a Überlegt, was nach eurer Meinung für bzw. gegen Abkürzungen und Kurzwörter spricht. Tauscht euch aus.

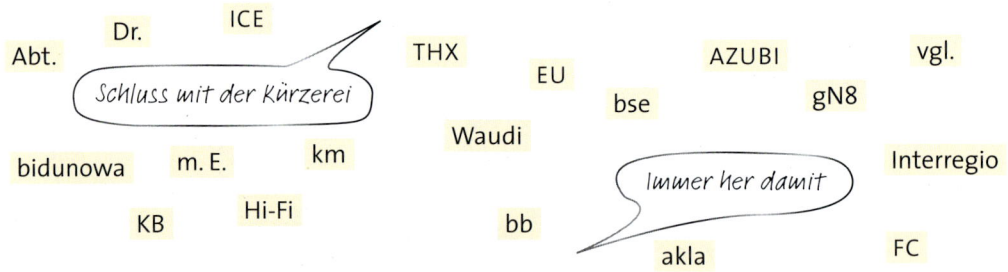

b Übertrage die Tabelle in dein Heft. Trage die Abkürzungen und Kurzwörter aus Aufgabe a in die richtige Spalte ein und ergänze die Langformen.

allgemein gebräuchliche Abkürzungen	Abkürzungen beim Chatten und Simsen
Hi-Fi – High Fidelity	Waudi – Warte auf …

! **Abkürzungen** sind in der Regel Einzelbuchstaben, Buchstabenfolgen
oder Wortteile, die vorwiegend in der geschriebenen Sprache
Verwendung finden, um das Schreiben schneller und platzsparender
zu gestalten. Man unterscheidet
- **Abkürzungen mit einem Punkt,** z. B.:
  z. B. (zum Beispiel), *Dr.* (Doktor), *usw.* (und so weiter),
- **Abkürzungen ohne Punkt** für Maßeinheiten, chemische Elemente,
  Himmelsrichtungen und Währungseinheiten, z. B.:
  m (Meter), *Zn* (Zink), *W* (Watt), *SW* (Südwest), *MB* (Megabyte).

Kurzwörter werden teilweise auch im mündlichen Sprachgebrauch
verwendet. Sie entstehen dadurch, dass Wortteile weggelassen
werden, z. B.: *Fotografie* → *Foto, Fahrrad* → *Rad*.
Besondere Formen von Kurzwörtern sind **Buchstabenwörter,** bei
denen die Buchstaben einzeln oder zusammenhängend gesprochen
werden. Hinter den Buchstabenwörtern steht kein Punkt, z. B.:
Lkw (gesprochen: el-ka-we, Lastkraftwagen), *PLZ* (Postleitzahl).
Auch **Silbenwörter** sind Kurzwörter. Silbenwörter werden
aus den Anfangssilben zusammengesetzter Wörter gebildet, z. B.:
Kriminalpolizei → *Kripo*.

TIPP
Hilfe findest du
im Duden oder
in einem anderen
Wörterbuch
oder unter www.
abkuerzungen.de

3

a Kennst du die folgenden Abkürzungen und Kurzwörter?
Schreibe sie ab und ergänze ihre Langform.

1 AB	10 d.h.	19 evtl.	28 Sek.
2 Abb.	11 DRK	20 ha	29 s.o.
3 ARD	12 i. A.	21 SO	30 TÜV
4 BMW	13 Ing.	22 dm	31 ü.d.M.
5 BRD	14 Jh.	23 km/h	32 u.a.
6 b.w.	15 Kfz	24 Mg	33 ugs.
7 C	16 MDR	25 Nr.	34 V
8 ca.	17 Mrd.	26 z.T.	35 vgl.
9 DFB	18 Dr.	27 Pkw	36 VW

1. AB – Anrufbeantworter, 2. ...

b Markiere in deinem Heft diejenigen Abkürzungen, die du schon
häufiger verwendet hast. Erläutere, wann und warum du sie
benutzt.

4 Bilde von den Langformen die entsprechenden Abkürzungen. Übertrage die Tabelle in dein Heft und ordne die Abkürzungen in die richtige Spalte ein.

1 umgangssprachlich **2** Europäische Union **3** Abkürzung **4** Diplomingenieur **5** Internationales Olympisches Komitee **6** Allgemeiner Deutscher Automobilclub **7** Elektronische Datenverarbeitung **8** digital versatile disc **9** Megahertz **10** Nordost **11** Rundfunk Berlin-Brandenburg **12** Nordrhein-Westfalen **13** Watt **14** Millimeter **15** meines Erachtens **16** und so weiter **17** zirka (cirka) **18** World Wide Web **19** Magnesium **20** und andere(s) mehr **21** zur Zeit **22** Zweites Deutsches Fernsehen

mit Punkt	ohne Punkt
ugs.	EU
...	...

5 Bilde aus diesen Langformen die gebräuchlichen Kurzwörter.

1 Lokomotive **2** Universität **3** Automobil **4** Omnibus **5** Mathematik **6** Katalysator **7** Auszubildender **8** Akkumulator **9** Abitur **10** Information **11** Navigationssystem **12** Diskothek **13** Kilogramm **14** Dinosaurier **15** Zoologischer Garten

6

a Erkläre an einem Beispiel, wie Silbenwörter entstehen.

TIPP
Nutze die Information aus dem Merkkasten auf S.181.

b Schreibe jeweils die Langform zu den folgenden Silbenwörtern auf.

1 Kita **2** Navi **3** Interpol **4** Trafo **5** Schiri **6** Reha **7** Stasi **8** Info

1. Kita – Kindertagesstätte, 2. ...

→ **S.178** Wörter mit Bindestrich

7 Manche Abkürzungen werden mit einem Bindestrich geschrieben. Schreibe diese Wörter zusammen mit der Langform richtig auf.

1 UBOOT **2** EMAIL **3** KMZAHL **4** PKWFÜHRERSCHEIN **5** DVDPLAYER **6** SBAHN **7** HMILCH **8** IPUNKT **9** KFZWERKSTATT

1. U-Boot: Unterseeboot, 2. ...

! Für SMS und andere Formen von Textübermittlung im Internet haben sich vielfältige Kürzungsvarianten entwickelt, denn die Eingabe des Textes für eine SMS ist mühsam.
SMS-Abkürzungen und **-Kurzwörter** sind z. B.: *glg* (ganz liebe Grüße), *tml* (Tut mir leid!), *waudi* (warte auf dich), *gN8* (*Gute Nacht!*).
Diese Abkürzungen sind nicht einheitlich. Sie können unterschiedliche Bedeutungen oder auch unterschiedliche Formen haben, z. B.: *G* (Grinsen oder Gangster), *HD!* oder *HDU* (Halte durch!).
Ebenso gibt es keine einheitlichen und nachvollziehbaren Regelungen zur Groß- und Kleinschreibung, z. B.:
GLG, glg oder *glG* (ganz liebe Grüße).

 8 Findet die Bedeutung der folgenden SMS-Abkürzungen und -Kurzwörter heraus.

TIPP
Hilfe erhaltet ihr auch im Internet.

1 8tung **2** BIGBEDI **3** GNGN **4** HEGL **5** MFG **6** RUMIAN
7 WASA **8** BB **9** BRADUHI **10** GN8 **11** HAHU **12** KV **13** THX

9

a Überlege, warum Anzeigen (Annoncen) in Zeitungen voll von teilweise ungewöhnlichen Abkürzungen sind.

b Wähle eine Annonce aus und schreibe die Langform des Textes auf.

DD-Neustadt: EG, 54 qm, WZ, SZ, Bad, Kü m. Fe., inkl. Pkw-Stellpl., 8 € KM/qm. VB + NK, herrl. Fernbl., v. priv., Tel. (01 70) 2 40 91 87.

Verk. gebr. Nintendo DS gelb, repar., aber voll funkt.fähig, wenn gewü. zusätzl. 2 Spiele u. Zusatz-Modul. Pr. n. Ver., Handy (01 57) 2 45 89 99

Mountainbike Cube LTD 118 Z. 27 Gg.-Schalt. 5 J. alt, wen. gef., kl. Kratz., inkl. Fahrr.-Comput., 2 Trinkfl., kl. Sattelta. Pr. 150 €, zu erfr. bei Tim W. (03 41) 1 22 22 76

 10 Formuliere eine eigene Anzeige zu einem selbst gewählten Gegenstand (Fahrrad, PC, ...). Verwende dabei möglichst viele Abkürzungen.

Fremdwörter

1 Erläutere die Verwechslungen der Fremdwörter und berichtige sie.

1 In Deutschland werden Staatspräsidenten immer
von Polizeikonsorten begleitet.

2 Herr Doktor, mein Mann infiziert sich für gar nichts mehr.
Können Sie ihm helfen?

! **Fremdwörter** kommen aus anderen Sprachen (engl.: *Mountainbike*),
sind nicht immer einfach zu schreiben (ital.: *Pizza*), werden anders
ausgesprochen als geschrieben (franz.: *Medaille*) und manchmal
kennt man die genaue Bedeutung nicht (griech.: *Asteroid*).
Wenn man Fremdwörter nicht genau kennt, sollte man unbedingt
ein Wörterbuch benutzen, z. B. einen Duden. Manchmal aber ist es
notwendig, in einem speziellen **Fremdwörterbuch** nachzuschlagen.
Dort findet man ausführliche Informationen zu Bedeutung,
Aussprache, Schreibung und Herkunft vieler Fremdwörter.

2 Entscheide, welche Bedeutung dieser Fremdwörter die richtige ist,
und schreibe sie auf. Verwende ein Wörterbuch, wenn du unsicher bist.

1 *Affäre*
a) Lufthülle
b) Affenart
c) peinlicher Vorfall
d) Transportschiff

2 *anonym*
a) bekannt
b) unbekannt
c) gegenteilig
d) geheim

3 *Cyberspace*
a) Raumschiff
b) Sportart
c) künstliche Welt
d) Wasserfahrzeug

4 *Outlet*
a) Eiergericht
b) Werkverkauf
c) Auszeit
d) Ausgang

5 *integrieren*
a) streiten
b) einbeziehen
c) vernachlässigen
d) sich einmischen

6 *Individuum*
a) indisches Gewürz
b) Metall
c) Einzelwesen
d) naiver Mensch

7 *Interpunktion*
a) Pünktlichkeit
b) Zeichensetzung
c) geheime
Abmachung
d) Zwischenlösung

8 *Collage*
a) Kollege
b) zusammen-
geklebtes Bild
c) Hunderasse
d) Schule

9 *Niveau*
a) Hautcreme
b) Rang, Wertstufe
c) Parfüm
d) Sportgerät

TIPP
Prüfe die Lösung
mit einem
Wörterbuch.

3 Diese Fremdwörter klingen ähnlich, haben aber eine ganz andere Bedeutung. Entscheide dich für das richtige Wort und erkläre mündlich den Unterschied.

1 in eine Marionetten-Wohnung / Maisonette-Wohnung ziehen
2 sich bei der Vorbereitung der Klassenfahrt stark arrangieren / engagieren
3 das Geld in einen Tresor / Ressort legen
4 neue Schüler integrieren / intrigieren
5 ein Pop-Konzert in einem Amphibientheater / Amphitheater erleben
6 eine Konifere / Koryphäe einpflanzen
7 Die Zeichensetzungslehre nennt man Interpunktion / Interjektion.
8 Ein Bindewort heißt lateinisch Konjunktion / Konjugation.

1. Maisonette-Wohnung, 2. ...

4 Fremdwörter aus dem Englischen: Erkläre das Missverständnis.

Eine Frau steht vor einer verschlossenen Ladentür. Kommt eine Nachbarin vorbei und sagt: »Hier brauchen Sie nicht zu warten. Sie sehen doch das Schild.«
»Ja, das ist mir auch aufgefallen, dass das Klosett falsch geschrieben ist. Aber wer immer da jetzt drin sitzt, braucht bestimmt nicht mehr lange.«

! Viele Wörter übernehmen wir gegenwärtig **aus dem Englischen**, vor allem aus den Bereichen der Informationstechnik (*DVD-Player, WLAN*), der Musik (*Rapper, Boy-Group*), der Mode und des Sports (*Jeans, Inlineskates*). Allerdings kommen auch vollkommen überflüssige Wörter in die deutsche Sprache, z.B.:
Ticket (statt *Fahrkarte*), *Service-Point* (statt *Auskunft/Information*), *outsourcen* (statt *auslagern*).

5 Übertrage die Tabelle in dein Heft und ordne die folgenden Wörter richtig ein. Begründe deine Meinung und verwende, wenn nötig, ein (Englisch-)Wörterbuch.

Service-Point – Skateboard – Aircondition – chatten – Location – chillen – Beauty-Case – Bodywear – biken – Public Viewing – googeln – shoppen – Coolness – easy – Kiddy Contest – Beachwear – scannen – Airbag – Fun – News – Bodyguard – Christmas

einfach ins Deutsche übertragbar	mit Problemen übertragbar
Service-Point: Auskunft/Information ...	Skateboard: Rollerbrett?? ...

TIPP
Verwende ein Wörterbuch zur Kontrolle.

6 Lies den Text und finde heraus, um welchen Begriff es sich handelt. Schreibe, wenn möglich, Artikel und Pluralform auf.

Fremdwortgeschichte – Wer kennt mich?
1 Eigentlich habe ich einen typisch englischen Namen. Aber in den USA und in England kennt niemand diesen Namen, der 1988 in Deutschland entstanden sein soll. Weil der Name den Deutschen zu englisch war, wurde sogar ein Wettbewerb ausgeschrieben,
5 um einen anderen Namen für mich zu finden. Aber solche Bezeichnungen wie *Ohrli, Nervli, Rufli, Fonli, Mini, Mobi, Talky, Tragi* und *Schnelli* konnten sich alle nicht durchsetzen. So ist es bei dem ursprünglichen Namen geblieben, den jedes Kind kennt. Ich bin sehr begehrt, und die meisten besitzen mich auch, obwohl ich
10 manchmal ganz schön teuer werden kann.
Übrigens: In China nennt man mich *sau kei* (Handmaschine), in Frankreich *portable,* in Griechenland *kinito,* in Italien *móbile* oder *telefonino* (das Telefönchen) und in Russland *mobilnik.*

2 Ich habe einen kurzen, aber schwierigen Namen. Aussprache und
15 Schreibung unterscheiden sich stark voneinander. Man verwendet mich meistens als Zusatzbezeichnung für Getränke, Jogurt oder Käse. Diese Produkte gelten im Zusammenhang mit meinem Namen als besonders gesund. Ernährungswissenschaftler aber bezweifeln das. Außerdem schummeln manche Hersteller. Obwohl sie meinen
20 Namen verwenden, haben sie kaum etwas an ihren Produkten verändert, nur den Preis.

> **!** Die meisten **englischen Wörter** werden an die deutsche Sprache
> angepasst oder auch eingedeutscht. Dies geschieht mithilfe
> der für das Deutsche typischen Artikel (*der, die, das* + Großschreibung
> der Nomen/Substantive), Präfixe (*ge-*), Suffixe (*-ier-*) und Endungen
> (*-en, -er, -s, -et, -t*), z. B.:
>
> | Englisch | eingedeutscht |
> |----------|---------------|
> | shop | der Shop, die Shops, shoppen |
> | airbag | der Airbag, die Airbags |
> | to format | formatieren, formatiert |
> | to scan | scannen, gescannt, der Scanner |
>
> **Übrigens:** Es gibt auch eine ganze Reihe deutscher Wörter im
> Englischen, z. B.: *Autobahn, Bratwurst, Doppelgänger, echt,*
> *Gemütlichkeit, heiß, Kindergarten, Rucksack, Sauerkraut, verboten,*
> *Zwieback.*

7 Bilde entsprechende Anpassungen an die deutsche Sprache: Artikel
und Pluralform bei Nomen/Substantiven, Infinitiv und Partizip II
bei Verben. Markiere die Wortbauteile, die du verwendet hast.

1	to skate	**5**	game
2	to jog	**6**	notebook
3	to scan	**7**	match
4	to install	**8**	team

1. to skate: skat<u>en</u>, …

 8 Suche die entsprechenden französischen Fremdwörter mit *aill, eau,*
oi, eur, age, ou. Achte auch auf die Aussprache.

1	bekommt der Sieger	Med▬▬
2	Streckenplan, Wegstrecke	R▬▬
3	Rang, Stufe, Ebene	Niv▬▬
4	Unterstellmöglichkeit für Autos	G▬▬
5	gerollter Braten	Ro▬▬
6	Hochebene	Pla▬▬
7	studierter Techniker	Ing▬▬

Teste dich selbst!

1 Suche die Regelungen für die Schreibung von *das – dass* aus dem Wörterbuch heraus. Schreibe die Regel in Kurzfassung auf.

2 Schreibe die folgenden Sätze ab und füge *das* oder *dass* ein. Ergänze die jeweilige Wortart als Begründung deiner Entscheidung.

1 Es ist kaum zu glauben, da▪ da▪ Skifahren schon mindestens 4000 Jahre alt sein soll.
2 Da▪ jedenfalls belegen Wissenschaftler, die im Norden Russlands Teile von Skiern ausgegraben haben.
3 Da▪ Alter soll über 10 000 Jahre betragen.
4 Es ist anzunehmen, da▪ sich die Skier aus Schneeschuhen entwickelt haben.
5 Da▪ waren Schuhe, die sich die Bewohner Skandinaviens um die Füße banden, sodass sie nicht zu tief im Schnee einsanken.
6 Aber niemand weiß da▪ ganz genau. Wahrscheinlich entwickelten die Menschen je nach Land unterschiedliche Skiarten.
7 Mitte des 20. Jahrhunderts war es dann so weit, da▪ sich da▪ Skifahren als Freizeitbeschäftigung durchsetzte.
8 In jedem Winter beginnt da▪ große Warten auf den Schnee. Viele hoffen, da▪ auch im Flachland genügend Schnee fällt.

3 Schreibe den Text in richtiger Rechtschreibung ab und markiere die Eigennamen farbig.

DAS WAR SPANNEND DAMALS IN CALGARY ZU DEN OLYMPISCHEN WINTERSPIELEN 1988. IM EISKUNSTLAUF DER DAMEN LIEGT DEBI THOMAS AUS DEN VEREINIGTEN STAATEN VON AMERIKA VOR KATARINA WITT AUS DER DDR. ZUR KÜR HABEN SICH BEIDE DAS GLEICHE MUSIKSTÜCK AUS DER OPER »CARMEN« VON GEORGES BIZET AUSGESUCHT. DER AUSGANG IST BEKANNT. DIE HÜBSCHE KATI AUS SACHSEN BESIEGT DIE ATTRAKTIVE DEBI AUS KALIFORNIEN UND GEWINNT OLYMPISCHES GOLD. 1994 GELINGT IHR EIN UNGLAUBLICHES COMEBACK BEI OLYMPIA IN LILLEHAMMER, EINER STADT IN NORWEGEN. NUNMEHR STARTET SIE FÜR DIE BUNDESREPUBLIK DEUTSCHLAND.

4 Schreibe ab und entscheide über Groß- oder Kleinschreibung.

1 über das HIER und JETZT sprechen
2 das FÜR und WIDER diskutieren
3 eine ACHT im Rad haben
4 mit einer ZWEI in der Mathearbeit RECHNEN
5 das REITEN und das SCHWIMMEN lieben
6 sich FÜR eine gute Sache einsetzen
7 ohne WENN und ABER helfen
8 das NEIN gut überlegen
9 etwas mit ACH und KRACH schaffen
10 heute MITTAG pünktlich sein
11 ABENDS ins Kino gehen
12 den Stuhl HIER stehen lassen
13 das ÜBEN JETZT beenden
14 mit dem BERICHTIGEN BEGINNEN
15 in aller FRÜHE AUFSTEHEN

5 Schreibe die Abkürzungen und Kurzwörter für die folgenden Wörter und Wortgruppen auf.

1 das heißt
2 und so weiter
3 zum Beispiel
4 siehe oben
5 Personenkraftwagen
6 Deutsches Rotes Kreuz
7 Ingenieur
8 Doktor
9 Meter
10 Kilogramm
11 Celsius
12 compact disc
13 World Wide Web
14 Unterseeboot
15 Abkürzung
16 Kilopascal
17 Bankleitzahl
18 Abitur

6 Diese Fremdwörter sind fast so geschrieben, wie man sie spricht. Berichtige die Schreibung, unterstreiche die schwierigen Stellen und ergänze bei den Beispielen 1 bis 5, 7 und 9 die Bedeutung.

1 Etasche
2 Sitti
3 Medalljong
4 Beik
5 Puhl
6 Dschiens
7 Kiehboort
8 Kaubeu
9 Männätscher
10 Maneesche
11 Eipott
12 Inschenjör
13 Fejsbuk
14 Schangse
15 kuhl
16 Ährbäg
17 angaschiert
18 (Web)-Brauser

Merkwissen

Ableitung	Form der **Wortbildung**: Ableitungen entstehen durch: • das Anfügen von **Präfixen** (Vorsilben) und **Suffixen** (Nachsilben) an einen Wortstamm, z. B.: _beachten, achtsam, Achtung, Verachtung_, • **Änderung des Stammvokals**, z. B.: _fliegen – Flug, wählen – Wahl_.
Adjektiv (Eigenschaftswort)	→ **deklinierbare und komparierbare Wortart**, die **Eigenschaften** und **Merkmale** bezeichnet, z. B.: _ein schönes Buch, mit schönen Bildern; schön, schöner, am schönsten_.
Adverb (Umstandswort)	**Nicht veränderbare Wortart**: Man unterscheidet **Adverbien** • **der Zeit** (Fragen: _Wann? Wie oft?_), z. B.: _morgens, heute_, • **des Ortes** (Fragen: _Wo? Wohin?_), z. B.: _oben, dort_, • **der Art und Weise** (Frage: _Wie?_), z. B.: _seltsamerweise_, • **des Grundes** (Frage: _Warum?_), z. B.: _darum, deswegen_.
Adverbial- bestimmung (Umstands- bestimmung)	**Satzglied**, das Prädikate näher bestimmt. Man unterscheidet u. a.: • **Temporalbestimmung** (Adverbialbestimmung der Zeit, Fragen: _Wann? Wie lange? Bis wann? Seit wann?_), z. B.: _Morgen wird von morgens bis mittags gelernt, ab 12 Uhr gibt es Mittagessen_. • **Lokalbestimmung** (Adverbialbestimmung des Ortes, Fragen: _Wo? Woher? Wohin?_), z. B.: _Wir kommen aus Plauen, verbringen die Ferien in Binz und gehen jeden Tag zum Strand_. • **Modalbestimmung** (Adverbialbestimmung der Art und Weise, Fragen: _Wie? Auf welche Art und Weise?_), z. B.: _Sie arbeiteten schnell. Mit viel Vergnügen planschten sie im Wasser_. • **Kausalbestimmung** (Adverbialbestimmung des Grundes, Fragen: _Warum? Weshalb? Weswegen? Aus welchem Grund?_), z. B.: _Wegen des Wetters bleiben wir hier. Wir kamen zu spät, weil wir verschlafen hatten_.
Anredepronomen	Gruppe von → **Pronomen**. Die **persönlichen Anredepronomen** _du/dein, ihr/euer_ können in Briefen und E-Mails **klein- oder großgeschrieben** werden. Die **höflichen Anredepronomen** _Sie_ und _Ihr_ und alle ihre Formen muss man **immer großschreiben**.
Antonym	**Wörter mit gegensätzlicher Bedeutung**, die teils gemeinsame, vor allem aber gegensätzliche Bedeutungsmerkmale haben, z. B.: _hell_ (Lichtmenge, viel Licht) – _dunkel_ (Lichtmenge, wenig Licht).
Apposition	→ nachgestellte Erläuterungen
Argument	Ein **Argument** (**Begründung + Beispiel**) dient dazu, sich mit einer Behauptung (Meinung) auseinanderzusetzen und sie zu stützen bzw. zu widerlegen, z. B.: • Behauptung: _Schulessen ist gesund und schmackhaft_, • Begründung: _denn es ist abwechslungsreich, fettarm, ohne künstliche Zusätze und überwiegend frisch zubereitet_. • Beispiel: _So gibt es z. B. viel Gemüse und regelmäßig Fisch_.

Artikel	→ **deklinierbare Wortart**: **Begleiter** von Nomen/Substantiven, die Fall (Kasus), Zahl (Numerus) und Geschlecht (Genus) verdeutlichen. Man unterscheidet **bestimmte Artikel** *(der, die, das)* und **unbestimmte Artikel** *(ein, eine, ein)*.
Artikelprobe	Probe zur Ermittlung der Groß- bzw. Kleinschreibung: Steht bei dem Wort ein Artikel oder lässt es sich mit einem Artikel verwenden? Ja → Nomen/Substantiv → Großschreibung Nein → kein Nomen/Substantiv → Kleinschreibung
Attribut (Beifügung)	**Satzgliedteil**, das Nomen/Substantive näher bestimmt (Fragen: *Welche(-r, -s)? Was für ein(e)?*). Attribute können nicht allein umgestellt werden. Sie bleiben immer bei dem Nomen, zu dem sie gehören, und sind ein Teil dieses Satzgliedes, z. B.: *Wir sahen	im Zimmer seines Bruders	einen lustigen Film.*
Aufzählung	Wörter, Wortgruppen oder Teilsätze können aufgezählt werden. Zwischen den Gliedern einer Aufzählung **muss** man ein **Komma** setzen, wenn diese nicht durch eine **aufzählende Konjunktion** (*und, oder, sowie* oder *sowohl … als auch …*) verbunden sind, z. B.: *Wir sahen dichte Wälder, grüne Wiesen und hohe Berge.* Steht zwischen den Gliedern einer Aufzählung eine **entgegenstellende Konjunktion** (*aber, doch, jedoch* oder *nicht nur …, sondern (auch) …*), **muss** auch vor der Konjunktion ein **Komma** gesetzt werden, z. B.: *Sie kamen, sahen, aber blieben nicht. Wir sahen nicht nur Wälder, Wiesen und Berge, sondern auch seltene Pflanzen.*
Ballade	**Textsorte**: mehrstrophiges, meist gereimtes Gedicht, das die Merkmale von Geschichten, Gedichten und Dramen in sich vereint (Erzählgedicht).
Berichten, Bericht	▪ **Darstellungsweise, Textsorte**, bei der i. d. R. **knapp**, **sachlich** und **in der richtigen Reihenfolge** über Sachverhalte oder Ereignisse **informiert** wird, indem man die wichtigsten *W*-Fragen beantwortet (*Was? Wann? Wo? Warum? Wer? Welche Folgen?*). Die Auswahl der Informationen und die Gestaltung eines **Berichts** hängen vom Anlass, Zweck und Empfänger ab. Besondere Berichtsformen sind der → **Praktikumsbericht** und das → **Protokoll**. ▪ **Journalistische Textsorte**: ausführlichere Sachdarstellung
Beschreiben, Beschreibung	**Darstellungsweise, Textsorte**, in der über **Gegenstände**, **Personen/Figuren**, **Tiere**, **Pflanzen**, **Bilder**, **Handlungen**, **Vorgänge**, **Experimente** informiert wird. Der Inhalt und die Gestaltung einer **Beschreibung** hängen vom zu Beschreibenden, vom Anlass, Zweck und Empfänger ab.
Bewerbung, sich bewerben	Zu den Bewerbungsunterlagen gehören ein **Bewerbungsschreiben** (Bewerbungssatz, Gründe für die Bewerbung, kurze Vorstellung der eigenen Person, Bitte um persönliches Gespräch) und ein **tabellarischer Lebenslauf** (wichtige persönliche Angaben in übersichtlicher Form, z. B. Name, Adresse, Geburtsort und -datum, Sprachkenntnisse, Hobbys; Angaben zu Eltern, Geschwistern und Passfoto sind freiwillig). Ob weitere Unterlagen (z. B. Zeugniskopien) einzureichen sind, muss erfragt werden.

Brainstorming (engl. *brain* – Gehirn, *storm* – Sturm)	**Methode zur Ideenfindung**: Schnell und ohne nachzudenken werden mit einem Bild, einem Begriff, einer Frage oder einem Problem verbundene Gedanken, Gefühle oder Erlebnisse geäußert und notiert.
Charakterisieren, Charakterisierung	**Darstellungsweise**, **Textsorte**, bei der neben den **äußeren Merkmalen** (Gesamterscheinung, Einzelheiten, Besonderheiten) einer Person oder Figur v. a. deren **innere Merkmale** (Lebensumstände, Gedanken, Gefühle, Verhaltensweisen, ihr Verhältnis zu anderen u. Ä.) dargestellt werden, die den Charakter der Person/Figur deutlich machen.
Cluster, Clustering (engl. *cluster* – Haufen, Schwarm, Anhäufung)	**Methode zum Sammeln von Ideen**. Man schreibt einen zentralen Begriff in die Mitte und ordnet ringsherum weitere Begriffe an. Dann verdeutlicht man die Beziehungen zwischen den Begriffen durch Verbindungslinien, sodass ein Netz (**Ideennetz**) entsteht.
Datumsangabe	→ nachgestellte Erläuterungen
Deklination, deklinieren	**Beugung** (Formveränderung) von Nomen/Substantiven, Artikeln, Adjektiven und Pronomen, d. h., diese Wortarten verändern sich in **Fall** (Kasus), **Zahl** (Numerus) und **Geschlecht** (Genus), z. B.: ▪ Nominativ: *das neue Haus, die neuen Häuser* ▪ Genitiv: *des neuen Hauses, der neuen Häuser* ▪ Dativ: *dem neuen Haus, den neuen Häusern* ▪ Akkusativ: *das neue Haus, die neuen Häuser*
Dialekt (Mundart)	Älteste → **Sprachvariante** (**Sprachvarietät**), die im 8. Jahrhundert n. Chr. entstanden und heute nur noch in Resten fortleben (Wörter, Formen, Laute/Lautkombinationen). Sie werden in einzelnen Regionen unterschiedlich gebraucht (v. a. mündlich, auf dem Land, von älteren Menschen, im Kreis der Familie und unter Freunden/Bekannten). In Deutschland unterscheidet man drei **Dialektregionen** bzw. Großdialekte: ▪ **Niederdeutsch** (auch: **Plattdeutsch**), z. B. Mecklenburgisch-Pommersch, Niedersächsisch, ▪ **Mitteldeutsch,** z. B. Sächsisch (Obersächsisch), Thüringisch, Hessisch, ▪ **Oberdeutsch,** z. B. Bairisch, Alemannisch.
direkte (wörtliche) Rede	Wörtliche Wiedergabe von Gesagtem oder Gedachtem, am Anfang und Ende durch **Anführungszeichen** gekennzeichnet. Auch Ausrufe- und Fragezeichen, die zur direkten Rede gehören, stehen innerhalb der Anführungszeichen. Oft steht vor, zwischen oder nach der direkten Rede ein **Begleitsatz**, der durch Doppelpunkt oder Komma(s) abgegrenzt wird, z. B.: *Nils flüstert mir zu:* »*Bestimmt ist alles bald wieder in Ordnung.*« »*Das hoffe ich*«*, ruft Randi,* »*schließlich müssen wir heim!*« »*Dann lasst uns doch einfach gehen*«*, denke ich.*

Diskutieren, Diskussion	Austausch über strittige Fragen und Probleme, in dem **Diskussionsteilnehmer** durch Diskussionsbeiträge ihre → **Standpunkte** und → **Argumente** darlegen und auf andere eingehen (**zustimmen**, **ablehnen**, einen **Kompromiss vorschlagen**). Größere **Diskussionen** haben oft einen **Diskussionsleiter**. Es empfiehlt sich außerdem, einen Protokollanten zu bestimmen und ein → **Protokoll** anfertigen zu lassen. Abschließend sollte man die **Diskussion auswerten** (ggf. auf Grundlage des Protokolls).
Eigennamen	Wörter und Wortgruppen, die z. B. Personen, Orte, Veranstaltungen, Organisationen und Institutionen als einmalig bezeichnen. Eigennamen werden **immer großgeschrieben**, z. B.: *Emilia, Dirk Neumann, Bahnhofstraße, Potsdam, Sachsen-Anhalt, Europa, Deutsches Rotes Kreuz, Freie Universität, die Olympischen Spiele, die Vereinigten Staaten, Friedrich der Zweite.* Von geografischen Eigennamen abgeleitete **Adjektive auf -isch** werden kleingeschrieben, wenn sie nicht Teil eines Eigennamens sind, z. B.: *eine sächsische Großstadt.* Als Teil eines Eigennamens werden sie dagegen großgeschrieben, z. B.: *die Sächsische Schweiz.* Von geografischen Eigennamen abgeleitete **Adjektive auf -er** werden **immer großgeschrieben**, z. B.: *Thüringer Bratwurst.*
einfacher Satz	**Satz**, der mindestens **ein** → **Subjekt** und **ein** → **Prädikat** enthält. Die **finite Verbform** (→ Verb) steht in der Regel an erster oder zweiter Stelle, z. B.: *Iva Procházková hat das Buch geschrieben. Die Handlung spielt in Berlin. Kennt ihr das Buch? Lies das Buch doch bald einmal!* Neben Subjekt und Prädikat kommen meist weitere → **Satzglieder** hinzu, die man mithilfe der → **Umstellprobe** ermitteln kann.
Erbwort	Älteste Wörter unserer Sprache, die vor ungefähr 5000 Jahren entstanden und uns noch heute Auskunft über die Lebensweise der germanischen Stämme geben, z. B.: *Rind, Hund, Beil, weben.*
Erörtern, Erörterung	**Darstellungsweise**, **Textsorte**, die das Ziel verfolgt, Problemlösungen zu finden und darzustellen. In einer **schriftlichen Erörterung** setzt man sich denkend und schreibend mit einem **Problem (Thema)** und damit verbundenen **Fragen** auseinander, z. B.: *Mobbing unter Schülern: Was kann man gegen Mobbing tun? Ist Mobbing vermeidbar? ...* Dazu verschafft man sich einen Überblick über das Problem, bildet einen → **Standpunkt,** sucht nach Lösungsmöglichkeiten und begründet diese mit → **Argumenten.** Man unterscheidet **lineare (steigernde) Erörterungen** (Argumente für oder gegen einen Standpunkt / eine These werden angeführt) und **kontroverse (dialektische) Erörterungen** (Argumente für und gegen einen Standpunkt / eine These werden abgewogen).

Ersatzprobe	Probe zur Ermittlung von Fällen und Satzgliedern, z. B.: *Die Suppe schmeckt den Kindern.* – *Die Suppe schmeckt dem Jungen/ihm.* (Dativ) *Sie aßen an einem schönen großen runden Tisch.* – *Sie aßen dort.* (Satzglied) Probe zur Unterscheidung von *das* und *dass*: ■ Kann man *da*■ durch *dieses* ersetzen? → **Artikel** → *das* ■ Kann man *da*■ durch *welches* ersetzen? → **Relativpronomen** → *das* ■ Ergibt der Satz bei der Probe keinen Sinn → **Konjunktion** → *dass*
Erweiterungsprobe	Probe zur Ermittlung der Groß- bzw. Kleinschreibung. Man erweitert eine **nominale Wortgruppe** (Nomen/Substantiv + Begleiter) durch Attribute, z.B.: *das Laufen, das schnelle Laufen, das anstrengende schnelle Laufen.* Das Wort, das ganz rechts steht, ist das Nomen/Substantiv bzw. eine Nominalisierung/Substantivierung und wird großgeschrieben.

Erzählen, Erzählung	**Darstellungsweise**, **Textsorte**, mit der Erlebnisse, Ereignisse oder Erfundenes (Fantasiegeschichten) mithilfe verschiedener **Gestaltungsmittel** (z.B.:
	→ **Charakterisierung** von Figuren, → **direkte Rede**, → **feste Vergleiche**, → **Metaphern**) anschaulich und unterhaltsam wiedergegeben werden.
	Man kann aus verschiedenen **Perspektiven** erzählen:
	■ **Ich-Erzähler** (am Geschehen beteiligt, erzählt aus seiner Sicht), z.B.:
	  Heute ging ich besonders früh zu Bett, denn ich wollte …
	■ **Sie-Erzählerin / Er-Erzähler** (nicht selbst beteiligt, beobachtet von außen),
	  z.B.: *Heute ging Fanny besonders früh zu Bett, denn sie wollte …*
	Ein wichtiges erzählerisches Mittel ist auch die **Zeitgestaltung**, wie:
	■ **Zeitdehnung**: Einfügen von Gedanken, Gefühlen, Beschreibungen u.Ä.;
	  die Erzählzeit ist länger als die erzählte Zeit,
	■ **Zeitraffung**: verkürztes Wiedergeben des Geschehens, Zeitsprünge;
	  die Erzählzeit ist kürzer als die erzählte Zeit,
	■ **Vorausdeutung**: Andeuten kommender Ereignisse,
	■ **Rückblende**: Aufgreifen von vergangenen Ereignissen.

Fabel	**Textsorte**: Kurzer erzählender oder gereimter Text. Zu den **Merkmalen** einer Fabel gehören: ■ Tiere denken, handeln und sprechen wie Menschen, ■ Tieren sind bestimmte menschliche Eigenschaften zugeordnet, ■ Fabeln enthalten eine Lehre (zentrale Aussage).
fester Vergleich	Anschauliche, oft bildhafte Wortgruppen mit dem Vergleichswort *wie*, z.B.: *arm wie eine Kirchenmaus.*
flektieren (die Flexion), flektierbar	Ein Wort beugen, seine Form verändern (die Beugung, Formveränderung), z. B.: *(des) Flusses, (in den) Flüssen, (ich) gehe, (du) gehst, (wir) gingen.* Flexion ist der **Oberbegriff** zu → Deklination und → Konjugation.
Frageprobe	Probe zur Ermittlung von Fällen, Satzgliedern und Satzgliedteilen, z. B.: *dem Jungen helfen* – Wem helfen? (Dativ) *die Katze fangen* – Wen/Was fangen? (Akkusativ)

	Sie essen den leckeren Kuchen nachmittags im Garten. ■ Wer/Was isst ...? (Subjekt) ■ Wen/Was essen sie ...? (Objekt) ■ Wann essen sie ...? (Temporalbestimmung) ■ Wo essen sie ...? (Lokalbestimmung) ■ Welchen/Was für einen Kuchen ...? (Attribut)
Fremdwort	Wort, das aus einer anderen Sprache übernommen wurde, sich aber in Aussprache, Schreibung und Betonung **nicht oder nur zum Teil dem Deutschen angepasst** hat, z.B.: *Sweatshirt, Ragout.*
Gedicht	**Textsorte**, in der Gedanken und Gefühle eines **lyrischen Sprechers (lyrisches Ich)** mithilfe besonderer Gestaltungsmittel (z.B. sprachliche Bilder, Vergleiche) ausgedrückt werden. Gedichte sind oft in **Strophen** unterteilt, die aus **Versen** (Gedichtzeilen) bestehen. Gedichte haben einen bestimmten **Rhythmus** und können sich nach einem bestimmten Schema **reimen**.
Genus (Geschlecht)	Grammatisches Geschlecht: **männlich**, **weiblich** oder **sächlich**. Das grammatische Geschlecht erkennt man am → **Artikel**, z.B.: *der/ein Regen, das/ein Wetter, die/eine warme Jacke.*
Gesprächsregeln beachten	In Gesprächen sollte man einige **Regeln** beachten: ■ sachlich und freundlich bleiben, andere zu Wort kommen lassen, ■ aktiv zuhören und auf andere eingehen, ■ Meinungen begründen, ggf. einen Kompromiss suchen.
Hauptsatz	**Teilsatz eines** → **zusammengesetzten Satzes**, in dem die finite Verbform (→ Verb) an zweiter Stelle steht, z.B.: *Tim und Tom <u>lächelten</u> glücklich, als sie uns sahen.*
Homonym	**Gleichnamige Wörter**: Wörter, die gleich (bzw. fast gleich) geschrieben und ausgesprochen werden, aber unterschiedliche Bedeutungen haben, z.B.: *Bremse – Bremse.* Sie können auch zu verschiedenen Wortarten gehören, z.B.: *(der) Morgen – morgen.*
Hypertext, Hypertexte schreiben	Text, der **Hyperlinks** (Stichworte zum Anklicken) enthält und nicht »der Reihe nach« (linear) gelesen wird. So kann man Hypertexte verfassen: Textteil in eine Word-Datei schreiben, Stichwort markieren, auf »Einfügen« und dann auf »Hyperlink« klicken, Dateinamen eingeben und mit OK bestätigen, Fortsetzung schreiben usw.
indirekte Rede	**Nicht wörtliche Wiedergabe** von Gesagtem oder Gedachtem, in der Regel mithilfe des **Konjunktivs I** (→ Verb). Dabei muss man oft die → **Pronomen**, Orts- und Zeitangaben umformulieren, z.B.: *Nils flüsterte mir zu, er sei zu spät gekommen. Randi meint, sie helfe uns.* Aber auch eine Wiedergabe im **Indikativ** (→ Verb) ist möglich, z.B.: *Randi sagt, dass sie uns hilft.*

	Manchmal wird der **Konjunktiv II** (→ Verb) oder die **würde-Ersatzform** verwendet, z. B.: *Nils flüsterte, er käme pünktlich. Randi sagt, sie würde uns helfen.*
Infinitivgruppe	Wortgruppe, die einen **Infinitiv** (→ Verb) **mit zu** enthält (**erweiterter Infinitiv mit zu**). Ist ein Infinitiv nicht erweitert, kann man ein Komma setzen, z. B.: *Sibylle versprach(,) zu helfen.* In folgenden Fällen **muss** man ein **Komma** setzen: ■ wenn die Infinitivgruppe mit *um, ohne, (an)statt, außer, als* eingeleitet wird, z. B: *Sylva fuhr nach Berlin, <u>um ihren Freund Niklas zu treffen</u>.* ■ wenn sich die Infinitivgruppe auf ein Nomen/Substantiv bezieht, z. B: *Sylva gab ihr den <u>Rat</u>, viel schwimmen <u>zu gehen</u>.* ■ wenn sich die Infinitivgruppe auf ein hinweisendes Wort, wie *daran, darum, damit, es,* bezieht, z. B.: *Sie bemühte sich <u>darum</u>, Sylvas Probleme <u>zu verstehen</u>.* Man kann Fehler vermeiden, indem man beim Infinitiv mit *zu* immer ein Komma setzt.
Inhaltsangabe (zu literarischen Texten)	Knappe, sachliche Darstellung des **wesentlichen Inhalts** eines literarischen Textes, Films oder Theaterstücks. Sie sollte folgende **Bestandteile** haben: ■ Einleitung: Angaben zu Autorin/Autor, Textsorte, Titel, Thema ■ Hauptteil: Darstellung der Figuren und des Handlungsverlaufs ■ Schluss: Besonderheiten des Textes nennen Folgende **sprachliche Besonderheiten** sollte man beachten: ■ Inhalt mit eigenen Worten wiedergeben (keine Zitate), ■ → **direkte Rede** in → **indirekte Rede** umwandeln, ■ in Präsens oder Perfekt (→ Verb) darstellen.
Interview	Mündliche **Befragung**, um Informationen über eine Person und/oder deren Meinungen, Einstellungen, Wissen und Verhalten zu erhalten. Am besten eignen sich für Interviews Ergänzungsfragen, die man ausführlich beantworten muss. Entscheidungsfragen, auf die man nur Ja oder Nein antworten muss, sind weniger geeignet.
Kasus (Fall)	Fall in der Grammatik. Es gibt **vier Fälle**: ■ **Nominativ** (Fragen: *Wer? Was?*), z. B.: *<u>Die Lehrerin</u> liest vor. Langsam fließt <u>das Wasser</u> ab.* ■ **Genitiv** (Frage: *Wessen?*), z. B.: *Er fragt den Bruder <u>seines Freundes</u>.* ■ **Dativ** (Fragen: *Wem? Wo?*), z. B.: *Er hilft <u>seiner Mutter</u>. Wir helfen <u>ihm</u>.* ■ **Akkusativ** (Fragen: *Wen? Was? Wohin?*), z. B.: *<u>Ihren kleinen Hund</u> finden alle lustig. Wir spielen <u>ein neues Spiel</u>.*
Kommasetzung	Im → **einfachen Satz** müssen **Kommas** gesetzt werden: ■ bei der → **Aufzählung** von Wörtern und Wortgruppen, ■ bei → **Infinitivgruppen**, ■ bei → **Partizipgruppen**, ■ bei → **nachgestellten Erläuterungen** (auch in Form von **Appositionen** und **Datumsangaben**).

	Im → **zusammengesetzten Satz** müssen **Kommas** gesetzt werden: ■ in einem → **Satzgefüge** zwischen → **Haupt-** und → **Nebensatz**, z.B.: *Wir packten gleich aus, als wir angekommen waren. Nachdem wir ausgepackt hatten, liefen wir zum See.* ■ in einer → **Satzreihe (Satzverbindung)** zwischen den → **Hauptsätzen,** wenn sie nicht durch eine aufzählende → **Konjunktion** verbunden sind, z.B.: *Wir wollten etwas unternehmen, aber wir konnten uns nicht einigen. Tom ging ins Kino, ich blieb zu Hause.*
Kommentar	**Journalistische Textsorte**: persönliche, namentlich gekennzeichnete Meinung eines Autors zu einem aktuellen Ereignis oder Vorgang
Komparation, komparieren	**Steigerung** von → Adjektiven: ■ Positiv (Grundstufe), z.B.: *klein* ■ Komparativ (Mehrstufe), z.B.: *kleiner* ■ Superlativ (Meiststufe), z.B.: *am kleinsten*
Konjugation, konjugieren	**Beugung** (Formveränderung) von Verben nach **Person**, **Zahl** (Numerus), **Zeit** (Tempus) und **Handlungsform** (Aktiv, Passiv), z.B.: *(ich) schreibe, (wir) schrieben, (er) wurde geschrieben.*
Konjunktion (Bindewort)	**Nicht veränderbare Wortart**, die Wörter, Wortgruppen und Teilsätze miteinander verbindet. Nach ihrer **Bedeutung** unterscheidet man: ■ **aufzählende Konjunktionen** (treten bei Aufzählungen auf, z.B.: *und, sowie, sowohl … als auch, oder, weder … noch*), ■ **entgegenstellende Konjunktionen** (drücken einen Gegensatz aus, z.B.: *aber, doch, nicht nur …, sondern auch …*). Nach der **Funktion** unterscheidet man: ■ **nebenordnende Konjunktionen** (verbinden gleichrangige Wörter, Wortgruppen und Teilsätze, z.B.: *aber, und, sondern, denn*), ■ **unterordnende Konjunktionen** (leiten einen Nebensatz ein, z.B.: *als, weil, dass, wenn, falls, ehe, bevor, nachdem, sodass*).
Kurzgeschichte	**Textsorte**: (in Anlehnung an die amerikanischen short stories) kurze und prägnante Erzählungen mit folgenden typischen **Merkmalen**: ■ erzählt werden einzelne alltägliche Ereignisse oder Erlebnisse, ■ wenige Figuren, ■ unvermittelter Beginn und offenes, mitunter überraschendes Ende, ■ begrenzte Handlungszeit (wenige Stunden oder Tage) und Handlungsorte (oft nur einer), ■ knappe alltägliche Sprache, häufig Andeutungen und Metaphern.
Kurzwort	Wörter, die durch das Weglassen von Wortteilen entstehen, z.B.: *Fotografie → Foto, Fahrrad → Rad.* Besondere Formen von Kurzwörtern sind: ■ **Buchstabenwörter** (Buchstaben werden einzeln oder zusammenhängend gesprochen), z.B.: *Lkw* (gesprochen: el-ka-we, Lastkraftwagen), *PLZ* (Postleitzahl).

	• **Silbenwörter** (aus Anfangssilben zusammengesetzte Wörter), z. B.: *Kriminalpolizei* → *Kripo*.
Lehnwort	Wort, das aus einer anderen Sprache »entliehen« wurde und sich im Laufe der Zeit in Aussprache, Schreibung und Beugung **der deutschen Sprache angepasst** hat, z. B.: *Fenster* (von lateinisch *fenestra*).
Märchen	**Textsorte** mit bestimmten **Merkmalen**, wie z. B.: gleicher oder ähnlicher Beginn und Schluss, Gegensatzpaare, magische Zahlen, Fantasiewesen, wiederkehrende Sprüche, Verwandlungen, Zaubereien, das Gute siegt über das Böse. **Volksmärchen** wurden meist mündlich überliefert. Der Autor sowie Zeit und Ort des Entstehens lassen sich nicht mehr eindeutig feststellen. **Kunstmärchen** sind die Schöpfung eines Dichters.
Medien	Mittel zur **Verständigung**, Information, Wissensgewinnung, Unterhaltung und Entspannung, wie z. B. Zeitung, Zeitschrift, Hörfunk, Film und Fernsehen, Computer. Man unterscheidet **Printmedien** (zum Lesen) und **audiovisuelle Medien** (zum Hören und Sehen). Wichtige Printmedien sind **Bücher** und **Zeitungen/ Zeitschriften**.
mehrdeutiges Wort	Wörter, die mehrere Bedeutungen haben, z. B.: *Hahn* (Tier, Wasserhahn), *Flügel* (Teil eines Vogels oder Flugzeugs, Musikinstrument). Welche der Bedeutungen gemeint ist, wird erst aus dem Textzusammenhang klar.
Meldung	**Journalistische Textsorte**: Kurznachricht, die nur das Nötigste über ein Ereignis, oft nur das Ereignis selbst, bekanntgibt. Nur die **Schlagzeile** ist noch kürzer.
Metapher	**Bildhafte Ausdrucksweise**, die durch Übertragung eines Wortes oder Ausdrucks mit seiner ursprünglichen Bedeutung auf einen anderen Sachbereich entsteht. Grundlage dafür ist ein gemeinsames Merkmal der Ähnlichkeit in beiden Bedeutungen, z. B.: *der Fuß des Menschen* → *am Fuß des Berges*.
Mindmap (engl. *mind* – Gedanken, Gedächtnis; *map* – Landkarte)	**Methode zur Sammlung und logischen Strukturierung von Informationen** zu einem Thema. Ausgehend von dem zentralen Begriff, der in der Mitte steht, werden weiterführende Informationen ringsherum angeordnet. Linien (z. B. Haupt- und Nebenäste) verdeutlichen Beziehungen, z. B. zwischen Ober- und Unterbegriff oder Teil und Ganzem.
Mitteilungen verfassen	Es gibt verschiedene Anlässe und Möglichkeiten, Mitteilungen zu verfassen. Immer ist zu beachten, an wen und aus welchem Anlass man schreibt. **Offizielle Briefe** bzw. **E-Mails** sind Mitteilungen an eine Institution oder ein Unternehmen, z. B. Anträge, Beschwerden und Bewerbungen, in denen man sachlich und knapp, aber höflich formuliert, die → **Anredepronomen** *Sie, Ihr(-e)* verwendet, auf fehlerfreie Rechtschreibung und Zeichensetzung achtet. Eine **Betreffzeile** enthält kurz den Anlass des Briefs, z. B.: *Bewerbung um einen Praktikumsplatz*.

	In der **Anrede** schreibt man: *Sehr geehrte Frau Müller, … Sehr geehrter Herr Lehmann, …* oder *Sehr geehrte Damen und Herren, …* Nach dem Komma wird auf einer neuen Zeile klein weitergeschrieben. Die übliche **Grußformel** am Schluss ist: *Mit freundlichen Grüßen / Mit freundlichem Gruß* In Briefen folgt die **persönliche Unterschrift**.
Modalverb	Im Deutschen gibt es **sechs Modalverben.** Sie drücken aus, wie eine Tätigkeit, ein Vorgang, ein Zustand speziell gemeint ist: *wollen* (Absicht): *ich will kommen,* *sollen* (Aufforderung): *er soll kommen,* *dürfen* (Erlaubnis): *er darf kommen,* *können* (Fähigkeit oder Möglichkeit): *er kann kommen,* *müssen* (Notwendigkeit): *er muss kommen,* *mögen* (Wunsch): *er möchte kommen.*
Nacherzählen	**Wiedergabe** gelesener oder gehörter Geschichten **mit eigenen Worten**. Zur Vorbereitung kann man die Geschichte in Abschnitte einteilen und Stichpunkte zum Inhalt notieren. Besonders zu achten ist auf die zeitliche Abfolge der Handlung, auf die Orte und auf die Gedanken und Gefühle der handelnden Personen/Figuren.
nachgestellte Erläuterung	Einem Beziehungswort (meist → Nomen/Substantiv) **nachgestellte Erklärung**, die durch **Kommas** abgegrenzt wird. Es gibt nachgestellte Erläuterungen: <ul><li>im gleichen Fall wie das Beziehungswort (Appositionen), z.B.: *Sylva, Tochter eines tschechischen Vaters, steht im Mittelpunkt der Handlung.*</li><li>die durch besondere Wörter eingeleitet werden, wie *und zwar, unter anderem (u.a.), zum Beispiel (z.B.), besonders, nämlich, vor allem (v.a.), das heißt (d.h.),* z.B.: *Sylva liebt Sport, besonders das Schwimmen.*</li><li>Datumsangaben, die zu einem Wochentag gestellt werden, z.B.: *Die Geburtstagsfeier fand am Mittwoch, dem 16. April(,) statt.*</li></ul>
Nachricht	**Journalistische Textsorte**: kurze, sachliche Mitteilung über eine allgemein interessierende und nachprüfbare Tatsache
Nebensatz	**Teilsatz eines → zusammengesetzten Satzes**, der allein meist nicht verständlich ist und durch **Komma** vom → **Hauptsatz** abgegrenzt wird, z.B.: *Wir packten gleich aus, als wir angekommen waren. Nachdem wir ausgepackt hatten, liefen wir zum See.* Die meisten Nebensätze haben folgende **Merkmale**: <ul><li>die **finite Verbform** (→ Verb) steht an letzter Stelle,</li><li>am Anfang steht ein **Einleitewort**.</li></ul> Nach dem Einleitewort unterscheidet man: <ul><li>**Konjunktionalsatz**: durch eine unterordnende → Konjunktion eingeleitet, z.B. *weil, dass, sodass, als, da, nachdem, bevor, seit,*</li><li>→ **Relativsatz**: durch ein Relativpronomen eingeleitet, z.B.: *der, die, das, welcher, welche, welches,*</li><li>**Fragewortsatz**: durch ein Fragewort eingeleitet, z.B.: *wo, wie, was, warum.*</li></ul>

Nomen/Substantiv	→ **deklinierbare Wortart**, die Lebewesen, Gegenstände, Gefühle, Vorstellungen, Vorgänge, Orte und Veranstaltungen bezeichnet. Nomen werden **großgeschrieben**. Sie können Begleiter (Artikel, Possessivpronomen) und → **Attribute** bei sich haben, an denen man Fall (Kasus), Zahl (Numerus) und Geschlecht (Genus) erkennt, z.B.: *die Wiese, unser Garten.*
Nominalisierung/ Substantivierung	Im Deutschen kann jedes Wort **als Nomen gebraucht** – also nominalisiert/ substantiviert – werden. Es wird dann wie Nomen **großgeschrieben** und kann ebenfalls einen Begleiter und ein Attribut bei sich haben, z.B.: *das Blau, euer lautes Rufen.*
Numerale (Zahlwort)	Wörter, die eine Menge oder eine Anzahl angeben. Man unterscheidet: ■ **bestimmte Numeralien**, z.B.: *eins, zwei, erster,* ■ **unbestimmte Numeralien**, z.B.: *einige, viele, alle.* Numeralien gehören zu **verschiedenen Wortarten**: ■ Nomen/Substantiv, z.B.: *eine Million,* ■ Adjektiv, z.B.: *zwei Schüler, in der sechsten Klasse,* ■ Adverb, z.B.: *er rief dreimal.*
Numerus (Zahl)	Zahl, in der Nomen/Substantive, Artikel, Adjektive oder Pronomen auftreten können. Es gibt eine Form für den **Singular** (Einzahl) und eine andere Form für den **Plural** (Mehrzahl), z.B.: *(das) Kind – (die) Kinder.*
Objekt	**Satzglied**, das das Prädikat ergänzt. Der Fall des Objekts ist vom Verb oder einer Präposition abhängig. Man unterscheidet: ■ **Dativobjekt** (Frage: *Wem?*), z.B.: *Sie hilft ihrer Oma.* ■ **Akkusativobjekt** (Frage: *Wen? Was?*), z.B.: *Er liest ein Buch.* ■ **Genitivobjekt** (Frage: *Wessen?*), z.B.: *Sie erfreut sich bester Gesundheit.* Genitivobjekte werden selten, meistens in der Schriftsprache gebraucht. ■ **Präpositionalobjekt** (Objekt, dessen Fall von einer **Präposition** bestimmt wird), z.B.: *Sie wartet auf ihn. Über das Buch freute sie sich.*
Partizip	**infinite Verbform** (→ Verb)
Partizipgruppe	Konstruktion, in deren Kern ein → **Partizip** enthalten ist. **Vorangestellte** und **eingeschlossene Partizipgruppen** können durch Komma abgetrennt werden, z.B.: *In Berlin angekommen(,) besuchte Sylva ihren alten Freund Niklas. Er stimmte ihr(,) heftig mit dem Kopf nickend(,) zu.* Nachgestellte **Partizipgruppen** müssen durch Komma abgetrennt werden, z.B.: *Er stimmte ihr zu, heftig mit dem Kopf nickend.* Man kann Fehler vermeiden, indem man bei Partizipgruppen immer ein Komma setzt.
Personifizierung	**Bildhafte Ausdrucksweise**, bei der für Menschen typische Verhaltensweisen und Eigenschaften auf unbelebte Gegenstände und Erscheinungen übertragen werden, z.B.: *die Sonne lacht, stumme Steine.*

Prädikat	**Satzglied**, das etwas über das Subjekt aussagt (Satzaussage, Frage: *Was wird ausgesagt?*). **Subjekt** und **Prädikat** bilden den **Satzkern**. Wenn das Prädikat nur aus dem finiten (gebeugten) Verb besteht, nennt man es **einteiliges Prädikat**, z.B.: *(er) liest*. Das **mehrteilige Prädikat** besteht aus der finiten (gebeugten) Verbform und anderen, infiniten (ungebeugten) Verbformen (Partizip II, Infinitiv) oder weiteren Wörtern. Das mehrteilige Prädikat kann andere Satzglieder einrahmen. Dann bildet es einen **prädikativen Rahmen**, z.B.: *Er <u>hat</u> ein Buch <u>gelesen</u>. Trotz der Kälte <u>ging</u> sie ohne Mütze <u>los</u>.*
Präfix (Vorsilbe)	Dem Wortstamm vorangestellter **Wortbaustein**, der nicht selbstständig stehen kann. Wichtige Präfixe sind *be-, er-, ent-, ge-, miss-, ver-, zer-*. Durch das Anfügen von Präfixen entstehen oft neue Wörter (**Ableitung**) mit veränderter Bedeutung, z.B.: *fallen → gefallen, verfallen, zerfallen, befallen*.
Praktikumsbericht	Dokumentation der Ziele, Aufgaben, des Verlaufs und der Ergebnisse eines Praktikums. Ein **Tagesbericht**, der als Tabelle oder als zusammenhängender Text gestaltet sein kann, enthält den Ablauf und die Ergebnisse eines Arbeitstages. In einem **Abschlussbericht** werden die wichtigsten Erkenntnisse und Erfahrungen aus dem gesamten Praktikum zusammengefasst.
Präposition	**Nicht veränderbare Wortart**, die räumliche, zeitliche oder andere Beziehungen zwischen Wörtern und Wortgruppen ausdrückt, z.B.: *in, aus, bei, mit, nach, vor, hinter, über, zu*. Präpositionen stehen meist **vor dem Nomen/Substantiv** und seinen Begleitern und **fordern einen bestimmten Fall**, z.B.: *mit dem Ball* (Dativ); *für den Freund* (Akkusativ), *wegen des Wetters* (Genitiv), *auf dem Tisch* (Wo? → Dativ), *auf den Tisch* (Wohin? → Akkusativ).
Präsentieren	Zuhörer werden über bestimmte Themen, Vorhaben oder Arbeitsergebnisse informiert. Zur **Vorbereitung** sammelt und ordnet man Informationen und Anschauungsmaterial und fertigt übersichtliche Stichpunkte an (z.B. auf Karteikarten). Beim **Halten des Vortrags** ist auf freies, langsames und deutliches Sprechen sowie auf Blickkontakt zu den Zuhörern zu achten. Abschließend können die Zuhörer eine **Rückmeldung** (Feedback) geben. Dazu formuliert man freundlich und motivierend.
Pronomen	→ **deklinierbare Wortart**, die **Stellvertreter** oder **Begleiter** eines Nomens/ Substantivs sein kann, z.B.: *die Kinder → sie, ihr Vater*.
Protokoll	Besondere **Form des Berichts**, mit dem kurz und genau informiert oder dokumentiert wird. Im **Verlaufsprotokoll** hält man den Ablauf und die Ergebnisse einer Veranstaltung, Diskussion oder eines Experiments fest. Im **Ergebnisprotokoll** werden nur die Ergebnisse bzw. Beschlüsse notiert.
Quellenangabe	Verwendet man Informationen und Material aus verschiedenen Medien, muss man die Quelle genau angeben. Die **Quellenangabe zu einem Buch** sollte Folgendes enthalten:

	■ Autorin/Autor: *Hasselblatt, Karin und Sonja Wagenbrenner:* ■ Titel: *Was du schon immer über China wissen wolltest.* ■ Ort, Verlag, Jahr: *Berlin: Berlin Verlag, 2008,* ■ Seitenzahl, woher die Information stammt: *S. 54.* **Internetquellen** sollten so angegeben werden: ■ Autorin/Autor (wenn möglich): *Schiefer, Kim:* ■ Titel und Untertitel des Beitrags: *Die chinesische Sprache.* ■ Internetadresse: *Online im Internet:* *http://www.chinaseite.de/china-kultur/chinesische-sprache.html* ■ Abrufdatum, z. B.: *[03. 03. 2011]*
Redewendung	**Feste sprachliche Wendung** (Wortgruppe), mit der man etwas besonders anschaulich und einprägsam ausdrückt, z. B.: *auf die Nase fallen, sich den Kopf zerbrechen.*
Relativsatz	Ein **Nebensatz**, der durch ein **Relativpronomen** (*der, die, das, welcher, welche, welches*) **eingeleitet** wird. Das Relativpronomen bezieht sich auf ein Nomen im vorangehenden Hauptsatz (Bezugswort). Relativsätze werden durch **Komma** vom Hauptsatz abgegrenzt, z. B.: *Die Suppe, die wir morgens gekocht hatten, aßen wir zu Mittag.* *Dazu gab es Brot, welches wir selbst gebacken hatten.*
Sachtexte erschließen	**Sachtexte** können mit unterschiedlichen Absichten geschrieben werden, z. B. um: ■ über Sachverhalte und/oder Probleme zu **informieren** und → **Argumente** anzuführen, damit die Leser eigene Meinungen bilden können. ■ an Leser zu **appellieren**, d. h. ihre Meinung auf direkte oder indirekte Weise zu beeinflussen und vom Autor gewollte Handlungen auszulösen. ■ den eigenen → **Standpunkt** (die Wertungen) einer Autorin / eines Autors zu Sachverhalten oder Problemen direkt oder indirekt **mitzuteilen**. Um Sachtexte zu erschließen, kann man die **5-Gang-Lesetechnik** nutzen: 1. Text überfliegen 4. das Wichtigste zusammenfassen 2. Fragen an den Text stellen 5. Text noch einmal lesen 3. Text gründlich lesen Um grafische Schaubilder, z. B. **Tabellen** oder **Grafiken**, auszuwerten, beantwortet man folgende Fragen: ■ Welches Thema wird behandelt? ■ Was wird auf den Achsen des Diagramms bzw. in den Spalten und Zeilen der Tabelle angegeben? ■ Welche konkreten Werte sind angegeben? ■ Was ergibt sich bei einem Vergleich der Werte? ■ Welche Schlussfolgerungen kann man aus dem Vergleich ziehen?
Sage	**Textsorte** mit bestimmten **Merkmalen**, wie z. B.: Sie enthalten einen **wahren historischen Kern** (geschichtliche Begebenheiten, Personen, landschaftliche Eigenheiten, Gebäude und Naturerscheinungen). Sagen wurden über Generationen weitererzählt. Man unterscheidet **Orts-**, **Götter-** und **Heldensagen.**

Satzart	Man unterscheidet drei Satzarten: ■ **Aussagesatz**: Man stellt etwas fest, informiert über etwas. Merkmale: finite (gebeugte) Verbform in der Regel an zweiter Stelle, Satzschlusszeichen: Punkt, z.B.: *Am Montag* <u>*kommt*</u> *eine neue Lehrerin.* ■ **Fragesatz**: Man fragt, erkundigt sich nach etwas. Merkmale: oft durch ein Fragewort eingeleitet (z.B.: *wer, was, wie, wann,* *wo, warum*) oder finite (gebeugte) Verbform an erster Stelle, Satzschlusszeichen: Fragezeichen, z.B. <u>*Wann*</u> *beginnen wir***?** <u>*Kommst*</u> *du mit***?** ■ **Aufforderungssatz**: Man fordert jemanden zum Handeln auf oder drückt Bitten, Wünsche, Hoffnungen aus. Merkmale: finite (gebeugte) Verbform an erster Stelle, Satzschlusszeichen: Ausrufezeichen oder Punkt, z.B.: <u>*Holt*</u> *bitte frisches* *Wasser***!** <u>*Sei*</u> *einfach etwas freundlicher.*
Satzgefüge	→ zusammengesetzter Satz
Satzglied	**Subjekt**, **Prädikat**, **Objekt** und **Adverbialbestimmung** sind Satzglieder. (Das Attribut ist ein Satzgliedteil.) Satzglieder kann man mithilfe der **Umstellprobe** ermitteln. Durch das Umstellen von Satzgliedern lassen sich auch verschiedene Aussageabsichten verwirklichen, z.B.: *Die Kinder / warten / am Morgen / auf den Bus.* *Am Morgen / warten / … Auf den Bus / warten …*
Satzreihe/ Satzverbindung	→ zusammengesetzter Satz
Satzverknüpfung/ Textgestaltung	Um Texte inhaltlich und sprachlich flüssig und verständlich zu gestalten, verwendet man **sprachliche Verknüpfungsmittel**, die oft im **Vorfeld** des Satzes (an der ersten Satzgliedstelle vor der finiten Verbform) stehen, wie z.B.: ■ Pronomen, wie *sie, diese, das,* ■ Adverbien, wie *dort, dann, danach, deshalb,* ■ bedeutungsähnliche Wörter (aus einem Wortfeld), wie *Gepäck* für *Koffer und Reisetasche.* Auch die **Anordnung der Satzglieder** beeinflusst die Satz- bzw. Textaussage und -wirkung.
Schildern, Schilderung	**Darstellungsweise**, **Textsorte**, bei der Wahrnehmungen, Gedanken, Gefühle und Einstellungen von Personen oder Figuren ausführlich und anschaulich wiedergegeben werden. Man beschreibt z.B. **Sinneswahrnehmungen** (Hören, Sehen, Riechen, Schmecken, Fühlen) genau und verwendet → **direkte** **Rede**. Geeignete **sprachliche Mittel** sind z.B.: ■ bildhafte Vergleiche und Bezeichnungen, z.B.: *kalt wie Eis, klettern wie* *ein Affe, Bruchbude – Hütte – Palast,* ■ abwechslungsreiche, genaue Bezeichnungen (→ **Synonyme**), z.B.: *Auto – Wagen – Gefährt,* ■ treffende Verben und Adjektive, z.B.: *flüstern, glitschiger Untergrund,* ■ → **Personifizierungen**, z.B.: *Kälte kroch in meine Zehen.*

Schreibkonferenz	In einer Schreibkonferenz werden **Texte gemeinsam** (in Gruppen) **überarbeitet**. Dazu sollte man Arbeitsschritte besprechen und festlegen (z.B. Text lesen; Notizen zu Inhalt, Satzbau, Wortwahl machen und vergleichen; Hinweise und Vorschläge formulieren).
Schreibwerkstatt	In einer Schreibwerkstatt steht der Spaß am gemeinsamen Schreiben im Mittelpunkt. Wie in einer Werkstatt wird **gemeinsam an Texten gearbeitet**. Die einzelnen Arbeitsschritte sind das Werkzeug und die Sprache ist das Material.
sprachliche Mittel	Sprachliche Mittel dienen der anschaulichen, einprägsamen und/oder zweckmäßigen **Satz- und Textgestaltung**, wie z.B. in der Werbung: ▪ Übertreibung, z.B.: *So wurden Sie noch nie erfrischt.* ▪ Aufzählung, z.B.: *Quadratisch. Praktisch. Gut.* ▪ Alliteration (gleicher Anfangsbuchstabe), z.B.: *Milch macht müde Männer munter.* ▪ Reime, z.B.: *Mars macht mobil, bei Arbeit, Sport und Spiel.* ▪ Wortspiel, z.B.: *Bemannte Räumfahrt.* ▪ Gegensatz, z.B.: *Sind sie zu stark, bist du zu schwach.* ▪ Ausruf, z.B.: *Wie gut, dass es Nivea gibt!* ▪ Wortneuschöpfungen, z.B.: *Los Wochos!* ▪ ungewöhnlicher Satzbau, z.B.: *Jetzt zuschlagen!* ▪ Abweichungen von der Grammatik, z.B.: *Hier werden Sie geholfen!*
Sprachvarianten (Sprachvarietäten)	**Erscheinungsformen** unserer Sprache. Man unterscheidet: → **Dialekte (Mundarten)** → **Umgangssprache** → **Standardsprache**
Sprichwort	Ein Sprichwort gibt Erfahrungen, Beobachtungen und Einsichten der Menschen in Form eines Satzes besonders anschaulich und einprägsam wieder, z.B.: *Wer andern eine Grube gräbt, fällt selbst hinein.*
Standardsprache	Eine → **Sprachvariante (Sprachvarietät)** des Deutschen, die v.a. in schriftlichen Texten (z.B. Literatur, Zeitungsartikel, Fachtexte, amtliche Mitteilungen), aber auch in bestimmten Sprechsituationen (z.B. Vorträge, Nachrichten) verwendet wird. Sie ist gekennzeichnet durch Wörter, die in allen Regionen des deutschen Sprachgebiets bekannt sind, einen geregelten Satzbau, eine geregelte Schreibung (Rechtschreibung) und eine geregelte Aussprache (nach bestimmten Normen).
Standpunkt	Als **Behauptung (These)** formulierte **Meinung** einer Person oder Personengruppe. Standpunkte sollten durch → **Argumente** belegt bzw. widerlegt werden.
Subjekt	**Satzglied**, über das im Satz etwas ausgesagt wird (Satzgegenstand). Es steht in der Regel im **Nominativ** und kann mithilfe der Fragen *Wer?* oder *Was?* ermittelt werden, z.B.: *Am Abend trafen die Großeltern und mein Bruder ein. Der Schnee begann langsam zu tauen.* **Subjekt** und **Prädikat** bilden den **Satzkern**.

Substantiv **Substantivierung**	→ Nomen → Nominalisierung
Suffix (Nachsilbe)	An den Wortstamm angehängter **Wortbaustein**, der in der Regel nicht selbstständig stehen kann. Durch das Anfügen von Suffixen entstehen Wortformen und neue Wörter (**Ableitungen**), z. B.: *lernen, lernte, Lerner; Kindheit, kindlich, kindisch.* Typische Suffixe für Nomen/Substantive sind *-heit, -keit, -ung, -nis,* z. B.: *Dunkelheit, Hindernis.* Typische Suffixe für Adjektive sind *-ig, -lich, -isch,* z. B.: *windig, heimlich, himmlisch.*
Synonym	Zwei oder mehr Wörter mit verschiedener Form (Aussprache, Schreibung), die eine ähnliche (selten gleiche) Bedeutung haben. Sie bezeichnen denselben Gegenstand, dieselbe Handlung oder Eigenschaft, heben dabei aber oft unterschiedliche Merkmale hervor, z. B.: *Lärm – Krach – Geschrei.*
Texte verfassen	Beim Verfassen von Texten sind verschiedene **Arbeitsphasen** und **Arbeitsschritte** nötig. So kann man vorgehen: ■ Schreibaufgabe bedenken (Für wen, warum, was/worüber soll geschrieben werden?), ■ Text planen und gestalten (Ideen/Informationen sammeln, ordnen und gliedern; Textteile formulieren, z. B. Einleitung, Schluss), ■ Textentwurf schreiben, ■ Textentwurf überarbeiten (Inhalt, Wortwahl, Satzbau, Rechtschreibung, Zeichensetzung; evtl. Schreibkonferenz), ■ Endfassung schreiben (evtl. gestalten).
Umfrage	Mündliche oder schriftliche **Befragung** mithilfe eines **Fragebogens**, um Informationen über Meinungen, Einstellungen, Wissen und Verhalten verschiedener Menschen zu erhalten. Die Fragen sollten möglichst einfach, eindeutig und kurz formuliert sein, sodass die Antworten gut auszuwerten sind. Zur Veranschaulichung der Ergebnisse können Diagramme, Tabellen oder Schaubilder dienen.
Umgangssprache	Eine → **Sprachvariante (Sprachvarietät)** des Deutschen, die in bestimmten Alltagssituationen, z. B. in der Familie, mit Freunden und anderen vertrauten Menschen, vor allem in gesprochener Sprache gebraucht wird, aber auch im privaten Schriftverkehr oder in der Literatur (Figurenrede) vorkommen kann. Merkmale der Umgangssprache sind bestimmte Wörter und Wendungen, aber auch unvollständige Sätze, z. B.: *die große Klappe haben.*
Umstellprobe	Probe zur Ermittlung der → **Satzglieder** eines Satzes: Alle Wörter, die nur zusammenhängend umgestellt werden können, bilden ein Satzglied. Im Aussagesatz kann jedes Satzglied, außer Prädikat, die erste Stelle (vor der finiten Verbform) einnehmen. Die finite (gebeugte) Verbform nimmt immer die zweite Stelle ein. Vor der finiten Verbform kann immer nur *ein* Satzglied stehen, z. B.:

	*Max und Moritz	spielten	den Erwachsenen häufig	böse Streiche.* *Den Erwachsenen	spielten	…* *Häufig	spielten	…*
unpersönliche Ausdrucksweise	Wenn es **unwichtig** ist, **wer handelt**, wird die unpersönliche Ausdrucksweise verwendet (z. B. in Berichten oder Beschreibungen). Es gibt zwei Formen der unpersönlichen Ausdrucksweise: ■ Verbform im Passiv, z. B.: *Das Wasser <u>wird dazugegeben</u>.* ■ *man*-Form, z. B.: *<u>Man gibt</u> das Wasser dazu.*
Verb	→ **konjugierbare Wortart**, die **Tätigkeiten**, **Vorgänge** und **Zustände** bezeichnet. Es gibt: ■ **infinite** (ungebeugte) **Verbfomen: Infinitiv** (z. B. *lesen,*) **Partizip I** (z. B. *lesend*), **Partizip II** (z. B. *gelesen*), ■ **finite** (gebeugte) **Verbformen**: Personalformen, die durch → **Konjugation** entstehen und in Person und Zahl mit dem Subjekt übereinstimmen (z. B. *ich lese, du gehst*). Verben bilden **Zeitformen** (Tempusformen): **Einfache Zeitformen** sind **Präsens** und **Präteritum**, z. B.: *Ich <u>lese</u> gern. Er <u>las</u> gestern ein Buch.* **Zusammengesetzte Zeitformen** sind **Perfekt, Plusquamperfekt** und **Futur**, z. B.: *Wir <u>haben</u> viel <u>gelesen</u>. Er <u>hatte</u> viele Bücher <u>mitgebracht</u>. Bald <u>werden</u> wir neue Bücher <u>bestellen müssen</u>.* Die meisten Verben haben eine **Aktivform** (Betonung des Handelnden) und eine **Passivform** (Unwichtigkeit des Handelnden, Bildung: Hilfsverb *werden* + Partizip II, z. B.: *(ich) werde getragen, (du) wirst begleitet*). Verben bilden **Modusformen** (Formen der Aussageweise): ■ Verbformen im **Indikativ** (Wirklichkeitsform) werden verwendet, um Tatsachen und → **direkte Rede** wiederzugeben, z. B.: *Er <u>arbeitet</u> beim Zirkus. »Ich <u>habe</u> früh damit <u>begonnen</u>«, <u>sagt</u> Dergin.* ■ Verbformen im **Konjunktiv I** werden verwendet, um → **indirekte Rede** wiederzugeben, z. B.: *Er sagt, er <u>arbeite</u> beim Zirkus.* ■ Verbformen im **Konjunktiv II** (Möglichkeitsform) werden verwendet, um Vorstellungen oder Wünsche auszudrücken, z. B.: *Ich <u>wäre</u> so gern ein Filmstar. Ich <u>bliebe</u> gern hier.* Einige Verbformen im Konjunktiv II werden nur noch selten gebraucht, andere stimmen in der Form mit dem Indikativ überein. Man ersetzt sie durch **würde + Infinitiv**, z. B.: *sie log* → *sie löge – sie <u>würde</u> lügen, er fragte* → *er fragte – er <u>würde</u> fragen.* Der **Konjunktiv II** oder die **würde**-Ersatzform wird auch zur indirekten Redewiedergabe verwendet, wenn sich Indikativ und Konjunktiv I oder II formal nicht unterscheiden (→ **indirekte Rede**). ■ Verbformen im **Imperativ** werden verwendet, um Aufforderungen, Befehle, Ratschläge oder Empfehlungen auszudrücken, z. B.: *Warte!* (Singular) *Wartet!* (Plural) *Warten Sie!* (Höflichkeitsform) Aufgrund ihrer Formenbildung unterscheidet man: ■ **starke Verben** (Stammvokal ändert sich, die 1./3. Person Präteritum ist endungslos, das Partizip II endet auf *en*, z. B.: *schwimmen – schwamm – geschwommen*).

	• **schwache Verben** (Stammvokal ändert sich nicht, die 1./3. Person Präteritum endet auf *te,* das Partizip II endet auf *t,* z. B.: *lachen – lachte – gelacht.*) Zur Bildung der verschiedenen Verbformen kann man sich an den **Leitformen** (Stammformen) orientieren: **Infinitiv – Präteritum** (1./3. Person Singular) – **Partizip II**, z. B.: *lesen – las – gelesen.*
Verlängerungs-probe	Probe zur Ermittlung der Schreibung eines einsilbigen Wortes. Man verlängert das einsilbige Wort, indem man z. B. folgende Formen bildet: • die Pluralform (z. B.: *Flu■ – Flüsse, Sta■ – Stäbe*), • ein Verb (z. B.: *Ba■ – baden*), • ein Adjektiv (z. B.: *Gol■ – golden, goldig*).
Verwandtschafts-probe	Probe zur Ermittlung der Schreibung eines Wortes. Man sucht ein stamm-verwandtes Wort aus der Wortfamilie, z. B.: *mahlen – Mehl – Mühle; Biss – bissig.*
Weglassprobe	Probe, um zu ermitteln, ob ein Attribut weggelassen werden kann, ohne dass der Sinn des Satzes verlorengeht, z. B.: *Ich legte den (verhassten) (grünen) Wisch auf den Schrank (in der Küche) und spürte, wie mein (brodelnd) (heißes) Blut vom Kopf in den Bauch rann.*
Wortart	Wörter lassen sich verschiedenen Wortarten zuordnen. Es gibt • **veränderbare Wortarten**: Nomen/Substantiv (deklinierbar), Verb (konjugierbar), Adjektiv (deklinierbar, komparierbar), Artikel (deklinierbar), Pronomen (deklinierbar), • **nicht veränderbare Wortarten**: Präposition, Adverb, Konjunktion, Interjektion. • Numerale (Zahlwörter) können zu verschiedenen Wortarten gehören.
Wortbildung	Für die Wortbildung haben sich im Deutschen zwei Formen bewährt: • die → **Ableitung** mithilfe von Präfixen und Suffixen, • die → **Zusammensetzung** (Bestimmungswort + Grundwort). Mithilfe der → **Zerlegeprobe** lassen sich Wörter in ihre Bauteile zerlegen.
Wörterbuch	Wörterbücher oder Lexika (Singular: Lexikon) enthalten meist eine Vielzahl von Informationen und sind so aufgebaut: Die **Stichwörter** stehen in **alphabetischer Reihenfolge**. **Seitenleitwörter** (das erste und letzte Wort einer Seite) helfen bei der Orientierung. Rechtschreib-Wörterbücher enthalten neben dem **Wörter-verzeichnis** oft einen Anhang mit den gültigen **Rechtschreibregelungen**, meist mit K (Kennziffer) oder R (Regel) und einer Nummer gekenn-zeichnet.
Wortfamilie	Wörter, die einen **gemeinsamen Wortstamm** haben, bilden eine Wortfamilie. Wortfamilien entstehen durch **Ableitung** und **Zusammensetzung**, z. B.: *lehren – Lehrer – Lehrbuch – Lehrling – gelehrig …*
Wortfeld	Bedeutungsgleiche oder -ähnliche Wörter (**Synonyme**) bilden ein Wortfeld. Wörter eines Wortfeldes lassen sich in **Oberbegriffe** (mit allgemeiner Bedeutung) und **Unterbegriffe** (mit spezieller Bedeutung) einteilen, z. B.: *Pflanze: Baum – Birke, Buche, Fichte, …*

Zerlegeprobe	Probe zur Ermittlung der Schreibung eines Wortes. Man zerlegt Wörter in **Sprechsilben**, um zu erkennen, ob es mit zwei gleichen oder zwei verschiedenen Konsonanten geschrieben wird, z.B.: *es-sen, lis-tig*. Man kann Wörter auch in ihre **Bauteile** zerlegen, um Sicherheit über deren Schreibung zu bekommen, z.B.: *Ver-kauf, du nasch-st*.
Zitat, **zitieren**	Wörtliche Wiedergabe einer Textstelle in einem anderen Text. Zitate müssen buchstabengetreu übernommen und in **Anführungszeichen** gesetzt werden. Auslassungen werden durch eckige Klammern mit drei Punkten [...] gekennzeichnet, z.B.: »*Sylva mochte Taberys Stunden gern. Sie gehörten zu den wenigen, denen sie nicht aus dem Weg ging. [...] Er täuschte keinen Sinn für Humor vor. Er machte auch keine peinlichen Witzchen [...].*« Um Herkunft und Wortlaut eines Zitats überprüfbar zu machen, ist eine präzise → **Quellenangabe** erforderlich, z.B.: *Procházková, Iva: Die Nackten. Düsseldorf: Sauerländer Verlag, 2008, S.9.*

zusammen-
gesetzter Satz
	Satz, der aus zwei oder mehreren inhaltlich eng miteinander verbundenen **Teilsätzen** besteht. Die Teilsätze werden in der Regel durch **Komma** voneinander getrennt. Jeder Teilsatz enthält mindestens ein **Subjekt** und ein **Prädikat** (finite Verbform). Man unterscheidet:
	▪ **Satzgefüge** (Haupt- und Nebensatz), z.B.: *Alle waren begeistert,*
	  als die Clowns auftraten.
	▪ **Satzreihe/Satzverbindung** (mindestens zwei Hauptsätze), z.B.: *Clown Tilo*
	  stand auf dem Kopf (,) und Clown Marek spielte Trompete.
	▪ **mehrfach zusammengesetzte Sätze** (drei oder mehrere Haupt- und
	  Nebensätze), z.B.: *Clown Tilo, der auf dem Kopf stand, konnte sich nicht*
	  wehren, als Clown Marek ihn umstieß.

Zusammensetzung	Form der **Wortbildung**: Zusammensetzungen bestehen aus **Grund-** und **Bestimmungswort**. Manchmal ist ein **Fugenelement** eingefügt. Das Grundwort bestimmt die Wortart und das Geschlecht der Zusammensetzung, z.B.: *wunder|schön, die Mittag|s|zeit*. Bei zusammengesetzten Verben gibt es ▪ **fest zusammengesetzte Verben**, z.B.: *unterrichten – (er) unterrichtet,* ▪ **unfest zusammengesetzte Verben**, z.B.: *teilnehmen – (er) nimmt teil*. Man kann sie durch die **Betonung** unterscheiden: ▪ Betonung auf dem Grundwort → fest zusammengesetzt, ▪ Betonung auf dem Bestimmungswort → unfest zusammengesetzt. Einige Verben bilden in Verbindung mit ***durch, hinter, über, unter*** und ***um*** sowohl **feste** als auch **unfeste Zusammensetzungen** mit unterschiedlichen **Bedeutungen**, wie z.B.: *Franz wollte während der Fahrradrallye mit Geschick alle aufgestellten Kegel umfahren und nicht einen einzigen umfahren.*

Lösungen zu den Tests

Texte erschließen (S. 88–89)

1

a Es wird das Problem der Meeresverschmutzung durch Plastikmüll angesprochen.

b Der Autor möchte in dem Text informieren und seinen Standpunkt mitteilen. Die Frageform provoziert außerdem die Suche nach einer Antwort.

c Die Überschrift weckt das Interesse, denn das Wort »Müllstrudel« ist eher ungewöhnlich.

2

a Meeresverschmutzung durch Plastikabfälle ist ein ernstzunehmendes Umweltproblem, an dem einzig und allein der Mensch schuld ist.

b (siehe Tabelle unten ↓)

c Der Autor äußert die Befürchtung, dass der Müllstrudel in zwei bis drei Generationen riesige Ausmaße haben wird.

d Bekämpft aktiv die Meeresverschmutzung durch Plastikmüll, damit der Müllstrudel nicht noch größere Ausmaße annimmt!

3

a Besonders problematisch bei Plastikmüll ist seine chemische Zusammensetzung: Er kann giftige Substanzen, zum Beispiel Weichmacher, enthalten. (überzeugendes Argument)
Ein weiteres Problem ist seine relativ lange Haltbarkeit und die langsame Abbaurate. Richtig beängstigend wird diese Umweltverschmutzung, wenn man bedenkt, dass Kunststoff bis zu 500 Jahre braucht, um sich im Salzwasser zu zersetzen. (noch überzeugenderes Argument)
Und: Kunststoff wird in großem Maße erst seit 60 Jahren hergestellt. Kaum auszudenken, welche Ausmaße dieser Strudel erst in zwei, drei Generationen haben wird. (überzeugendstes Argument)

b

Adjektive	Verben	Nomen
dramatisch (Z.1)	ballt sich ...	Erdverschmutzung (Z.1)
absichtlich oder versehentlich (Z.3)	zusammen (Z.8)	Müllstrudel (Z.2)
(der) schlimmste (Meeres-	kaum aus-	(die) Dimension Mitteleuropas (Z.5)
verschmutzer) (Z.9)	zudenken (Z.20)	(der schlimmste) Meeres-
(besonders) problematisch (Z.13)		verschmutzer (Z.9)
giftige (Substanzen) (Z.14)		(weiteres) Problem (Z.15)
beängstigend (Z.16)		(in zwei-drei) Generationen (Z.21)
ernstzunehmendes (Z.24)		Umweltproblem (Z.24)
schuld (Z.28)		Erderwärmung (Z.25)
		(ökologisches) Desaster (Z.27/28)

b mögliche Lösung: Die Argumente sind steigernd aufgebaut, das heißt, das dritte ist das überzeugendste Argument.

c Der Autor vergleicht die Größe des Müllstrudels mit Mitteleuropa.

4

a Das Diagramm veranschaulicht die Aussage: »Plastikmüll ist der schlimmste Meeresverschmutzer überhaupt.«

b mögliche Lösung: Plastikmüll und Styropor machen 75,3 Prozent des gesamten Mülls aus, der 2002 bis 2008 an der Wattenmeerküste Deutschlands gefunden und untersucht wurde. Daneben werden die Weltmeere auch durch Holz (8,3 %), Glas (5,4 %), Papier und Pappe (3,2 %) verschmutzt.

Über Sprache nachdenken (S. 160–161)

2 Olmütz ist eine gemütliche, alte Stadt in Mähren, mit vielen krummen Gassen, geheimnisvollen Ecken und Innenhöfen und vielen netten Leuten.
Die nettesten von allen waren wahrscheinlich meine Großmutter und meine Urgroßmutter, die mich meine drei ersten Jahre erzogen und verwöhnten.
Dann musste ich nach Prag zu meinem Vater und meiner Mutter, die mich nicht verwöhnten, aber sie liebten mich nicht weniger.
Er liebte lustige Geschichten und konnte wunderbar erzählen.
Von ihm unheilbar angesteckt, bin ich wie in einem Rausch oder in einem hohen

Fieber, wenn ich schreibe, und dieser Zustand dauert, bis das Buch fertig ist. Momentan ist mein Fieber normal, ich schreibe nichts, aber eine Geschichte entwickelt sich schon langsam in meinem Kopf (oder Herz?), klopft ungeduldig und wird bald rausgelassen werden ...

3 eine gemütliche, alte Stadt in Mähren, mit vielen krummen Gassen, geheimnisvollen Ecken und Innenhöfen und vielen netten Leuten
Mein Vater, ein Schriftsteller ...

4 Konjunktionen, Relativpronomen, Fragewort, finite Verbform
Die Autorin Iva Procházková erzählt über ihr Leben: »Ich bin am 13. Juni 1953 in Olmütz geboren. Olmütz ist eine gemütliche, alte Stadt in Mähren, mit vielen krummen Gassen, geheimnisvollen Ecken und Innenhöfen und vielen netten Leuten. Die nettesten von allen waren wahrscheinlich meine Großmutter und meine Urgroßmutter, die mich meine drei ersten Jahre erzogen und verwöhnten. Dann musste ich nach Prag zu meinem Vater und meiner Mutter, die mich nicht verwöhnten, aber sie liebten mich nicht weniger. Mein Vater, ein Schriftsteller, ist gestorben, als ich 17 war, und er fehlt mir bis heute. Manchmal erzähle ich ihm vor dem Einschlafen etwas Lustiges, um ihm eine Freude zu machen. Er liebte lustige Geschichten und konnte wunderbar erzählen. Das ist vielleicht der Grund, warum auch ich Schriftstellerin geworden bin. Von ihm unheilbar angesteckt, bin ich wie in einem Rausch oder in einem hohen Fieber, wenn ich schreibe, und dieser Zustand dauert, bis das Buch

fertig ist. Momentan ist mein Fieber
normal, ich schreibe nichts, aber eine
Geschichte entwickelt sich schon langsam
in meinem Kopf (oder Herz?), klopft
ungeduldig und wird bald rausgelassen
werden …

5 Dann musste ich nach Prag zu meinem Vater und meiner Mutter,
die mich nicht verwöhnten, aber sie liebten mich nicht weniger.

_HS 1_ , _NS 1_ , _HS 2_ .

Mein Vater, ein Schriftsteller, ist gestorben, als ich 17 war, und er fehlt mir bis heute.

_HS 1_ , _NS 1_ , _HS 2_ .

Von ihm unheilbar angesteckt, bin ich wie in einem Rausch oder in einem
hohen Fieber, wenn ich schreibe, und dieser Zustand dauert, bis das Buch fertig ist.

_HS 1_ , _NS 1_ , _HS 2_ , _NS 2_ .

Momentan ist mein Fieber normal, ich schreibe nichts, aber eine Geschichte
entwickelt sich schon langsam in meinem Kopf (oder Herz?), klopft ungeduldig
und wird bald rausgelassen werden …

_HS 1_ , _HS 2_ , _HS 3_ .

6 Manchmal erzähle ich ihm vor dem
Einschlafen etwas Lustiges, um ihm eine
Freude zu machen. Von ihm unheilbar
angesteckt, bin ich wie in einem Rausch
oder …

7 Viele Erinnerungen regen die Autorin dazu
an, Geschichten zu erzählen.

8 Iva Procházková wuchs in einem
kleinen mährischen Städtchen auf,
von der Großmutter und der Urgroßmutter verwöhnt.

9 Nomen, Attribute
1 eine gemütliche, alte Stadt
2 lustige Geschichten
3 viele nette Leute
4 mit vielen krummen Gassen
   und geheimnisvollen Ecken

10 vor dem Einschlafen, etwas Lustiges

11 1 Ich wurde von Großmutter und Urgroßmutter erzogen. 2 Ich wurde (von Mutter
und Vater) nicht verwöhnt.

12 Iva Procházková sagte, das sei der Grund, warum auch sie Schriftstellerin geworden sei. Von ihm unheilbar angesteckt, sei sie wie in einem Rausch […], wenn sie schreibe (schriebe), und dieser Zustand dauere, bis das Buch fertig sei.

13 dann, heute, manchmal, momentan, bald

14 **Ableitungen:** Autor|in, er|zählt, gemüt|lich, er|zogen, (ver|wöhnten – abgeleitet von *gewöhnen*), Lust|iges, wunder|bar, Schriftsteller|in, un|heil|bar, ent|wickelt, lang|sam, un|geduld|ig
Zusammensetzungen: geheimnis|voll, Innen|höfen, Groß|mutter, Ur|groß|mutter, Schrift|steller, Ein|schlafen, (viel|leicht), an|gesteckt, raus|gelassen

Richtig schreiben (S.188–189)

1 Mit nur einem s schreibt man den Artikel, das Relativpronomen und das Demonstrativpronomen *das,* die Konjunktion *dass* wird mit *ss* geschrieben. (Duden, S.328)

2 **1** dass, das **2** Das **3** Das **4** dass **5** Das **6** das **7** dass, das **8** das, dass

3 Das war spannend damals in Calgary zu den Olympischen Winterspielen 1988. Im Eiskunstlauf der Damen liegt Debi Thomas aus den Vereinigten Staaten von Amerika vor Katarina Witt aus der DDR. Zur Kür haben sich beide das gleiche Musikstück aus der Oper »Carmen« von Georges Bizet ausgesucht. Der Ausgang ist bekannt. Die hübsche Kati aus Sachsen besiegt die attraktive Debi aus Kalifornien und gewinnt olympisches Gold. 1994 gelingt ihr ein unglaubliches Comeback bei Olympia in Lillehammer, einer Stadt in Norwegen. Nunmehr startet sie für die Bundesrepublik Deutschland.

4 **1** über das Hier und Jetzt sprechen **2** das Für und Wider diskutieren **3** eine Acht im Rad haben **4** mit einer Zwei in der Mathearbeit rechnen **5** das Reiten und das Schwimmen lieben **6** sich für eine gute Sache einsetzen **7** ohne Wenn und Aber helfen **8** das Nein gut überlegen **9** etwas mit Ach und Krach schaffen **10** heute Mittag pünktlich sein **11** abends ins Kino gehen **12** den Stuhl hier stehen lassen **13** das Üben jetzt beenden **14** mit dem Berichtigen beginnen **15** in aller Frühe aufstehen

5 **1** d.h. **2** usw. **3** z.B. **4** s.o. **5** Pkw **6** DRK **7** Ing. **8** Dr. **9** m **10** kg **11** C **12** CD **13** WWW **14** U-Boot **15** Abk. **16** kPa **17** BLZ **18** Abi

6 **1** Etage (Stockwerk) **2** City (Innenstadt) **3** Medaillon (Bildkapsel, Rundbild, rundes Relief) **4** Bike (Fahrrad) **5** Pool (kleines Schwimmbecken) **6** Jeans **7** Keyboard (elektronisches Tasteninstrument) **8** Cowboy **9** Manager (Leiter eines großen Unternehmens) **10** Manege **11** I-Pod (iPod als eingetragenes Warenzeichen) **12** Ingenieur **13** Facebook **14** Chance **15** cool **16** Airbag **17** engagiert **18** (Web)-Browser

Quellenverzeichnis

Textquellen

6 Freunde treffen, Schule, Sport – Prioritäten setzen. Online im Internet: http://www.yaez.de/20100914/ Erwachsenwerden [15.03.2011]. **13** Fast Food … Nach: Fachgesellschaft für Ernährungstherapie und Prävention (FET). Online im Internet: http://www.fitnesswelt.com [15.03.2011] **19** Jacobs, Claudia: Tückische Tattoos. Nach: Focus Schule Magazin, 5/2010, S.9. **25f.** Im Jeep … Aus: Rosoff, Meg: So lebe ich jetzt. Aus dem Englischen von Brigitte Jakobeit. Hamburg: Carlsen, 2005, 2008, S.13–17. **29f.** Zum Glück … Aus: Marsden, John: Winter – Ein Mädchen sucht die Wahrheit. Wien: Carlsen Verlag, 2002, S.28–29. **31f.** Meine Eltern … Aus: Marsden, John: Winter – Ein Mädchen sucht die Wahrheit. Wien: Carlsen Verlag, 2002, S.54–57. **34** Kordon, Klaus: Biologie. Aus: Gelberg, Hans-Joachim (Hrsg.): Überall und neben dir: Gedichte für Kinder. Weinheim, Basel: Beltz Verlag, 1986, S.110. **35** Brecht, Bertolt: Der Rauch. Aus: Gesammelte Werke in 20 Bänden. Band 10. Frankfurt a. M.: Suhrkamp, 1967, S.1012. Auer, Martin: Zufall. Aus: Gelberg, Hans-Joachim (Hrsg.): Überall und neben dir: Gedichte für Kinder. Weinheim, Basel: Beltz Verlag, 1986, S.64. Rühm, Gerhard: du. Aus: Gomringer, Eugen (Hrsg.): konkrete poesie. deutschsprachige autoren. anthologie. Stuttgart: Philipp Reclam jun., 1991, S.121. **37f.** An einem unfreundlichen Novembertage … Aus: Gottfried Keller: Kleider machen Leute. In: Böning, Thomas, Kaiser, Gerhard und Müller, Dominik (Hrsg.): Gottfried Keller. Sämtliche Werke in sieben Bänden. Bd.4: Die Leute von Seldwyla. Frankfurt am Main: Deutscher Klassiker Verlag, 1989, S.286f. **39f.** Ich sah Lucas … Aus: Brooks, Kevin: Lucas. Aus dem Englischen von Uwe-Michael Gutzschhahn. München: Deutscher Taschenbuchverlag, 2005, S.9, 17–19. **51** Wasserkreislauf. Online im Internet: http://www.wasser-macht-schule.com [15.03.2011] **55** BDEW Bundesverband der Energie- und Wasserwirtschaft e. V. (Hrsg.): Wasser – Unser wichtigstes Lebensmittel. Online im Internet: http://www.wasser-macht-schule.com [15.03.2011]. **68f.** Franck, Julia: Streuselschnecke. Aus: Bauchlandung. Geschichten zum Anfassen. Köln: DuMont Verlag, 2000, S.51f. **70ff.** Nöstlinger, Christine: Liebeskummer. Aus: Kratzer, Hertha und Welsh, Renate (Hrsg.): Antwort auf keine Frage. Geschichten von und über die Liebe. Wien, München: Verlag Jugend und Volk, 1985, S.41ff. **75** *Diagramm* Aus: Feierabend, Sabine, Rathgeb, Thomas: JIM 2010: Jugend, Information, (Multi-)Media. Basisstudie zum Medienumgang 12- bis 19-Jähriger in Deutschland. Herausgegeben vom Medienpädagogischen Forschungsverbund Südwest. Stuttgart, 2010, S.13. (http://www.mpfs.de) **78** Riesiger Jubel … Nach: http://www.focus.de/panorama/welt [27.01.2011] Friedemann Bauschert ist … Online im Internet: http://www.dradio.de [15.03.2011] © 2010 Deutschlandradio **79** Die Bergleute … Nach: http://www.focus.de/panorama/welt [27.01.2011] **81f.** Czycholl, Harald: Rosen aus Kenia. Ostafrikas gefährliche Blüten. Nach: http://www.faz-net.de [15.03.2011] **83** Wischniewski, Thomas: Deutschland ist Wasserimporteur. Online im Internet: http://www.verbraucherbildung.de [15.03.2011] **84** *Diagramm* Aus: BUND (Hrsg.): Virtuelles Wasser oder: Wie viel Wasser wir wirklich verbrauchen. Kiel, 2008. **86f.** Deutschland – ein Wüstenstaat? Nach: Geiler, Nikolaus: Wassersparen – aber richtig! Wie unser Konsum in den semiariden Regionen der Erde den Wasserstress verschärft. Ein einführender Aufsatz zum Wassersparen und zum »Virtuellen Wasser«. Online im Internet: http://www.verbraucherbildung.de/projekt01/media/pdf/UE_VirtuellesWasser_Geiler_0108.pdf, 2008, S.7. **88** Maiwald, Stefan: Wo ist der Müllstrudel? Nach: P. M. Fragen und Antworten 9/2010, S.20. **89** *Diagramm* Online im Internet: http://www.nabu.de/themen [15.03.2011] **96** Krump, Hans: Bezahlen ohne Ende. Aus: Märkische Oderzeitung, 16.12.2010, S.2. **103, 104, 108, 110** © Deutsches Rotes Kreuz **112** Radtke, Günther: Modalverben. Aus: Wiemer, Rudolf Otto (Hrsg.): bundes deutsch. Lyrik zur sache grammatik. Wuppertal: Hammer, 1974, S.70. **122** Sylvas Vater seufzte … Aus: Procházková, Iva: Die Nackten. Düsseldorf: Sauerländer Verlag, 2008, S.23–24. **123** Filip ist … Aus: Procházková, Iva: Die Nackten. Düsseldorf: Sauerländer Verlag, 2008, S.32. **129** Sylva geht gern … Aus: Procházková, Iva: Die Nackten. Düsseldorf: Sauerländer Verlag, 2008, S.28. **131** Bei aller Ernsthaftigkeit … Online im Internet: http://www.residenzverlag.at [15.03.2011]

© Residenz Verlag. **132** Der alte Mann ... Nach: Straube, Peer: Sogar die Seismografen schlugen aus. Aus: Der Tagesspiegel, 15. Oktober 2010, S. 13. **145** Es ist unbeschreibbar ... Aus: Heine, Heinrich: Die Harzreise. Aus: Nationale Forschungs- und Gedenkstätten der Klassischen Deutschen Literatur in Weimar (Hrsg.): Heines Werke in fünf Bänden. Bd. II. Berlin, Weimar: Aufbau-Verlag, 1981, S. 271 f. **152** Geschem. Aus: Pressler, Miriam: Nathan und seine Kinder. Weinheim, Basel: Beltz Verlag, 2010, S. 9. Oomen, Hans-Gert: Karl der Große ... Aus: Entdecken und Verstehen. Geschichtsbuch Sekundarstufe I, Berlin, 7./8. Schuljahr. Berlin: Cornelsen, 2007, S. 60. **154** Zweiter Merseburger Zauberspruch. Aus: Mettke, Heinz (Hrsg.): Älteste deutsche Dichtung und Prosa. Ausgewählte Texte althochdeutsch – neuhochdeutsch. Leipzig: Verlag Philipp Reclam jun., 1976, S. 84 ff. **155** Phol und Wodan ... Aus: Mettke, Heinz (Hrsg.): Älteste deutsche Dichtung und Prosa. Ausgewählte Texte althochdeutsch – neuhochdeutsch. Leipzig: Verlag Philipp Reclam jun., 1976, S. 84 ff. **156** von der Vogelweide, Walther: Ich saz ûf eime steine. Aus: Protze, Helmut (Hrsg.): Walther von der Vogelweide: Lieder und Sprüche. Auswahl mittelhochdeutsch–neuhochdeutsch. Neuhochdeutsche Fassung von R. Schaeffer. Leipzig: Verlag Philipp Reclam jun., 1982, S. 24. **157** Uns ist ... Aus: Brackert, Helmut (Hrsg.): Das Nibelungenlied. Mittelhochdeutscher Text und Übertragungen. Frankfurt: Fischer Taschenbuch Verlag, 1992, S. 6 f. **158** Ein kurzweilig lesen von Dil Ulenspiegel. Aus: Frühneuhochdeutsche Texte. Ausgewählt und eingeleitet von Gerhard Kettmann. Leipzig: Bibliographisches Institut, 1971, S. 176. **159** Ickelsamer, Valentin: Teutsche Grammatica. Aus: Frühneuhochdeutsche Texte. Ausgewählt und eingeleitet von Gerhard Kettmann. Leipzig: Bibliographisches Institut, 1971, S. 153. **160** Die Autorin ... Online im Internet: http://ivaprochazkova.com/index_de.html [15. 03. 2011] **163** Die teuerste Show der Welt. Nach: Lenz, Nikolaus: Das Superbuch der 1001 Rekorde. Bindlach: Gondrom Verlag, 2001, S. 173. **164** Der absolut höchste Berg der Welt. Nach: Brauburger, Birgit u. a. Das große Buch der 555 Rekorde. Köln: Buch und Zeit Verlagsgesellschaft, 2007, S. 71. **166** Von geografischen Namen ... Aus: Duden: Die deutsche Rechtschreibung. 25., völlig neu bearbeitete und erweiterte Auflage. Mannheim, Wien, Zürich: Dudenverlag, 2009, S. 64. **167** Schlechte Manieren. Nach: Lenz, Nikolaus: Das Superbuch der 1001 Rekorde. Bindlach: Gondrom Verlag, 2001, S. 287.

Wir danken den Rechteinhabern für die Abdruckgenehmigung. Da es uns leider nicht möglich war, alle Rechteinhaber zu ermitteln, bitten wir, sich gegebenenfalls an den Verlag zu wenden.

Bildquellen

6 picture-alliance, Frankfurt a. M. **13** © JLV Image Works – Fotolia.com **19** © Haramis Kalfar – Fotolia.com **22** fatman73 – Fotolia.com **29** *Buchcover* (Winter): Carlsen Verlag, Hamburg 2004 **39** *Buchcover* (Lucas): Deutscher Taschenbuch Verlag, München 2005 **41** bpk/Gustave Marissiaux, Berlin **42** © Kindernothilfe/Hartmut Schwarzbach **45** © Robert Kneschke – Fotolia.com **46** © hapa7 – Fotolia.com **47** © MNStudio – Fotolia.com **53** *links*: picture-alliance/ZB, Frankfurt a. M. *rechts*: picture-alliance/dpa, Frankfurt a. M. **61** Thomas Schulz, Teupitz **62** Tobias Schneider, Berlin **63, 66** Thomas Schulz, Teupitz **79** picture-alliance/abaca, Frankfurt a. M. **81** picture-alliance/dpa, Frankfurt a. M. **83** © parazit – Fotolia.com **87** picture-alliance/ZB, Frankfurt a. M. **88** © Peter Arnold **90** *von oben nach unten:* © Udo Hoeft – Fotolia.com; © drx – Fotolia.com; © c – Fotolia.com; overthehill – Fotolia.com **93** Thomas Schulz, Teupitz **97** *Cover* (Spiesser): © Spiesser GmbH, Dresden

99 www.schuelerzeitung.de **100, 101** picture-alliance/dpa, Frankfurt a. M. **103, 104** © Deutsches Rotes Kreuz **105, 107** ddp images/dapd, Berlin **108** © Deutsches Rotes Kreuz **109** © Gorilla – Fotolia.com **110** © Deutsches Rotes Kreuz **111** *links*: picture-alliance/dpa, Frankfurt a. M. *rechts*: Task Force Germany – Deutsche Erdbebenrettung e. V. **113** © Cientotres – Fotolia.com **114** *Buchcover* (Die Nackten): Sauerländer Verlag im Bibliographisches Institut, Mannheim 2008 **132** picture-alliance/dpa, Frankfurt a. M. **147** *Dialektkarte*: Archiv VWV **152** *Buchcover* (Nathan und seine Kinder): Beltz Verlag, Weinheim und Basel 2011 **154, 156** akg-images, Berlin **160** privat/© Mafa Jan Zatorsky **163** picture-alliance/dpa, Frankfurt a. M. **167** © www.naturfoto-cz.de **178** © ArTo – Fotolia.com **180** Cartoon Caricature Contor, München **184** *Cover* (Duden Fremdwörterbuch): Bibliographisches Institut, Mannheim 2007 **188** picture-alliance/dpa, Frankfurt a. M.